# 怎样做好办公厅（室）的调查研究

李立民 著

中国言实出版社

**图书在版编目（CIP）数据**

怎样做好办公厅（室）的调查研究 / 李立民著 . --
2 版 . -- 北京 : 中国言实出版社 , 2023.4
ISBN 978-7-5171-4446-5

Ⅰ.①怎… Ⅱ.①李… Ⅲ.①国家行政机关—调查报
告—写作 Ⅳ.① H152.3

中国国家版本馆 CIP 数据核字（2023）第 058466 号

**怎样做好办公厅（室）的调查研究**

责任编辑：张　朕
责任校对：李　颖

出版发行：中国言实出版社
　　　　　地　　址：北京市朝阳区北苑路180号加利大厦5号楼105室
　　　　　邮　　编：100101
　　　　　编辑部：北京市海淀区花园路6号院B座6层
　　　　　邮　　编：100088
　　　　　电　　话：010-64924853（总编室）　010-64924716（发行部）
　　　　　网　　址：www.zgyscbs.cn　电子邮箱：zgyscbs@263.net

经　　销：新华书店
印　　刷：北京温林源印刷有限公司
版　　次：2023年4月第2版　　2023年4月第1次印刷
规　　格：710毫米 × 1000毫米　1/16　21.5印张
字　　数：268千字

定　　价：58.00元
书　　号：ISBN 978-7-5171-4446-5

调查研究是做好领导工作的一项基本功，调查研究能力是领导干部整体素质和能力的一个组成部分。

——习近平

# 出版前言

调查研究是我们党的传家宝，是做好各项工作的基本功。习近平总书记强调指出，调查研究是谋事之基、成事之道，没有调查就没有发言权，更没有决策权；正确的决策离不开调查研究，正确的贯彻落实同样离不开调查研究；要大兴调查研究之风。习近平总书记这些重要指示，深刻阐明了搞好调查研究的极端重要性。广大干部一定要学会调查研究，不断提高调查研究能力，在调查研究中提高本领，把工作做实做好。

2014 年，中国言实出版社出版的河南省委原副秘书长、省委巡视组组长李立民同志所著《怎样做好办公厅（室）调查研究》一书，深受党政机关工作人员和企事业单位研究人员的欢迎，自出版以来已经加印多次。

近日，中共中央办公厅印发《关于在全党大兴调查研究的工作方案》以后，更多的读者关注到这本书。为满足广大读者需求，中国言实出版社决定在原书的基础上进行补充完善修订再版。

《怎样做好办公厅（室）调查研究》内容结构上分为"理论探讨"和"范例析评"两部分，共收入了作者有关怎样搞好调查研究的理论文章、调研报告、析评 72 篇。其中，"理论探讨"侧重调查研究理论与方法，就办公厅（室）调查研究的作用、形式、特点、原则及选题办法、调研报告的类型及撰写等方面作了论述和概括，饱含了作者多年从事调查研究工作的真知灼见，很多观点历经数年、十数年依然历久弥新。"范例析评"收入了作者撰写或负责组织撰写的部分调研报告并进行了析评，对调研报告产生的背景、选题的过程、产生的效果以及领导批示、报刊登载时所加的评论、按语作了说明和介绍，能够加深读者对办公厅（室）调查研究的认识，可以一窥高质量调研报告的谋篇布局和写作技巧。本书内容权威、实用，既有理论、有探讨、有方法，又有实践、有经验、有范式，是党政机关、企事业单位广大干部提高调查研究能力、增强工作本领的好帮手。相信本书的出版，对于一些有调查研究工作经历的人来说，具有"捅破一层窗户纸"的作用，能让人豁然开朗，可以迅速找到做好调查研究的突破点；对于缺少调查研究经验的读者来说，同样也能够起到"他山之石、可以攻玉"的效果，从而有助于全面、扎实、有效推进调查研究工作。

2023 年 4 月

# 积极主动开展调查研究
## 努力提高为省委决策服务的水平 ①
### （代序）

    2007 年，河南省委办公厅紧紧围绕省委中心工作，围绕省委领导最关心、经济社会发展最突出的问题，积极主动开展调查研究，取得了明显成效。全年共撰写调研报告 26 篇，其中，省委、省政府领导批示 23 篇，9 篇经省委、省政府领导批示后，形成了重要的指导性文件；6 篇总结基层改革发展稳定的好做法、好经验，经领导批示后在全省推广；9 篇经领导批示后促进了有关热点难点问题的解决。对此，省委书记徐光春批示："调查研究是办公厅工作的重要内容，为省委了解下情、把握全局、推动工作发挥了重要作用。希望总结经验，继续做好这项工作。"省委副书记陈全国批示："办公厅调研工作，围绕中心、服务大局，开展得卓有成效，望继续努力，保持好局面。"我们体会到，积极主动开展调查研究，为领导提供高质量的调研报告，是省委办公厅贯彻落实科学发展观，努力提高为省委决策服务水平，充分发挥参谋助手作用的重要手段。我们的主要做法是：

---

    ① 本文是作者对 2007 年中共河南省委办公厅调查研究工作的总结，后被中共中央办公厅秘书局《业务通讯》〔2008〕8 号刊发。

## 一、围绕领导同志关注的重大问题开展调查研究

2006 年"五一"期间，胡锦涛总书记来河南视察工作并发表重要讲话。省委办公厅根据总书记讲话中关注的主要问题，拟定了当前农民负担、农业生产资料价格、企业改革、干部作风建设等 9 个调研题目，组成调研组分别赴有关市、县及企业开展调研。调研组同志不打招呼、不听汇报，直接深入工厂车间、田间地头、农户家中、农贸市场走访座谈，掌握真实情况，撰写了 9 篇内容翔实、针对性强的调研报告，均得到省委领导同志的批示。去年下半年，粮油、猪肉等食品价格上涨影响了部分高校学生生活，引起了省委领导同志的高度关注。我们组织有关同志深入 21 所高校进行调研，撰写了《关于当前我省高校稳定工作情况的调查》，实事求是地反映了食品价格上涨对学生生活的影响及给学校稳定工作带来的压力，省委、省政府多位领导同志作出批示。省政府召开常务会议进行专题研究，决定先安排 9600 万元对全省大中专院校学生食堂实施补贴 5 个月，并对学校和学生生活用电、用水、用气，严格按居民使用价格予以收费，受到了大中专院校师生和社会各界的普遍称赞，促进了高校和谐稳定。

## 二、围绕省委重要决策的贯彻落实情况开展调查研究

为了加快全省县域经济发展，省委、省政府于 2004 年下发文件给 35 个县（市）扩大了管理权限。2006 年 6 月，我们对扩权政策的落实情况进行调研后发现，文件实施以来，赋予 35 个扩权县（市）的主要权限总体落实情况较好，激发了全省县域经济的发展活力，但是受部门利益影响部分下放的管理权限仍没有落实到位。调研组撰写的《关于我省扩大部分县（市）管理权限政策落实情况的调查》刊发

后，省委副书记、省长李玉成批示："请省政府办公厅召集有关部门专门研究省直部门向扩权县（市）下放权力问题。必须执行省委、省政府的文件规定。"随后，省政府办公厅召集23个职能部门的主要负责同志，专题研究落实有关扩权政策问题，并经省政府同意下发了《关于进一步落实扩权县（市）政策的通知》。

## 三、围绕改革发展稳定中的难点问题开展调查研究

近年来，随着城镇化进程的不断推进，"拆迁难""拆迁闹"问题较为突出，成为实现科学发展、和谐发展的一大难题。我省漯河市依水而建，沙河和澧河在市中心交汇，近年来，该市沿河不少地区房子越盖越密、越盖越乱，成了整个城市脏乱差较集中的区域。为了加快漯河市的发展，建设生态宜居城市，漯河市委、市政府经过科学论证，决定高标准推进沙澧河综合开发，首期拆迁工程于去年7月启动，总拆迁面积136万平方米，涉及18个村5699户19946人。由于市委、市政府在拆迁中坚持把科学发展、以人为本和构建和谐社会作为指导思想，原计划4个月完成的拆迁任务，只用了2个月就全部结束。在整个拆迁过程中，没有出现一户被强行拆迁，没有发生一起治安和刑事案件，没有一户群众赴省进京上访，实现了和谐拆迁。去年底，我们派人赴实地调研后，认为其做法和经验对破解城镇化过程中的拆迁难题很有启示意义，建议在全省推广。省委书记徐光春在调研组撰写的《关于漯河市沙澧河开发建设"和谐拆迁"的调查报告》上作出批示，中共河南省委办公厅、河南省人民政府办公厅以豫办〔2008〕1号文件印发了这篇调查报告，《河南日报》头版头条刊登调查报告，在全省宣传推广漯河市和谐拆迁的做法和经验，《求是》杂志2008年第6期全文刊发。

## 四、围绕基层干部群众反映的热点问题开展调查研究

2006 年初，针对基层干部普遍反映会议多、检查评比多，影响基层抓落实的问题，我们抽调人员深入市、县、乡，倾听基层干部的呼声和建议，撰写了《基层干部热切盼望解决会议多、检查评比多的问题》，按照省委书记徐光春作出的有关批示要求，省四大班子办公厅结合工作实际，制定了进一步精简会议、严格控制各种检查评比活动的措施。去年 5 月，针对农民群众反映教育乱收费、"两免一补"不落实的问题，我们派出调研组，直接深入农户了解情况，撰写了《关于当前我省农民负担情况的调查》，省有关部门按照省委有关领导同志的批示要求，对各地落实"两免一补""一费制"情况进行了全面检查，并针对不落实的问题集中 3 个月时间开展了专项治理，促进了相关政策的贯彻落实。

## 五、围绕基层在改革发展稳定工作中的新探索开展调查研究

我省渑池县委、县政府自 2005 年以来，探索把信访稳定工作提前引入制定决策、实施项目、人事安排等工作中，通过充分听取群众意见，对潜在的不稳定因素进行科学评估，从源头上预防和减少信访问题，实现了经济发展与社会稳定的和谐统一。去年 4 月，我们抽调人员到渑池县进行专题调研，起草并向省委上报了关于借鉴渑池县经验、制定出台新政策在全省建立信访评估制度的意见的调研报告，省委书记徐光春批示："办公厅工作很认真，很有成效。同意你们的意见，草拟关于出台新政策建立信访评估制度的意见，以两办名义发，切实从源头上解决信访问题。另外，新政策应涵盖一些涉及群众利益的重大决策，亦应事先进行评估。"为此，我们代

省委、省政府起草了《关于对涉及群众利益的重大决策事项进行信访评估的意见》，经省委常委会、省政府常务会议讨论审定后下发，对于进一步提高各级党委、政府决策科学化、民主化水平，从源头上预防和解决信访突出问题，促进全省改革发展稳定起到了重要作用。《人民日报》刊发报道和评论，对我省建立重大决策信访评估机制、实行责任倒查促进科学决策的做法，予以肯定和推广。

# 目　录

## 第一部分　理论探讨

# 第二部分　范例析评

# 第一部分
# 理论探讨

# 调查研究是办公厅（室）发挥参谋助手作用的重要手段

毛泽东同志指出，"没有调查就没有发言权"。习近平总书记强调指出，"调查研究是谋事之基、成事之道。没有调查就没有发言权，更没有决策权"，"要在全党大兴调查研究之风"。搞好调查研究，向领导反映比较全面、准确的情况，为领导提供有情况、有分析、有建议的高层次系统信息和调研报告，是实现决策的民主化、科学化、法治化的客观需要，也是发挥办公厅（室）参谋助手作用的重要手段。

办公厅（室）是连接领导和基层的桥梁，协调部门关系的纽带，保持工作正确运转的中枢。办公厅（室）这一客观地位，决定了其工作的基本职责就是服务，也就是为领导的科学决策和决策的正确执行服务。党的二十大报告提出，从现在起，中国共产党的中心任务就是团结带领全国各族人民全面建成社会主义现代化强国，实现第二个百年奋斗目标，以中国式现代化全面推进中华民族伟大复兴。这一中心任务是一个包括从微观到宏观、从经济基础到上层建筑、从社会生活到思想观念在内的庞大系统工程，对各级领导的决策水平、决策能力都提出了新的更高的要求。要适应这种新的要求，各级领导必须善于总结新鲜经验，善于集中党内智慧和人民群众的智慧，努力实现决策的民主化、科学化、法治化。只有这样才能把党的路线、方针、政策和普遍性的工作要求，转化成为各方面工作的具体决策意见和具体工作实践，才能创造性地把社会主义建设的各项工作不断推向前进。而民主决策、科学决策、依法决策，必须坚持从群众中来，到群众中去。人民群众作为实践主体，对客观世界的认识最直接、最深刻，对改造客观世界最有发言权。问题和矛盾产生在群众的实践之中，而解决问题和矛盾的办法也蕴藏在人民群众的实践之中。因此，一切正确的决策，从根本上说都是建立在群众实践的基础之上。邓小平同志指出，改革开放中许许多多的东西，都是由群众在实践中提出来的，他的功劳是把这些新事物概括起来，加以提倡。我国改革开放的伟大实践充分证明，要把决策建立在群众智慧和经验的基础上，最关键的是要深入群众，调查研究，从群众中来，到群众中去。新的形势，新的任务，要求各级党政办公厅（室）要紧紧围绕党的基本路线，围绕经济建设这个中心，围绕党委的中心工作，经常地研究分析本地区的政治形势、经济形势，掌握前进中出现的困难和问题，及时地向领导提出指导工作的决策性意见和建议，以充分发挥参谋助手作用。

各级党政办公厅（室）虽不直接参与决策，但要为领导决策提供资料和信息，提出意见和建议。在一定情况下，有时提供的资料能够直接影响领导的决策，有的意见和建议甚至可以直接进入领导决策。如本书收录的《郑州大学深入开展马克思主义理论教育解决师生存在的深层次思想问题》，该调查报告被河南省委办公厅信息刊物登载后，省委主要领导同志作了批示，并建议省委有关部门深入郑州大学，进行认真的准备，然后在郑州大学召开全省高校马克思主义理论教育现场经验交流会。之后，经过充分的准备工作，省委在郑州大学召开了全省高校马克思主义理论教育现场经验交流会，推动了河南省高校政治思想理论教育的开展。

再如，本书收录的《关于漯河市沙澧河开发建设"和谐拆迁"的调查报告》，这篇调查报告被河南省委办公厅信息刊物登载后，省委主要领导同志作了批示，并以省委文件形式予以转发。从上述两篇调查报告来看，办公厅（室）所提供的调查情况，如能引起领导同志的关注，对领导决策和指导工作就会起到重要作用。倘若各级党政办公厅（室）离开了调查研究，缺乏对不断变化的实际情况全面、真实的了解和分析，办公厅（室）的工作就难有新内容、新思路，也就谈不上充分发挥参谋助手作用。从这个意义上讲，办公厅（室）最能起作用的是到基层进行深入的调查研究，而调查研究搞得好不好，则直接关系到办公厅（室）工作的水平。也可以说，能不能向领导同志提供一些高质量的、对领导决策和指导工作有重要参考价值的调查报告，是衡量一个办公厅（室）参谋助手作用发挥得好不好、服务质量高不高的重要标志，也是衡量一个办公厅（室）主任、一个秘书人员的思想水平、理论水平、政策水平、业务水平高不高，工作成绩突出不突出的重要标志。所以，强化调查研究工作是适应改革开放新形势，更好地发挥各级党政办公厅（室）参谋助手作用的最重要的手段和途径。

# 要重视发挥办公厅（室）的优势搞好调查研究

　　各级党政办公厅（室）搞调查研究，有其他部门无法具备的特有优势。作为办公厅（室）的负责同志，应注意发挥本部门的优势，搞好调查研究。

　　一是要发挥办公厅（室）秘书人员在领导身边工作、接近领导的优势。主动请领导出题目、交任务，组织秘书人员进行调查研究；在跟随领导同志下基层、协助领导同志调查研究中，注意了解领导同志的意图和思路，以增强办公厅（室）调查研究的针对性。

　　二是要发挥办公厅（室）内部功能齐全的优势。各级党政办公厅（室）具有文电、信息、综合、督查等多种功能，既可以通过调查研究各自独立地发挥参谋助手作用，又可以互相配合、从事比较系统的调查研究，发挥办公厅（室）的整体功能。为领导提供动态信息情况，这为领导决策和指导工作提供了依据；而这种动态信息又往往为综合调研提供了重要线索，综合性调研报告可以为领导决策提供建议和方案。领导决策之后，督查部门又可以实施跟踪调研，形成新一轮的信息反馈，为领导进行新的决策提供材料。如此循环往复，使得调查研究不断得到深化，从而保证办公厅（室）的整体功能能够始终处于最佳状态。

　　三是要发挥办公厅（室）信息网络的优势。要对本系统信息网络反馈上来的大量信息材料，进行综合研究，从中发现调研线索，确定调研题目，组织调查研究。在具体方式上，可以请下级信息部门组织调研，也可以上下结合，共同调研；有时领导急需了解掌握的重要情况，由于涉及面广，单靠办公厅（室）的自身力量是很难完成的，可以请本系统的信息网络分别进行专项调研，然后由办公厅（室）汇总综合。这样，就能充分发挥信息网络的整体功能。

四是要发挥办公厅（室）综合协调的优势。可以根据领导的意图和要求，确定调研题目，主动同有关部门进行联系，请他们进行调研；或者组织和协调有关方面的力量，采取课题牵头、分头实施等办法共同完成调研任务。

# 办公厅（室）调查研究的主要特点

由于各级党政办公厅（室）的主要职责是为领导决策及指导工作服务，因此办公厅（室）的调查研究工作主要有以下特点：

## 一、各级党政办公厅（室）调查研究是围绕党委、政府的工作重点进行的

各级党政办公厅（室）最了解同级党委、政府的工作重点，最了解党委、政府决策的需要，最了解党委、政府工作重点中的难点。这是办公厅（室）的一大优势。只要充分发挥这个优势，紧紧围绕党委、政府的工作重点和决策需要，认真组织实施调查研究，就可以及时地向党委、政府提供有情况、有分析、有建议的调查报告，更好地发挥参谋助手作用。

## 二、各级党政办公厅（室）调查研究的领域是宽阔的

在改革开放的新形势下，按照党政分开的要求，各级党委要集中精力管大事，对一个地区带战略性、全局性问题进行高层次决策。各级政府则在党委的统一领导下，围绕党委战略性、全局性的重大决策，充分发挥行政机关的职能作用，在经济、文化、教育等各个方面要研究制定具体落实措施（亦可称分头决策或分散决策）。党委、政府的职能，决定了各级党委、政府办公厅（室）的调查研究工作涉

及的领域是宽阔的，调查研究的内容是多方面的。

## 三、各级党政办公厅（室）调查研究同信息、督查工作的结合是紧密的

近几年来，为适应领导科学决策民主决策依法决策顺利实施的需要，各级党政办公厅（室）已基本上都建立起了纵向到底、横向到边的信息及督查网络，掌握着大量信息，比较了解本地区当前各项工作情况和社会动态。各级党政办公厅（室）在综合处理信息、反馈决策实施情况的过程中，注重对那些带有倾向性、苗头性的信息主动进行扩充调研，这就为各级党政办公厅（室）向党委、政府提供较高参考价值的调查报告创造了条件。

## 四、各级党政办公厅（室）调查研究的周期是比较短的

办公厅（室）的调查研究主要是为党委、政府当前的工作服务，时效性比较强，不可能打"持久战"、搞旷日持久的长远课题调研，一般要打"速决战"，多则一个月左右，少则三五天就要完成对一个问题的调查研究。

# 办公厅（室）调查研究应遵循的原则

各级党政办公厅（室）所处的地位、肩负的任务及工作性质，决定了其调查研究不同于一般的社会调查研究或学术研究。一般来说，各级党政办公厅（室）的调研成果比较容易进入党委、政府的决策。因此，办公厅（室）的调查报告事关重大，切不可敷衍了事或草率应付。倘若调查报告不能反映事物的本来面目或严重失实，要么不能进入领导决策而造成人力、财力的浪费，要么进入领导决策则会给工作造成损失乃至严重后果。所以，各级党政办公厅（室）的调查研究一般应遵循以下原则。

## 一、要明确调查研究的指导思想

办公厅（室）的一切工作都是围绕党的中心任务而展开，为党委、政府决策及决策的贯彻落实服务的。这就决定了办公厅（室）的调查研究，必须明确"围绕中心，服务决策，指导工作"这一指导思想。各级党政办公厅（室）的调查研究，要把直接为党委的中心工作服务，为党委、政府指导工作出谋划策作为出发点和落脚点。离开了领导的需要，调查研究就会成为"无的放矢"。

## 二、要把握好选题方向

各级党政办公厅（室）的调查研究，其成果能否引起领导同志的重视并进入决策，把握好调查研究的选题方向是个关键环节。调查研究的选题，一定要站在所服务领导的角度，即站在党委、政府工作的全局和高度，把一个阶段、一个时期领导同志所关注的"热点""难点"问题作为调研选题的主攻方向。所谓"热点"问题，即指一个阶段或一个时期经济和社会生活中迫切需要党委、政府解决的问题。这类问题是领导同志最为关注的。所谓"难点"，即在经济和社会生活中出现的解决起来难度较大的新矛盾、新问题。这类问题同样也是领导同志非常关注的。为了协助党委、政府增强工作的预见性、科学性和创造性，各级党政办公厅（室）还要重视抓住一些苗头性、趋势性的问题进行调研。简言之，办公厅（室）要把领导同志决策需要作为调研选题的方向。

## 三、要充分做好调查研究的准备

工作"不打无把握之仗""不打无准备之仗"，这是各级党政办公厅（室）组织调查研究活动所要遵循的另一个原则。一是对于调查的问题要有所认识，对要解决的主要问题应心中有数，对领导同志的意图要领会；二是研究确定调查的范围和调查对象；三是确定参加调查人员，建立调查研究小组（班子）；四是拟定出调查研究的提纲，根据调研需要可对参加调研人员作出适当分工。

## 四、要坚持实事求是

这既是各级党政办公厅（室）进行调查研究必须遵循的重要原则，也是搞好调查研究必须坚持的工作方法。只有坚持这一原则，才能完成好调查研究任务。文秘人员在调查研究过程中，对要调查了解的问题切不可"先入为主"，不能以原先得到的印象为主，然后去找符合已有印象的论据。科学上的先假设后求证，在调查工作中是很少适用的。先有观点，先有结论，而后再去证明，这是调查研究的大忌。调查研究一定要坚持实事求是，一切从实际出发，坚持实践是检验真理的唯一标准。要全面、客观地反映真实情况，既不能报喜不报忧，也不能报忧不报喜；既不能夸大，也不能缩小；更不能华而不实或弄虚作假。调查的情况只有符合客观实际，才能为领导科学决策提供可靠依据。

## 五、要甘当群众的小学生

毛泽东同志说过，"调查研究，没有满腔的热情，没有眼睛向下的决心，没有求知的欲望，没有放下臭架子、甘当小学生的精神，是一定不能做，也一定做不好的"。如果调查者在调查中，以领导者自居或摆上级机关的架势，往往会造成被调查对象的反感，会给调查工作带来困难。只有甘当群众的小学生，虚心向实践学习，向群众学习，抱着与基层干部群众共同研究探讨问题的态度，谦虚谨慎，诚心诚意向基层干部群众请教，被调查者才会畅所欲言，反映真实情况，从而保证调查研究的顺利进行，达到调查研究的预期目的。

## 六、调查研究要力求深入、全面

所谓深入，就是要深入基层，深入群众，多听、多看、多问，切忌走马观花。所谓全面，就是要认真听取各方面的意见，包括上下、左右和正反两个方面的意见，切忌满足于对问题的一知半解。只有做深入的全面的调查研究，才能获得真实、完整的第一手材料，才能使调查报告反映出客观事实。

# 办公厅（室）调查研究采取的主要形式

办公厅（室）调查研究的形式，应根据调研课题要求及时间、人员等具体情况灵活掌握。就目前情况看，各级党政办公厅（室）调查研究的形式主要有以下四种：

一是独立调研。即根据领导意图或工作需要，抓住重点问题或某一典型事例，由办公厅（室）单独完成调查研究任务。

二是协作调研。即根据领导决策和指导工作的需要，由办公厅（室）拟定调研题目并负责牵头，抽调有关部门的同志与办公厅（室）的同志共同完成调查研究任务，或将调研题目交由各地各部门进行分头调研，并分别写出调查报告，然后由办公厅（室）在此基础上进行综合汇总，撰写出调查报告。

三是抽样调研。即一些带有全局性的情况或问题，在无法选定典型时，可采取抽样的办法，分门别类地选择有代表性的部分地区或单位作为调查对象，从而达到窥一斑而知全豹的效果，为党委、政府了解与掌握全面情况提供比较可靠的文字材料。

四是资料综合分析调研。即以积累的信息资料为基础，对某一时期或某一时间若干相关的初级信息资料，进行综合分析和加工整理，集零为整，变缺为全，化浅为深，形成情况较全面、内容较完整、概念较清晰的调查报告，以引起党委、政府领导同志对某一情况或问题的重视。这种形式的调查研究，能够使办公厅（室）已储存信息资料的作用有效地发挥出来。

# 办公厅（室）确定调查研究题目的主要方式

各级党政办公厅（室）要围绕党的中心工作确定调研题目，要根据党委、政府的决策内容及指导工作需要确定调研题目。就目前来看，各级党政办公厅（室）调查研究题目的确定，大体上有领导命题与办公厅（室）及文秘人员自行选题两种方式。

第一种是指令性的。这种方式是领导同志根据决策及指导工作的需要，向办公厅（室）交办的调查。完成这种调查研究课题，有时是跟随领导下去共同调查，有时是由办公厅（室）受命后单独完成。对命题式的调查研究题目，要按照领导同志的意图、要求及调查的范围认真组织实施。

第二种是主动性的。这种方式确定的调查研究题目，体现了文秘人员在被动服务中求得主动的精神，是文秘人员强化参谋意识的重要体现。但如果选题不准，或偏离领导决策及指导工作的需要，那么这种调查研究对领导决策和指导工作是没有价值的，当然也就劳而无功。因此，文秘人员自行选定调查研究题目必须是领导所关心所需要的。自行选题，具体讲一般有以下四种选题方法：

一是要围绕中心工作选题。从事办公厅（室）工作的人员都有这样一种感受，即无论是上级党委、政府还是本级党委、政府每年总要抓几件大事，文秘人员就要围绕配合抓好大事选定调查研究题目。比如在中心工作实施过程中，基层创造的对面上的工作具有推广价值的好做法、好经验，工作中出现的带有苗头性、倾向性的问题，这些都是党委、政府所关注的，选定这些调研题目往往会受到领导的重视。本书收入的调查报告绝大多数都是作者自己选定的题目，由于围绕了党委、政府一个时期的中心工作，所以引起了领导同志、领导机关的重视。

二是通过多种途径选题。文秘人员通过跟随领导下基层、参加有关会议、研究领导重要讲话、学习文件等多种途径，掌握领导同志、领导机关所关注的、正在考虑的重要问题，从中选定调查研究题目。

三是通过信息、督查提供的重要线索选题。本书收入的《郑州大学深入开展马克思主义理论教育解决师生存在的深层次思想问题》，就是作者从一条不到 500 字的信息中发现了线索后，然后深入郑州大学进行挖掘而形成的。这篇调查报告回答了一个重要的问题，即 1989 年那场政治风波之后，如何解决高校部分师生存在的深层思想问题，把高校建设成为反和平演变的坚强阵地，所以省委主要领导同志阅后即作了重要批示，《河南日报》《党的生活》等报刊加按语刊登了这篇调查报告。

四是要善于运用逆向思维选题。所谓逆向思维，即从事物的反面去分析问题、研究问题。对某一事物，多数人认为不好或不对，可以反其道而行之，来分析研究一下这一事物的出现有没有好的方面；对某一事物，多数人认为很好的，那么可以用一分为二的观点分析、研究一下，还存在什么不好的问题。如 1978 年安徽凤阳县的一部分干部群众顶住压力，冒着风险，率先实行了家庭联产承包责任制。这在当时，由于受"左"的思想影响比较深，思想不解放，不少同志认为这是包产到户，是倒退，因而持否定态度。如果运用逆向思维的方法，不是作简单地否定，而是从凤阳县农民为什么要搞家庭联产承包，搞家庭联产承包对解放和发展生产力有什么好的作用的角度再作深入地调查研究，得出的结论就会对这一做法给予充分地肯定。再如1990年，河南省各地为实现省委确立的"一高一低"战略目标，都下大气力抓了计划生育工作。中共漯河市委办公室的同志在计划生育工作的大好形势下，认真分析研究了还有什么需要值得各级党委、政府注意的问题。通过调查，发现一些地方在计划生育工作中提出了许多有悖于法纪的过激口号，于是写出了《当前计划生育工作宣传中出现的过激的标语、口号应予纠正》的调查报告，被省委办公厅信息刊物编发后，省委、省政府、省人大先后有五位领导同志分别作出重要批示。根据这篇调查报告的建议，省计划生育委员会统一制定了全省计划生育工作宣传标语、口号，并以文件形式下发各地。由此可见，运用逆向思维的办法确定调查研究题目，往往有独到的见解，立意比较新，效果比较好。

文秘人员在自行选题时，要注意"三个突出"，处理好"三个关系"。"三个突出"，即突出经济建设，突出改革开放，突出"两手抓，两手都要硬"。"处理好三个关系"，一是处理好宏观与微观的关系，既要坚持以宏观为主，抓带有全局性的题目，又要重视对某一具体事件或问题的调查，并力争上升到理论和政策的高度，使之对指导面上的工作有普遍意义。二是处理好"热"与"冷"的关系，既要抓住领导和群众关心的热点、难点、敏感点问题选择调研题目，又要重视领导一时难以顾及到而且又比较重要的问题，搞好拾遗补缺的调查研究。三是处理好"大"与"小"的关系，既要围绕领导抓中心工作及中长期决策的需要选题调研，又要选择在短期内可以拿出成果的"短、小、快"调研题目。所谓短，就是调研的周期和时间要尽量短；所谓小，就是调研题目要尽量侧重于领导关注的某一方面或某一个具体问题，但"小"并不等于"轻"，因为通过对某一具体问题的深入调查研究之后，可以使领导同志以小见大；所谓快，就是调研题目一旦确定，就要快组织、快实施、快成文、快上报，要以快取胜，避免拖拖拉拉，贻误时机。

# 召开调查研究座谈会应注意把握好的几个环节

　　调研报告是在占有大量真实材料的基础上形成的，而大量的真实材料必须通过调查来获得。各级党政办公厅（室）的调查多采用召开座谈会（包括单个交谈）的形式。召开座谈会，少者二三人，多者七八人，甚至可以参加十多人、二十多人。其优点是可以集思广益、互相启发、互相补充，谈的面比较广一些，从而能够获得丰富的材料。其缺点是，由于人多受时间限制，有些事情很难说得具体，不能过细，而且有些事情，发言者不便在众人面前出口，调查者就难以听到了。进行个别交谈的优缺点正好与召开座谈会的方式相反。只有将两者结合进行，才能取得调查的最佳效果。调研者要达到调查的预期目的，不论是召开座谈会还是进行个别交谈，都应注意把握好三个环节：开好头、把好向、收好尾。

　　1. 开好头。就是要使参加座谈会的人能够轻松自如地开口谈话，避免出现相互环视、沉默不言的僵局。座谈会能否开个好头，关键在于调研者（即座谈会的主持人）要注意做到以下三点：一是出"安民告示"，尽量让参加座谈会的同志提前知道座谈会所要谈的内容，以便使参加座谈会的同志作好发言准备；来不及提前通知座谈内容的，座谈会的"开场白"，主持人要简明扼要地介绍本次座谈会的目的及内容，让参加座谈会的同志有一个调整思想、做好发言准备的过程。二是在座谈会召开之前，主持人对参加座谈会同志的姓名、单位及职务等概况要有基本的了解，以便在参加座谈会的同志发言时，能够对上号。如若主持人插话时能够对上号，则会使发言者感到亲切，从而消除拘束，激发大家的谈兴。三是主持人的态度要谦虚，要有一种求知的强烈愿望，要让参加座谈会的同志感到主持人比较随和，可以信赖，也就会消除顾虑，大胆发言。

2. 把好向。就是主持人在召开座谈会的过程中，要做"舵手"，要时时注意按照既定的调查内容、主题，调整好发言的方向，防止离题或跑题。要防止离题或跑题，主持人就要善于插话。如果主持人只听只记而不说，会使发言者误认为他的发言没有引起主持人的共鸣和重视，而失去继续发言的兴趣。因此，在座谈会中，主持人应做到边听边记边插话，当然要以听为主，插话要插得恰到好处。插话多了，就会"喧宾夺主"，影响或打断发言人的思路。因此，主持人的插话，只能是起到导向、提问、搭桥、鼓励的作用，不可越出这个范围。导向，就是以插话使发言者的发言按照既定的调查内容、主题进行，不要离题漫谈；提问，就是对于一些涉及调查内容的事情，通过询问的方式，请发言者讲清楚，当然提问也是导向的一个好办法；搭桥，就是通过插话把发言者的发言有意识地连接起来，使其按照原来的思路说下去，防止"短路"断线；鼓励，就是主持人通过插话来鼓励发言者的情绪，提高发言者谈话的兴趣。但主持人插话时，切不要轻易地对某一个问题表示支持或反对，以免产生错误的导向作用，使发言者离开客观实际情况而按照主持人的意向发言。同时，急于表态，也容易使主持人陷于被动。

3. 收好尾。就是主持人在座谈会告一段落或结束时，要作一个简短的小结。小结要以肯定、表扬、感谢的语言为主，使发言者感到自己的发言还不错，在心理上有一种轻松感，从而圆满地结束座谈会。

调查是一门艺术，主持人如何创造出一种良好的气氛，形成一种踊跃发言、相互研究问题的良好局面，以达到调查的预期目的，要靠主持人临场多锻炼，并注意不断总结开好座谈会的一些规律性的经验。当然，开好座谈会仅仅是调查研究活动的一个重要方面，要获得真实的情况，还需要进行实地考察。

# 对调查获得的材料要进行分类整理

调查活动结束后，由于比较辛苦，可稍作休整，但休整的时间不宜过长，应"趁热打铁"。这里所说的"趁热打铁"并不是马上要撰写调查报告，而是要认真细致地对调查的第一手资料加以整理。整理的方法可采用数学上的"合并同类项"，对一些有观点、比较重要的发言材料应摘抄卡片。参加座谈会人员所谈的情况，由于站的角度不同，看法也必然不同。加之有的座谈会参加的人员比较多，所记录的内容比较庞杂。因此，对于座谈会的记录，调研者应加以分类整理，为研究和分析问题打好基础，同时在整理第一手资料的过程中，往往能够形成初步的观点。如果对调查的第一手材料不加分类整理而急于撰写调查报告，边写边翻边找原始记录，既不便于总结出观点，又不便于充分利用调查得来的第一手材料，有时甚至一些重要的观点、材料被遗漏掉。这种图省事的结果，不仅造成了对劳动成果的浪费，更重要的是会直接影响调查报告的质量。

# 要努力实现调查与研究的有机结合

调查研究的过程是一个认识事物、分析矛盾、解决问题的过程。调查的本身不是目的，目的在于认识事物的本质和规律性，提出解决问题的办法。调查要达到真正的目的，必须发挥人们大脑加工厂的作用，进行"去粗取精、去伪存真、由此及彼、由表及里"的分析研究，以达到认识事物本质及其发展规律之目的。因此，调研者在掌握了大量的第一手资料，有了初步的感性认识之后，要努力实现调查与研究的有机结合，以达到"瓜熟蒂落"，撰写出一篇好的调查报告。

要实现调查与研究的有机结合，在调查研究的全过程中应力求做到：

一是要充分认识调查与研究的辩证关系。调查与研究两者是紧密相连的，是一个统一体的两个方面。调查是研究的前提，没有调查，就不可能有研究；研究则是调查的发展，没有研究，调查也就失去了意义。调查与研究两者既相互联系，又互相渗透。调查中有研究，研究中有调查。搞过调查研究活动的同志都会有这样的感受，调查工作一开始，初步的分析和研究就会伴随而来，因为只有分析和研究，调查才能做到有"的"放矢，达到一定的深度。而在分析和研究问题时，调研者为了更全面地认识事物或为了弄清某一问题，还要再进行更深入的补充调查。认识到调查与研究的这种辩证关系，就能在调查中更加自觉地做到深入细致，而不是走马观花；在研究中更加自觉地做到全面、透彻，从而防止认识上的片面性，避免出现偏差。

二是要坚持用唯物辩证法分析认识所要了解的事物。唯物辩证法要求人们在认识事物时，不但要看到事物的部分，而且要看到事物的全体；不但要看到事物的正面，而且要看到事物的反面；不但要看到事物本身，而且要看到该事物与他事物的联系。为防止只看表面现象或顾此失彼，调研者要善于运用马克思主义哲学联系的观点、发展的观点、系统的观点来分析事物，透过现象看到本质。

三是要善于运用抓主要矛盾的方法分析和研究问题。随着调查的深入，所要了解事物的诸多矛盾会呈现在调研者的面前，这就要求调研者必须善于抓住事物的主要矛盾和矛盾的主要方面，要分析和比较哪一个矛盾在其中起主导作用，规定或影响着其他矛盾的存在和发展。通过横向和纵向的分析、综合、研究，事物的主要矛盾和矛盾的主要方面，就会清晰地呈现在调研者面前，只有这样才能有针对性地提出解决问题的途径和具体措施、办法。总之，把调查与研究有机地结合起来，才能实现从感性认识到理性认识的飞跃，才能从具体的事物中概括出观点、提炼出思想，从而为撰写调查报告打好坚实的基础。

# 办公厅（室）调查报告的一般类型

就各级党政办公厅（室）调查研究的内容看，所形成的调查报告大体上可归纳为以下六种类型：超前型调查报告、反馈型调查报告、动态型调查报告、经验型调查报告、问题型调查报告、建议型调查报告。

1.超前型调查报告。这类调查研究是趋势性信息的深化，能反映事物发展的方向及某些值得领导重视的苗头性、倾向性问题，这类调查报告对领导决策影响很大，是决策层非常关注和需要的。"凡事预则立，不预则废"，各级领导同志要掌握工作的主动权，就必须注意研究事物的发展趋势，要有预见性。各级党政办公厅（室）对此类调查研究应引起足够的重视，要结合中心工作及时地、经常地向领导提供超前型调查报告。

2.反馈型调查报告。这类调查研究是政策性信息的进一步扩展，多是对某一政策在贯彻执行过程有关情况的追踪反映，政策性比较强。办公厅（室）的调查研究是为领导决策和指导工作服务的，不但要求在领导决策的准备阶段发挥辅助作用，而且要求在决策实施阶段也必须发挥辅助作用。马克思主义认识论告诉我们，只有通过实践、认识、再实践、再认识的循环往复的过程，才能使人们的认识越来越接近客观真理。一个正确的决策，是主观与客观的统一，是认识世界和改造世界的统一。纵观领导决策的过程，往往是信息、决策、实施、再反馈（信息）、再决策、再实施的过程，显然这一系统过程中的每一个过程都离不开调查研究。因此，各级党政办公厅（室）的调查研究要围绕党委、政府每一个决策的制定及贯彻执行情况，进行全过程的调查研究，以利于党委、政府决策的制定、完善和顺利实施。

3. 动态型调查报告。这类调查研究是对动态性信息的进一步完整和扩充，为领导同志提供有关重要动态、重大事件较详细的情况。它包括思想动态、工作动态、理论动态、社情动态、市场动态、敌情动态等。这类调研的涉及面比较宽，对领导同志、领导机关掌握全面情况及指导工作非常重要。

4. 经验型调查报告。这类调查研究是对各地、各部门及基层干部在贯彻党的路线、方针、政策及党委的中心工作和政府的重大工作部署中，探索出来的具有重要推广价值的新做法、新经验的挖掘和总结。经验型调查报告对领导同志的决策及指导工作参考价值极高。如本书收入的被中共中央办公厅转发的《河南省洛阳玻璃厂深入开展党员责任区活动》《关于郑州亚细亚商场建立新型企业经营机制的调查》《河南省整顿后进村初见成效》《扎扎实实抓好小康村建设的基础工程——河南南阳地区大力提高农民素质的调查》等均属经验型调查报告。

5. 问题型调查报告。这类调查研究是对负反馈信息的深入挖掘和分析，并针对存在的问题提出可行性的建议。问题型调查研究的难度比较大，关键要对问题的程度把握准确，对问题存在的原因力求分析透彻，对如何解决问题要向领导同志提出有见地的可行性建议。此类调查研究报告，各级领导同志特别需要。如本书收入的《当前土地纠纷问题突出的主要原因及解决对策》即属问题型调查报告。

6. 建议型调查报告。这类调查研究是对一个地区、一个部门的某项重要工作、某个重大问题，在工作思路和解决办法上的探讨，通过深入地调查，反映基层干部群众的看法、建议。此类调查报告对领导同志、领导机关决策和指导工作参考价值较大。如本书收入的《关于加快开发利用焦作旅游资源为我省经济发展服务的建议》《私营企业者代表的希望和要求》均属建议型调查报告。

当然，办公厅（室）的调查报告还有其他类型，上面所归纳的六种类型不一定全面，也不一定准确，仅供文秘人员参考。

# 撰写调查报告应注意的几个问题

撰写调查报告，是调查研究过程中的最终阶段，也是调查研究的关键性阶段、出成果阶段。党政办公厅（室）的调查研究是为领导决策和指导工作服务的，因此一篇调查报告的价值能否实现，关键在于这篇调查报告是否引起了领导同志的重视，是否为领导决策和指导工作提供了材料和依据。这种特殊的规定性对办公厅（室）的调查报告提出了以下要求：

## 一、标题要醒目

调查报告的标题是调查报告的眉目。一个好的标题，往往就是对调查报告内容的高度概括和提示。这对处于百忙之中的各级领导同志来讲尤为重要。领导同志每天要看的文件、材料比较多，一篇调查报告的标题如果很醒目，往往能引起领导同志的重视而细看其内容。如果标题不醒目，没有概括和提示出调查报告的内容，或者虽然概括了、提示了但不准确、平淡乏味，就不可能引起领导同志的重视，那就会埋没正文，使调查报告的作用难以发挥出来。党政办公厅（室）调查报告的标题，一般都是直接破题，要力求避免使用那些概念化的、模棱两可的及形容修饰的标题。本书收录的被中共中央办公厅转发的《关于郑州亚细亚商场建立新型企业经营机制的调查》《河南省整顿后进村初见成效》《河南省洛阳玻璃厂深入开展党员责任区活动》以及被河南省委、省政府主要领导同志批示的《郑州大学深入开展马克思主义理论教育解决师生存在的深层次思想问题》《漯河市坚持多轮驱动多轨运行，使乡镇企业高质量高速度高效益发展的调查》等调查报告，均是直接破题，给领导同志以直观感觉。标题醒目，可引起领导同志对调查报告的兴趣。如《关于郑州亚细亚商场建立新型企业经营机制的调查》，一看标题，就知道这篇调查报告介绍的是商业部门转换经营机制的情况，而商业部门在市场经济条件下转换经营机制的改革是领导同志非常关注的，采用这个标题很容易引起领导同志、领导机关的关注和重视。

## 二、主题要突出

主题要突出，即调查报告要出思想。调查报告主题思想的确立，是调查研究者对事物的认识不断深化、发展的过程，贯穿于确定题目、实施调查、分析研究、撰写调查报告的全过程。若主题思想不突出，那么写出的调查报告就会黯然失色，调查研究也就失败了。要想主题思想突出，就必须把选题的过程作为深入思考的过程，并对调查获取的感性材料下一番分析研究的苦功夫，力求从事物的相互关系中找出其内部联系，揭示出事物运动、变化、发展的规律，努力提炼出具有一定深度的主题来。

## 三、观点要新颖

办公厅（室）的调查报告，要做到观点与内容高度统一，要用调查而获得的客观事实证明观点，要用观点来统揽内容。一篇调查报告，如若没有观点，就等于没有灵魂，对领导决策及指导工作所起的作用是不大的。所谓观点要新颖，即是对事物、对问题要有新的认识、新的见解、新的结论。

## 四、内容要实在

如若把观点看作是调查报告的灵魂，那么内容实在则是调查报告的生命。党政办公厅（室）的调查研究，主要是在领导决策准备和决策实施这两个阶段起辅助作用，因此调查报告的内容必须真实可靠。如若内容不真、不准，向领导提供的情况脱离客观实际，轻者会造成领导工作上的被动，重者会造成领导决策出现失误。这就严格要求调查报告的内容必须是真实的，而不是虚假的；是全面的，而不是片面的。

## 五、文字要精练

党政办公厅（室）的调查报告多为信息性的，因此要力戒穿靴戴帽、拐弯抹角、篇幅过长，调查报告的文字不精练，写得冗长，容易使领导同志望而生畏，放而不看。即使领导同志看了，也往往印象不深，浪费了宝贵的时间。党政办公厅（室）的调查报告，要坚持用最简洁的语言、最少的文字量来表达和反映最丰富的内容。

# 办公厅（室）的调查研究与政策研究室的调查研究应有区别

一切调查研究的总目的是为了摸清情况，提出办法，解决问题。因此，党政办公厅（室）的调查研究与政策研究部门的调查研究，其目的都是为领导决策服务的。但就其调查研究的具体内容、方式等方面也有所区别。了解和认识二者之间的区别，对于党政办公厅（室）的调查研究如何更贴近领导意图，防止"跑题""离题"非常重要。

一般地讲，党政办公厅（室）的调查研究与政策研究室的调查研究的区别，可从以下四个方面作比较：

一是调查研究的具体内容。政策研究室的调查研究，宏观方面的比较多，而党政办公厅（室）的调查研究，则微观的比较多，大都是对某一个具体问题展开调研。

二是调查研究的时间期限。政策研究室的调查研究，中长期的比较多，而党政办公厅（室）的调查研究，则多为短期的；相对来讲，政策研究室的调查研究对时效性的要求不是太强，而党政办公厅（室）的调查研究对时效性的要求则比较强，有时领导同志限期在几天内完成。

三是调查研究的操作方式。政策研究室由于调查研究的主要对象是政策方面的问题，理论性、政策性比较强，因此调查研究多为本部门实施，而党政办公厅（室）的调查研究，由于涉及的面比较广，研究的多是某一个方面、某一个问题，所以有时由本厅（室）组织实施，也可组织办公厅（室）的信息网络或组织协调有关综合部门联合调查。

四是调查报告的文字数量。政策研究部门可写一两万字，甚至可就某一课题撰写一本书，而党政办公厅（室）的调查报告则是信息性的，即要用最少的文字量提供最大的信息量，多则一般情况下不超过一万字，少则可写几百字。如本书收入的《私营企业者代表的希望和要求》这篇调查报告仅 700 多字。

# 若需强化调查报告的主题
# 可用"启示"代替"建议"

从党政办公厅（室）调查报告的内容结构来看，有的调查报告不写建议，而是用"启示"来代替。这是因为"启示"实则是建议的进一步延伸，"启示"本身就是一种针对性的建议。

调查研究者通过全面深入的调查，认为所介绍的个别经验或反映的个别问题对面上的工作具有重要借鉴作用，因此可通过撰写"启示"，进一步延伸、强化调查报告的主题和观点，由个别单位、个别地区的做法引申出对面上工作具有重要指导性的经验，由个别性的问题引申出面上工作应防止和纠正的问题。需要注意的是，调查报告中的建议部分，一般是直话直说，如若写"启示"，则须作简要论述，为延伸作铺垫和过渡。如本书收入的《开发"一优双高"农业的成功尝试——禹州市建立外向型农业开发试验区的调查》，其内容结构分为做法、效果、启示三部分。在"启示"部分，作者共阐述了四个方面的问题：一是由禹州市抓住国际市场变化的机遇，与日本客商合作建立外向型农业开发区，快速发展农村经济的做法，引申出发展"一优双高"农业必须进一步解放思想、大胆冲破旧的传统观念问题；二是由禹州市在农业开发中比较完整地把握"一优双高"开发的内涵，跳出传统种植模式，探索出优质、高产、高效的新型种植模式，引申出农业走"一优双高"开发之路的必要性、必然性；三是由禹州市在实施外向型农业开发、试验的实践中，紧紧围绕重视效益这个中心的做法、经验，引申出在农业生产中必须纠正不看市场、不讲效益，指令或强迫农民种植，盲目追加产量指标的倾向；四是由禹州市在发展外向型农业中，通过建立"公司＋农户"，采用"贸工农一体化、产供销一条龙"，为农民搞好服务的做法，引申出搞好农业"一优双高"开发，必须重视建立系列化服务体系的问题。这种启示，既能够强化调查报告的主题思想及观点，又能使领导同志阅后其思路向更深、更广的方面发展，同时也缩短了领导同志对调查报告阅后的消化过程，节省了宝贵的时间。从另一个角度来看，"启示"部分，也是对调查研究全过程的高度总结、提炼，能够起到"画龙点睛"的作用。因此，要写好调查报告中的"启示"，撰写调查报告者必须深入地挖掘，深入地研究，要有精辟的分析、高度的概括，并力求提出真知灼见的建议。

# 调查研究对文秘人员的
# 素质提出了较高的要求

　　由于党政办公厅（室）的调查研究具有较强的政治性、政策性，因此对文秘人员本身的素质提出了比较高的要求。

　　一是政治上要强。要加强马列主义理论学习，认真学习贯彻习近平新时代中国特色社会主义思想，不断提高理论功底，不断提高政治判断力、政治领悟力、政治执行力，要学会运用马列主义的基本立场、观点去认识问题、分析问题。有了理论功底，才能从大量的素材中提炼出思想和观点。要坚持一切从实际出发、实事求是的思想路线，并贯穿于调查研究的全过程。要自觉地学习党的路线、方针、政策，努力提高政策水平。调查研究工作，是一个政策性很强的工作，文秘人员要熟悉政策，要研究政策，并能与本地、本单位工作实际结合起来，这样才能在调查研究中向领导反映一些有价值的情况并有针对性地提出建议，更好地发挥参谋助手作用。

　　二是业务上要强。党政办公厅（室）的调查研究涉及面广，作为文秘人员不但要熟悉办公厅（室）的业务，而且要努力扩大自己的业务知识面。既要对党建、思想政治工作、经济工作等专业知识有比较深刻的认识和了解，同时也要熟悉各行各业，俗话说"隔行如隔山"，对不熟悉的行业是写不好调查报告的。这就要求文秘人员平时就要注意学习积累有关行业、部门的业务知识。要注意培养自己从领导角度看问题的能力，有了这个能力，就能发现哪些问题是领导关注的，哪些问题能够引起领导的重视，从而有目的、有针对性地开展调查活动。要努力提高文字表达能力，这是对文秘人员的基本要求，也是调查研究的基本功。文字水平不高，就不可能写出一篇高水平的调查报告。"冰冻三尺，非一日之寒"，提高文字表达能力，非一时之功，要靠个人长期的刻苦努力。

三是认识问题的能力要强。搞调查研究工作，非常需要在提高认识问题的能力上下功夫，尤其要在提高分析与综合能力、归纳与演绎能力、比较与鉴别能力、抽象与概括能力上下一番苦功。一篇调查报告是对撰写者认识问题、分析问题能力强与不强的最具体、最实在的检验。

四是参谋意识要强。文秘人员政治上可靠、业务能力比较强，有吃苦精神，但如若参谋意识不强，也是搞不好调查研究工作的。作为党政办公厅（室）的文秘人员，在实际工作中应根据自己对党的方针、政策的理解和对实际情况的掌握，适时地大胆地向领导提出自己的看法和建议，这种看法和建议，可以用口头汇报形式，但更多的则是通过调查报告的形式。这就需要文秘人员在加强理论学习、全面理解党的路线、方针、政策的基础上，根据党委的中心工作和政府的阶段性工作，站在领导的高度，去研究和分析领导同志关注的有关重要问题。有了较强的参谋意识，就会在工作中、生活中留心观察事物，做一个有心人，就会发现调查研究线索，积极主动地去搞好调查研究工作。

五是工作作风要实。调查研究工作，来不得半点虚假，一定要细致扎实。无论是调查阶段，还是研究阶段，以及撰写调查报告阶段，都非常辛苦，没有扎扎实实的作风，没有埋头苦干、精益求精的精神，是搞不好调查研究工作的，是写不出一篇好的调查报告的。

同时，还要注意克服拖拖拉拉的作风。常常有这样的情况，有的调查题目抓得比较准，调查工作也已进行完毕，但由于文秘人员撰写调查报告时抓得不紧，好长时间才撰写出来，但领导对这方面的工作已作出决策，结果使辛辛苦苦写出来的调查报告失去了时效性，没有引起领导同志的关注。这方面的教训不乏其例。因此，一旦选定调查研究题目，就要以对党和人民的事业高度负责的精神，抓紧实施，不拖不放，甚至需要加班加点，争取尽快将调查报告呈送到领导手中，以发挥调查研究成果应有的作用。

# 第二部分
# 范例析评

范　例

# 私营企业者代表的希望和要求 ①

　　最近，河南省委政策研究室、河南省工商行政管理局、税务局等部门召开了私营企业代表座谈会。部分与会代表就当前我省私营企业发展存在的问题和困难，提出了七点希望和要求：

　　一、希望新闻单位报道私营企业者的事迹时要实事求是，不要拔高。应多宣传他们艰苦创业的情况，不要只说他们挣了多少钱、如何富裕，以免给社会和群众造成副作用。

　　二、希望国家和各级政府切实解决一些私营企业者的困难，不能停留在口头上、文件上，对国营、集体和个体、私营应一视同仁。

　　三、国家和各级政府对私营企业的结构也要进行宏观指导。现在我省一些地方发展私营企业盲目性很大，一哄而起，造成了很大的浪费和损失。南阳镇平县吴天喜建了一个冷冻厂，效益颇佳，结果该县又有 18 个私营企业者相继也建起了冷库，结果是谁都吃不饱，谁也舍不得下马，导致经济效益低下。

　　四、政府要明确规定私营企业的主管部门。现在是四面八方、各个部门都插手私营企业，不去为他们服务，收费却很积极。因管理部门多，互相交叉，弄得他们常常是顾不了生产而去接待应付，

_____

　　① 李立民，载中共河南省委办公厅《工作信息》（增刊）1988 年第 251 期。

哪个方面都不敢得罪，严重影响了生产。

五、要求各级政府和职能部门在企业升级、产品展销、产品评省优部优、技术职称评定等方面也要考虑到私营企业这一块。有的代表说："我们不要求特殊照顾，只要求和国营、集体企业一个标准参加竞争就行了。"许多代表认为，只要省里能为我们的产品评优，必将激发私营企业的生产积极性，投入更多的人力、财力去研制和生产高技术产品。

六、要求有关部门尽快解决私营企业的党、团员参加组织生活问题。有些私营企业的党员、团员已几年不能过组织生活，没有地方交党、团费，急的到处打听。

七、私营企业规模较大的，为了专心办企业，私营企业者要求退掉责任田。这个问题各地规定不一致，有的去退田，村委会不允许，结果田荒在那里，造成了不必要的土地浪费，建议上级有个明确的规定和解决办法。

# 调查研究的方法要灵活

　　《私营企业者代表的希望和要求》这篇调查报告被中共河南省委办公厅《工作信息》（增刊）刊登后，省政府主要领导同志阅后作了重要批示："这几个问题，请省委政研室同有关部门协调一下，代省委、省政府起草个文件。"对文中的一些具体问题，省政府主要领导同志分别作了批示，对希望新闻单位报道私营企业者的事迹时要实事求是，应多宣传他们艰苦创业的情况批示："赞成这个观点。"对国家和各级政府对私营企业的结构也要进行宏观指导的问题批示："这个问题提得好。"对政府要明确规定私营企业的主管部门问题批示："应明确是否归乡镇企业局管？"对要求各级政府和职能部门在企业升级、产品展销、评优、技术职称评定等方面也要考虑私营企业的问题批示："应该如此。"对要求有关部门尽快解决私营企业的党团员参加组织生活问题批示："应明确属地挂靠。"对私营企业者退掉责任田规定不一问题批示："应予明确。"这篇调查报告所反映的问题由于引起了省委、省政府领导同志的重视，对于解决当时我省私营企业发展中遇到的问题和困难起到了一定的作用。

　　在我国，国有经济和集体经济是社会主义经济的基本形式，一定范围内的劳动者个体私营经济是社会主义公有制经济的必要补充。在社会主义公有制经济占优势的前提下，实行多种经济形式和多种经营方式长期并存，是我们党的一项战略决策。但是由于长期受

"左"的思想影响，一些同志对个体私营企业的发展心有疑虑，对个体私营企业在生产经营中遇到的困难和问题重视不够，对个体、私营企业者的社会和政治地位，不能同国有、集体企业职工一视同仁。这些不正确的认识和做法，不利于个体、私营企业的健康发展。根据中共河南省委办公厅领导同志的安排，作者参加了河南省私营企业者代表座谈会。在座谈会上，私营企业者发言很热烈。但由于受时间的限制，一部分个体私营企业者没有畅所欲言。因此，作者利用会议期间的休息时间，先后与十多位个体私营企业者进行了交谈，听取他们的想法和意见，并根据记录，归纳整理了这篇比较短的调查报告。虽然文字比较短，但由于内容针对性强，加之涉及一些政策性问题，因此引起了省政府主要领导同志及有关部门的重视，产生了一定的社会效果。

这篇调查报告可给我们两点启示：一是调查报告的文字不在长短，关键要有实实在在的内容，要贴近领导正在思考、关注的一些重大问题；二是调查研究的方法要灵活，虽然正正规规的座谈会不可缺少，但与被调查对象进行单个交谈、谈心，能够消除被调查对象的一些不必要的顾虑，使之敞开思想谈得更为具体、更为实在，这样获得的材料也就更能够反映客观事实，引起领导同志的重视。

范 例

# 河南省洛阳玻璃厂深入开展党员责任区活动[1]

洛阳玻璃厂是目前我国最大的浮法玻璃生产基地，1988年完成产值、实现利税均居全国玻璃行业首位，拥有固定资产2.33亿元。现有职工8600多名，其中党员1400名。厂党委以下，有10个分厂党委、8个总支、115个基层支部。近几年来，这个厂曾连续四年荣获全国思想政治工作优秀企业称号。去年，他们在认真总结经验的基础上，又在全厂深入扎实地开展了党员责任区活动，建立了一套较为健全的制度，效果也较好。

一

党员责任区，就是企业党委针对企业两个文明建设的实际需要，对每个党员实行分片包干，并通过其自身的先锋模范作用和思想政治工作，带领群众完成各项任务指标。这项制度的建立，使党组织和全体党员干有依据、评有标准、目的明确、便于操作。其主要做法是：

（一）以"五层保、四保证"作为基本内容，明确规定党员责任区的职责和任务。总厂党委保总厂，分厂党委保分厂，党支部保车间，党小组保班组，党员保"人头"；通过每个党员在企业中的行

---

①李立民，载中共河南省委办公厅《河南信息》1989年第636期、中共中央办公厅《综合与摘报》1989年第69期。

为，做到保证安定团结的政治局面，保证党的方针、政策的贯彻执行，保证生产任务的完成和经济效益的提高，保证设备及人身安全。各基层单位再结合自己的实际，使之具体化、层次化、岗位化，形成了比较完善、明确的责任体系。

（二）**采取"合理划区，适当调整，党员承包"等办法，力争做到每个党员有责任区，每个责任区里有党员。**"合理划区"，就是以党员所在的科室、班组为单位，由一个党员或几个党员负责作为自己的责任区，任务落实到人。"适当调整"，就是根据情况，从党员较多的班组或单位，适当调出一些党员到空白班组或单位，建立责任区。"党员承包"，即由邻近班组的党小组长或党员包空白班组，邻近班组找不到，则由基层党支部书记、支委或机关党员承包。同时，为了填补空白，厂党委还在全厂建立了入党积极分子责任区，明确规定他们承担与党员同样的责任，接受同样的考核。

（三）**定期进行检查，表彰先进，督促后进。**党员要每周向党小组汇报一次责任区任务完成情况，党小组每半月向党支部汇报一次，党支部每月一检查，每季一总结，把党员责任区任务完成情况记入他们的业绩档案。并把责任区职责完成情况与每季的评功、每半年的创先争优及年底的党员评比活动实行"三挂钩"，规定凡是责任区不落实的，不能立功，不能评为优秀党员和合格党员。

（四）**制定了一系列措施。**一是组织党员参加班组管理，了解生产和思想状况，并要求班组召开会议、研究重大问题、布置工作时都必须吸收党员参加，有的还让部分党员担任了班组宣传员。二是对党员进行培训，提高他们做思想政治工作的能力。三是把每个党员责任区的内容公开，接受群众监督，组织大家评议。四是干部带头，党政干部实行"一岗两责"，即行政干部在抓生产经营的同时，也要抓思想政治工作；党委干部在抓思想政治工作的时候，要从生产实际出发。厂长作为党委成员之一，不但要抓好全厂的工作，而且也要按照分工包一个责任区，联系一个基层支部，指导责任区活动的开展。

## 二

党员责任区活动开展一年来，收到了明显的效果：

（一）**党的生活走向正常化，党员素质普遍提高**。通过开展党员责任区活动，各基层组织恢复和健全了原有的"三会一课"制度，新建了"三卡一册"（党员模范作用登记卡，党员业绩卡，党员立功卡，支部小组工作手册），不少党支部还按照党员责任区的要求，联系实际，制订了本支部的工作细则和内部制度。不少党员重新拿党员标准衡量自己，给自己提出更高的目标和要求。有两位党员在评格中主动提出把自己定为"基本不合格党员"，并要求接受组织的监督考验，争当先进。

（二）**党员的先锋模范作用得到较好发挥，密切联系群众的优良作风进一步发扬**。党员责任区活动开展以来，全厂党员发挥作用好的比例由 62% 上升到 88%。三分厂材料车间党支部 11 名党员，工作中人人争先，年底全部立功，其中 10 人荣立一、二等功。五分厂 115 名党员，今年上半年，共在职工中开展谈心 1543 人次，家访 596 人次，解决家庭纠纷和思想问题 60 多起，做好事 968 件。通过谈心和家访等，使群众亲身感受到了党组织的温暖。

（三）**加强了对入党积极分子的培养，提高了新党员的质量**。党员责任区活动的尝试，为入党积极分子的培养提供了有效阵地。一方面使党员发展对象提前体验了党的生活，提高了对党的认识，为早日加入党组织创造了条件，另一方面又使党组织对党员发展对象的培养和考察有了更具体的标准和依据。责任区活动开展一年多来，要求入党的人数越来越多。入党积极分子已发展到 520 多名，其中 51 名已被吸收入党。

**（四）思想政治工作出现了网络化、具体化的新局面。** 一是扩大了思想政治队伍。建立党员责任区后，全厂 1400 名党员、500 多名入党积极分子全部参加到思想政治工作队伍中来，克服了过去只靠少数专职政工干部做思想政治工作的局限性。今年五六月份政治风波期间，各个责任区的党员通过多种形式，讲"文革"期间国家蒙受的灾难，讲家庭收入变化，讲安定团结的政治局面来之不易，全厂职工无一人参加非法组织，无一人上街游行，稳定了人心，稳定了企业。二是思想政治工作信息灵通。党员和入党积极分子分布在各个岗位，扎根于群众之中，对职工的工作、学习、思想等情况，瞅得准，摸得透，一旦发现情况和问题，就会迅速反馈上来，便于党组织及时做好工作。

**（五）加强了党组织的政治核心地位，保证了厂长负责制的贯彻执行。** 开展党员责任区活动以后，许多生产、工作、生活中的矛盾和纠纷都在基层解决了，调动了职工的生产积极性，减轻了行政干部的工作量。厂长深深感觉到党组织的凝聚力、吸引力对稳定职工队伍、稳定企业生产的重要作用，促进了党政部门的相互理解和支持，进一步密切了党政关系。该厂每周召开一次党政联席会，及时沟通情况，统一思想。凡重大问题，坚持党委先讨论，党内先传达，党员先发动；党政干部协调一致、齐心协力，推动了各项工作的顺利开展。今年，该厂克服了政治风波的干扰和资金、原材料、运输等方面紧张的困难，1 至 10 月份，完成产值 20382 万元，比去年同期增长 19%；完成产量 448.48 万重量箱，比去年同期增长 8.9%；销售收入 22363 万元，比去年同期增长 15%；实现利税 7459 万元，其中税收比去年同期增长 14%。

# 围绕大事找题目

　　《河南省洛阳玻璃厂深入开展党员责任区活动》这篇调查报告，中共河南省委办公厅以《河南信息》上报后，很快被中共中央办公厅高层次信息刊物《综合与摘报》单篇采用。这篇调查报告被评为河南省党委系统 1989 年度好信息一等奖。

　　时任河南省委副秘书长、省委办公厅主任魏兆琦同志作了批示："这一期搞得不错。但《综合与摘报》总的来说，我们还是个薄弱环节，请研究一下如何加强这方面的工作。据了解，这篇调查报告是我们信息处的同志发现了线索后，进行扩充调研之后撰写成的。这种主动精神值得赞扬、推广。"

　　中国共产党是中国特色社会主义事业的领导核心。在新的历史时期，我们党作为执政党，肩负着历史的重任，经受着时代的考验，必发扬优良传统，加强自身建设，不断提高领导水平和执政水平。党的十一届三中全会以来，党的建设取得了巨大成绩，也遇到了许多复杂情况。一些地方和单位党不管党、治党不严，纪律松弛、组织涣散，思想上组织上作风上存在着种种不容忽视的问题。党的十三届四中全会以来，党中央大力加强党的建设，先后作出了关于用邓小平同志建设有中国特色社会主义理论武装全党，关于加强廉政建设，关于加强党同人民群众联系等决定，党的十四届四中全会又作出《中共中央关于加强党的建设几个重大问题的决定》。党中央之所以如此高度重视党的建设，是因为党必须在改革开放的新形势下认识自己、加强自己、提高自己，认真研究和解决自身建设中出现的新矛盾、新问题。这已经成为关系我国社会主义现代化建设和改革开放兴衰成败的一个关键问题。洛阳玻璃厂党委为了加强党的基层组织建设，自 1988 年起，在全厂深入扎实地开展党员责任区活动。开展这一活动，对于党员发挥先锋模范作用、发扬密切联系群众的优良作风、重塑共产党员的形象，取得了明显效果。《河南省洛阳玻璃厂深入开展党员责任区活动》，是作者在 1989 年春夏之交那场政治风波结束不久调查撰写的，反映的是一个国有大型企业在改革开放的新形势下，如何加强基层党组织建设的做法及经验，显然这是党中央所关注的一个重大问题。从 1990 年 3 月 12 日党的十三届六中全会通过的《中共中央关于加强党同人民群众联系的决定》来看，这篇调查报告在时间上把握得也比较好。所以上报后，很快就被中共中央办公厅《综合与摘报》刊用。不久，中央及省电视台、广播电台、报刊先后报道了洛阳玻璃厂深入开展党员责任区活动的做法、经验，在当时对于加强党的基层组织建设起到了一定的指导作用。

这篇调查报告可给我们两点启示：一是各级党政办公厅（室）的调查研究要围绕各级领导同志、各级领导机关所关注的大事深入基层找线索、选题目；二是各级党政办公厅（室）的调查研究要讲时效性，抓准了调研题目还要抓紧实施调查，并尽快撰写出调查报告，以防贻误时机。

范　例


# 河南师范大学部分教授对发展
# 河南高等教育事业的几点建议 ①

　　最近，我们在河南师范大学与部分教授就如何发展我省教育事业的问题进行了座谈。座谈中，他们谈了各自的看法和建议。现归纳如下。

## 一、省里应注意加强对河南高等教育的宏观调控，加快教育结构的合理调整

　　他们认为，目前我省教育结构的不合理是造成我省经济落后、人才结构不合理的重要原因之一。目前我省47所各种高等院校中，师范院校、医科院校占去二十多所，再除去一部分中央部属院校，工科院校就寥寥无几，造成师范生分配不下去，而经济建设急需的工科人才供不应求，在当前财力紧张的情况下建工学院确实不易，省里应注意各类专业的配套，改变传统的教育体制，充分发挥老师范院校的应用专业、工科性专业的力量，拓宽专业结构，与工科院校共同发展工科专业增加急需的工科人才，以适应河南经济发展的需要。在处理"大师范"与"小师范"的关系上，省里应有通盘考虑。根据河南省情，适当发展一些师范院校是必要的，但在目前师范生

　　①李立民、马瑜，载中共河南省委办公厅《工作信息》（增刊）1989年第92期。

逐年增多，分配困难的情况下，省里应对我省师范教育的发展进行充分的论证，合理布局，控制学校数量，提高教育质量。已经建起的师范学校中，对一部分办学条件好，师资力量较强的应进一步充实提高；而对少数不具备必要条件的可采取并入其他学校或作为分校，以便集中财力，提高教学质量。在处理老院校与新上院校的关系上，省里应注意发挥老院校的潜力，把有限的财力用在刀刃上。他们认为，目前我省教育经费十分紧张，今年虽要增长 8%，但仍低于全国的平均水平，比周围各省都低，如加上物价上涨因素的影响，实际增长的寥寥无几。在这种情况下，建新校投资多、见效慢、效益低，必然造成财力的分散，也不利于教学质量的提高。而目前老院校的潜力并未得到充分发挥。如河南师范大学生物系有讲师以上职称的教师九十多人，其中副教授以上职称的就有五十多人，现只有学生四百余人，平均四个学生一个老师，有相当数量教师的潜力并未充分发挥，有的副教授一个学期只有一节课。在教育经费紧张的情况下，教育要早出成果，多育人才，就应特别注意发挥老学校的潜力，其理由：一是基础相对雄厚，师资力量和仪器设备、图书资料都比新校要强，存在相当大的潜力；二是各科专业设置较为齐全，适应我省经济建设和中等教育发展需要，新增和调整专业方向都具备优势。只要适当增加老校的经费，使他们的潜力能充分释放出来，这无疑是一种投资少、见效快、效益好，且教育质量能够得到保证的好办法。

## 二、制定优惠政策，加速人才引进

部分教授认为，目前人才难进是影响我省经济发展和教学质量的一个重要原因。现在是急需的人才进不来，出去的人才又不想回来，这是一个值得深思的问题。进不来的原因多是被调对象的配偶工作安排、子女户口等问题无法解决。在这方面，有关部门应从全局出发，从河南经济发展的长远利益出发，制定一些优惠政策，做到有才必引、有才必要，这对河南经济的发展、教育质量的提高有百利而无一害。

### 三、适当增加高校科研所需人员编制，为高校科学研究创造必要的条件

河南师范大学生物系一位教授反映，省里提出高校以教学为中心，积极开展科学研究的方针后，全省各高校在以教学为中心的前提下，积极开展科学研究。但目前高校开展科学研究困难较多，除科研经费不足外，还有人员编制问题无法解决。高等院校不仅仅是由教师组成，还应有一定数量的科技人员、工程技术人员和试验工人。而目前高等院校的技术人员和试验工人却极少。河南师范大学生物系十七个实验室，只有六个试验员，两名试验工人。许多教授的实验时间多都用在琐碎事的处理上，给科研带来不必要的影响，致使大量先进设备不能发挥效益。一些教授说，现在高校的行政人员编制过于庞大，有的多达三四十个处，而科研急需的技术人员、试验工人却得不到解决，这个问题应引起重视。

### 四、我省高校要加强科研、教育攻关的横向联合，各校各自为战的局面亟待改变

参加座谈会的教授们指出，我省现有高校各有各的高水平专业，各有各的尖端科研技术力量，如果各高校的科研优势、科研人才在本省内加强横向联合，联合搞科研、教育攻关，对我省科研和教育事业的发展必将起到重要作用。东北三省这几年科研、教育事业为什么发展那么快？其中一个重要原因是东北三省各高校在科研、教

育上加强了联合攻关。他们定期召开科研、教育研讨会，定期交流科研、教育成果，共同编写教材，三省高校的科研力量潜力及各高校的优势得到了较好的发挥，三省高校协作力量当然是巨大的。而我省的情况则是，各高校搞科研、教育攻关基本是各自为战，相互很少往来交流。虽然也有的高校与外省一些高校建立了联系，但大都是自发的，松散的，成不了"大气候"。造成我省各高校间互不联合的主要原因有两个：一是各高校还没有完全破除过去那种独立搞科研、搞学术研究的旧观念；二是省里无部门牵头组织协调。建议省委、省政府领导要重视我省各高校间科研、教育等方面的横向联合，以集中我省高校科研优势兵力，搞好科研（特别是应用科学）攻关，更好地为我省科研、教育服务，为我省的经济腾飞做出应有的贡献。

# 调查报告的一种类型

## ——纯建议型调查报告

　　《河南师范大学部分教授对发展河南教育事业的几点建议》，反映的是教育工作，这个题目很大，但调查报告并没有按照常规的情况、问题、建议三段式去撰写，而是开门见山，直接提出了加快教育结构调整、加速引进人才、增加高校科研人员编制、加强高校科研横向联合四个建议。虽然这篇调查报告没有交代来龙去脉，看似无头无尾，但领导同志阅后并不会产生莫名其妙之感，直接提出的建议反而能给领导同志比较深的印象。因为办公厅（室）撰写的调查报告，其阅读对象主要是党政领导同志，在通常情况下党政领导同志对其所负责范围内的一些行业、重要部门是比较熟悉的。比如这篇调查报告所反映的是河南省高等教育方面的情况，河南境内高等院校的绝大多数属于省管，因此省党政领导同志对省内高校的大概情况是了解的。如若调查报告中再较详细地介绍我省高等院校的布局、专业设置等情况，再论述发展高等教育事业的重大意义，倒显得是个累赘。对于党政领导同志、领导机关比较熟悉的有关行业、部门，在一般情况下，调查报告以建议为重点时，可不详细介绍情况，也不需再去讲多少道理，涉及的有关内容可点到为止，有什么建议就提什么建议。我们可以把党政办公厅（室）这种调查报告称作为"纯建议型调查报告"。

撰写这种类型的调查报告需要注意以下三点：一是所提的建议，必须符合党的路线方针政策；二是所提的建议中应有为领导"出谋划策"的切实可行性措施；三是建议中应有简要的情况介绍，以增强所提建议的针对性，否则只干巴巴地提出几条建议，那就变成为一条信息，而不是调查报告了。

范　例

# 对项城县财政收入三年翻番
# 突破三千万元情况的调查 [①]

项城县是一个拥有 100 万人口，100 万亩耕地的平原农业县。矿产资源缺乏，经济基础薄弱。几年来，县委、县政府从县情出发，发挥优势，走依靠工业富财政的路子，使财政收入得到较快发展，1989 年达到 3301 万元，和 1986 年的 1568 万元相比，3 年翻了一番。今年上半年，又创历史纪录，达到 1771 万元，比上年同期增长 17%，被财政部评为财政扭补先进县。具体做法是：

## 一、发挥当地优势，明确发展思路

项城县历史上是一个贫困县，长期靠吃补贴过日子，是全省 69 个财政补贴县之一。1985 年，县财政收入仅有 1307 万元，"要饭财政"给项城发展带来了很大困难。不仅限制着各项社会事业的发展，而且直接影响县级政权职能的发挥，阻碍工业和农业的发展。年年挤财源，越挤源越干，带来了全县国民经济发展恶性循环的局面。现实表明，要想变恶性循环为良性循环，必须抓好财政这个关键。针对这个问题，县四大班子进行了大量的调查研究和认真酝酿讨论，

---

① 李立民、李兰然，载中共河南省委办公厅《工作信息》（增刊）1990 年第 264 期、中共河南省委办公厅《工作通报》1990 年第 35 期、《河南日报》1990 年 9 月 18 日头版头条。

认识到靠农业壮大财政没有潜力，必须走靠工业富财政的道路。在此基础上，县委、县政府研究确定了抓工业、富财政，促进全县国民经济良性循环的发展战略。这个战略的指导思想和奋斗目标是：以农业为基础，充分发挥本地优势，大力发展工业和乡镇企业，促进财政收入的快速增长，逐步实现农业型财政向工业型财政转变，推动项城经济和各项社会事业的快速发展。财政收入在保证上交的基础上，力争 3 年内达到 3000 万元，到 1992 年实现 5000 万元，去掉吃补贴的帽子。这个战略的重点和布局是：以农副产品深加工为重点，以预算内企业为骨干，带动商办工业、二轻工业和乡镇企业大发展。

## 二、加强领导协调，保证企业发展

搞好领导协调服务是工业发展的基本保证。在这方面具体抓了四点：

**一是倾斜领导力量**。县里成立了工业生产领导组，由一名县委副书记和两名副县长具体负责，有关职能部门主要负责同志参加。领导组下设资金融通、技术改造、环境服务三个工作小组。建立了工业生产定期研讨制度，现场办公制度，对各工作小组都明确了具体职责。各乡镇、行政村也都成立了相应的组织，形成了齐抓共管的局面。

**二是搞好宏观决策**。县委、县政府认真做企业的依托和参谋，对企业进行宏观指导和导航引路，帮助企业科学决策。凡是有关全县工业和乡镇企业发展的重要问题，都由县工业领导组，县四大班子讨论决定，保证了决策的科学化、正确化。

**三是加强企业班子建设**。县委在选拔企业领导时，按照德才兼备标准，努力选拔那些善经营、会管理的同志担任企业领导，不唯资历文凭，不唯干部职工，跨行业跨地区多渠道进行选拔。当企业和其他行业在用人问题上发生冲突时，坚持企业用人优先的原则。配备企业班子时，既注重班子成员的个体素质，又注重班子的群体素质；既注重个人的特长，又注重性格互补；既注重工作能力，又注重梯次配备，使各企业班子结构合理，具有较强的群体配合力。在具体工作中，采取专业培训，外出考察、指导帮助、民主监督等形式，不断提高班子的个体素质和群体效能。几年来，仅十个预算内企业，就跨行业、跨地区选拔充实了 25 名厂级干部。这些班子的战斗力比较强，已连续两年实现全县预算内企业无亏损。

**四是搞好协调服务。**努力变行政命令型为服务指导型，不当企业的"婆婆"，当好企业的参谋和后盾，着重为企业搞好四个服务：即围绕促进企业发展，及时搞好政策服务；当企业遇到资金困难时，千方百计搞好资金服务；当企业与企业之间、企业与社会之间出现矛盾时，及时化解矛盾，搞好环境服务；当企业面临市场疲软时，积极搞好市场服务。认真解决企业自身不能解决的问题。三年来，县工业领导组，为企业融通资金 3600 万元，促进了企业的快速发展。1989 年，全县工业总产值达到 56536 万元，是 1986 年的 2.5 倍，工业上缴利税达 2019 万元，是 1986 年的 3.8 倍。

### 三、狠抓龙头骨干企业，促进群体发展

几年来，该县在实践中走出了一条狠抓龙头骨干企业，带动全县工业和乡镇企业全面发展的路子。具体表现在着重抓好三个环节：

**一是选准龙头，确定骨干。**选定龙头骨干企业的原则是：围绕产、供、销三个环节，在原料来源上，能够发挥本地资源优势；在生产上，投资少、见效快，而且有一定的技术基础；在销售上，产

品符合市场需要，资金周转快，市场前景广阔，而且是高税利企业。按照这样的原则，当时选定年产值仅有 2000 万元的味精厂为龙头企业。县十个预算内企业有几十年的发展基础，市场竞争力比较强，也作为骨干企业。

　　**二是对龙头骨干企业实行优惠政策**。对于龙头骨干企业，集中人力、物力、财力，实行优先和倾斜政策，促进上规模、增效益。在资金、能源、原材料紧缺时，对其优先保证供应。在他们的利益和其他部门利益发生冲突时，以他们的利益为重。如对味精厂该县自 1987 年以来，先后投资 2060 万元，生产能力由 2000 吨增加到 1 万吨，今年 10 月可形成 2 万吨生产能力，已成为全国同行业规模最大、产值最多、效益最好的企业。龙头骨干企业为该县财政收入的增长作出了较大贡献。1989 年，仅味精厂上缴财政就达 1350 万元，占全县财政总收入的 41%，成为全县财政的支柱。

　　**三是充分发挥龙头骨干企业的辐射作用**。第一，实行联合辐射，以联合促发展。通过技术联合、资金联合、生产工艺联合、厂房联合等多渠道的联合形式，引导龙头骨干企业与生产经营形势不稳定的企业广泛开展联合。联合后既为大企业生产提供了方便，也提高了小企业自身的生存发展能力，双方受益。如味精厂先后与本县 6 个企业开展了联合，带动了这些企业的发展。第二，实行兼并辐射，以兼并促发展。引导龙头骨干企业兼并那些二轻、商办和乡镇企业中面临倒闭的企业，促其起死回生。如倒闭两年的水寨镇食品罐头厂被味精厂兼并后，彻底摆脱了倒闭困境。目前，该县已形成了以龙头骨干带动二轻工业、商办工业、乡镇企业群体发展的局面。1989 年，二轻、乡镇企业上缴利税分别达到 217 万元、672 万元，分别是 1986 年的 1.9 倍和 1.8 倍，商办工业上缴利税在 1986 年还是空白，1989 年已达 243 万元。

### 四、强化财政管理，确保收支平衡

围绕财政收支管理，保证收支平衡工作，该县重点抓了三个方面：

**其一，积极推进财税体制改革。**按照征、管、查相分离的原则，改革了税收征管体制，形成了征、管、查环环紧扣，相互制约，相互促进的运行机制，促进了征管工作的开展。财政体制改革也取得较大进展。建立了乡镇级财政，打破了过去传统的统收统支体制，推行了"分税种、核定收支、增长上解，比例分成，超支不补的分灶吃饭型"体制，调动了各级增收节支，当家理财的积极性。

**其二，强化税收管理。**以严格落实税收政策为中心，按照一手抓税利大户，一手抓零星税源的指导思想，县委、县政府努力为税务部门撑腰壮胆，支持他们行使职权。经常过问税收工作，对于难度较大、牵涉面广的税收项目，纳入党委、政府的中心工作，并动员公检法司等部门积极配合。在税务系统全面推行目标管理责任制，把竞争机制引入税务干部管理，对中层干部实行招聘制，对一般干部职工实行分级付酬制；严厉打击偷税漏税现象，有力地促进了税收征管。

**其三，加强支出管理。**在财政支出管理上，一是牢固树立艰苦奋斗，勤俭节约思想，坚持量入为出，不搞赤字预算。县委、县政府领导从自身做起，带头过紧日子，在财力连年大幅度增长的情况下，不盖家属院，不盖楼堂馆所，不搞豪华设施，有的仍住在六七十年代盖的老房子里。二是树立紧缩财政思想，压缩非生产性支出，把有限的资金用在发展生产上。从年初预算抓起，按照保工资、保改革、保重点的原则，优先安排生产发展资金，把非生产性资金压到最低限度。采取过硬措施压缩办公经费，控制社会集团购买力，实行集体审批和一支笔审批相结合，严把追加支出关，把节省下来的资金用在发展生产上。通过强化收支管理，县财政连续三年实现了收支平衡，略有节余，使项城初步走上了生财、聚财、用财三位一体、互相促进的良性循环道路，为尽快实现"保证上交，不吃补贴"的财政目标奠定了坚实的基础。

# 着力反映对面上工作有
# 指导作用的重要经验

　　《对项城县财政收入三年翻番突破三千万元情况的调查》，是笔者跟随省委领导同志在周口地区调查研究期间，听取有关县（市）工作情况介绍时发现了线索，尔后与中共周口地委办公室信息科、项城县委办公室的同志一起深入调查而写成的。被中共河南省委办公厅《工作信息》（增刊）登载后，时任省委书记侯宗宾同志作了批示："此件可登《工作通报》，发各市地县参阅。"时任省委秘书长张志刚同志批示："请按宗宾同志的批示登《工作通报》，并加简明按语。"

　　省委《工作通报》转发这篇调查报告时配发的按语是："《对项城县财政收入三年翻番突破三千万元情况的调查》一文，详细介绍了项城县立足当地资源优势，注意发展工业经济，并依靠科学管理，促进财政状况好转的经验。这个经验对全省、特别是一些财政补贴县具有一定的借鉴作用。根据省委领导同志的意见，现将该文刊登于此，供各地参阅。"《河南日报》1990年9月18日在头版头条并加编者按也刊登了此文。其编者按语是："目前我省有69个财政补贴县，这是制约全省经济发展的重要因素。财政补贴县如何尽快改变长期靠吃国家财政补贴的局面？项城县的做法和经验值得借鉴。希望其他财政补贴县能够从中得到启发，尽快改变经济落后的面貌，以实际行动贯彻落实省委提出的'团结奋进，振兴河南'的指导思想。"

这篇调查报告被评为河南省党委系统 1990 年度好信息一等奖。

党政办公厅（室）调查研究的重要功能就是总结基层在两个文明建设中的新做法、新探索，为领导指导面上的工作提供重要经验。所以，作为各级党政办公厅（室）的调查研究，应着力总结、挖掘那些对于面上工作具有指导作用的重要经验。由于各种原因，目前河南有相当一部分县经济发展缓慢，财政收入少，多年来靠国家财政补贴过日子，被称为"要饭财政"。"要饭财政"县既给国家带来了沉重的包袱和负担，又制约了本县经济和社会的发展。财政补贴县如何尽快改变长期靠吃国家财政补贴的局面，这是从中央到地方各级领导同志都非常关注的重大问题。《对项城县财政收入三年翻番突破三千万元情况的调查》，所介绍的项城县财政扭补的做法及依靠工业富财政的经验，对全省、特别是对当时我省 69 个财政补贴县是有一定借鉴作用的。因此，引起了省委主要领导同志的重视。这篇调查报告在省委内部刊物及《河南日报》登载后，先后有 70 多个县（市）的领导同志前往项城县取经，对于促进财政补贴县的扭补工作，尽快改变经济落后的面貌，起到了一定的积极作用。

范　例

# 当前土地纠纷问题突出的
# 主要原因及解决对策 ①

近年来，土地纠纷问题比较突出，且呈上升势头。特别是集体土地纠纷，涉及面广、参与人数多、造成危害大。从我省已发生的集体土地纠纷看，争执双方各执己见，寸土不让，由争吵、抢种、抢收以至发展到械斗。土地纠纷严重影响了社会的稳定，给人民生命财产和发展生产均造成了不应有的损失，已成为当前农村工作的一个"热点"和"难点"。发生土地纠纷的主要原因是什么？如何有效地解决和防止土地纠纷的发生？今年9月中旬至10月底，中共河南省委办公厅就这个问题进行了专题调查。

## 一、今年以来全省发生土地纠纷的基本情况及带来的社会问题

据不完全统计，今年1—9月份，全省共发生集体土地纠纷××起，其中涉及省与省之间的纠纷×起，其余均为市地与市地、县（区）与县（区）、乡与乡、村与村之间的纠纷。上述纠纷中，共涉及土地20余万亩，发生集体械斗×起。

土地纠纷带来了一系列社会问题：

---

① 李立民，载中共河南省委办公厅《河南信息》1990年第775期。

**（一）增加了社会不安定因素**。发生的集体土地纠纷，由于情况复杂，一时难以协调处理，争议的双方往往对争执的土地采取抢种、抢收或毁庄稼、砍树木等办法，从而导致矛盾激化发生械斗。特别是省、市边缘地区的土地纠纷，双方群众视为仇人，为怕报复，许多村民自行组织人员昼夜站岗放哨。近几年，豫鄂、豫鲁、豫皖边界不断发生集体土地纠纷和冲突。今年以来，仅黄河滩区豫鲁交界地就发生集体土地纠纷××起，其中集体械斗×起。今年夏收时，台前县与山东省毗邻的乡村，为防止对方在争议的土地上抢收小麦，自发建立了联户护麦组织，在交界处搭起帐篷，日夜巡逻，对立气氛非常紧张。自8月下旬以来，郑州、洛阳、焦作三市沿黄部分村民因黄河滩地发生集体土地纠纷×起，涉及5个镇23个行政村。一些土地纠纷因短时期内难以协调解决好，往往导致部分群众集体上访或越级上访。据统计，今年上半年河南省进京上访反映土地问题的就达86起；今年1—9月份，因土地问题集体来省上访的计14批。因土地纠纷到市地县上访的为数更多。

**（二）影响了工农业生产**。一些工厂、农场、林场、果园，因土地纠纷一时解决不了，各自便以断路、停电、停学、毁树、毁庄稼等手段制裁对方；对一些争议较大的河滩地，为防止双方发生集体冲突，只好暂停耕种，导致数百亩以上土地荒芜。

**（三）造成干群关系紧张**。因集体土地纠纷涉及面广，情况复杂，各级政府处理时难度大，很难达到双方满意，从而导致一些群众对政府产生对立情绪，造成干群关系紧张。

**（四）导致部分农民生活困难**。濮阳市台前县白罡乡某村，全村270口人，共有耕地300亩，近年来已被山东省郓城县某村民强占220亩，全村270口人仅靠80亩耕地为生，濮阳县政府与郓城县政府虽多次协调，但至今未得到解决。

## 二、发生土地纠纷的主要原因

从调查的情况看，当前出现土地纠纷增多的主要原因是：

**（一）历史遗留下来的地界不清、权属不明较多**。因新中国成立以来土地管理、权属政策多变且不连贯，致使地界不清、权属不明。特别是20世纪50年代末期的"一平二调"、"一大二公"及"文化大革命"期间办的各种干校、农场，人民公社筹办的各种企业、林场、果园等占地都是平调无偿征用，没有办理正式手续，导致全民单位与集体之间、大集体与小集体之间的土地权属不清。省与省、市（地）与市（地）、县与县、公社与公社、村与村有争议的结合部，大集体时双方一般不计较。土地实行家庭联产承包责任制前，基层干部和农民对土地权属、地界不很关心，实行土地承包后，农民对土地重要性的认识发生了根本变化，索要过去被占用土地的呼声越来越高。加之，随着人口不断地增长，各种建设占地越来越多，人多地少的矛盾日益突出。历史上遗留的土地权属不清的问题主要有：一是国家建设用地与集体的矛盾。过去建设的一些水利工程和公路用地，两个《条例》（即1982年国务院颁布的《国家建设征用土地条例》和《村镇建房用地管理条例》）颁布以前所建的公社和社直单位占用的集体土地，当时既没有完善征用手续，又没有补偿或补偿很少，用地边界及权属不清。二是1963年"四固定"以后（即：1962年中央为纠正大跃进"左"的错误，在全国实行土地固定、农具固定、牲畜固定、劳力固定的政策）部队、学校、党政机关、劳改部门以及国营企事业单位，以借耕无偿划拨或租用方式占用集体的土地而建立的各种农场、林场、知青场、"五七"干校等，有些早已无人经营或管理不好，或擅自改变土地用途，向农民出租，引起被占土地单位和群众不满，要求退回耕地。三是1963年以后，人民公社、生产大队建办的良种场、畜牧场、林场、苗圃、果园等，大集体占用小集体的土地。这部分占地大多数没有协议，也没有补偿，往往是当时根据公社或生产大队某位领导表态而定，其界线多是划了一个大致范围，或指物为界，或以步代尺，无正式文字记载。因时过境迁，人事变动，留下了隐患。四是因划大方、修大寨田时，在生产大队和小队之间调整的土地多与少、好与差不尽合理，导致近年村民之间发生争议、纠纷。五是五六十年代营造的林场，由于原界不清，加之部分已不经营造林，承包给附近农村耕种，引起土地权属争议。

**（二）部分干部和群众土地法观念淡薄，各项建设用地不能依法办理手续**。《土地管理法》虽然颁布四年多了，但是由于部分干部和群众对土地的国情、国策认识不足，对强化土地管理重视不够，因而有法不依、乱占滥用土地的现象仍很严重。主要表现：一是有些国家建设用地不按程序报批，以权代法，以言代法，越权审批。有些领导干部和政府部门以发展经济为名，擅自下放建设用地审批权，或先用后报，少报多占，边报边占，这在个别新建城市中尤为突出。二是一些乡镇企业用地不经批准乱占滥用耕地。一些地方为发展乡镇企业和商品经济，随意性较大，不经论证，不按规划。特别是建立的砖瓦窑厂占地毁地较为严重。据省土地管理局不完全统计，1989年全省建砖瓦窑厂26904个，占地413739亩，大部分没有办理审批手续。三是农村宅基地管理比较混乱。据省建设厅调查统计，1988年全省农民建房89.22万户，占地38.58万亩，其中耕地5.44万亩，经土地管理部门批准的只有1.36万亩。四是一些国营单位和企业在征用土地时，由于未经土地管理部门办理用地手续，导致被占地村民多年享受不到定购粮、农业税、提留等项政策性减免，引起群众不满。

**（三）黄河滩地使用权争议较大**。黄河滩区土地虽属国有，但长期以来沿岸农民争相开发无偿耕种。历史上，虽经政府多次协调划分用地范围，但是由于黄河河道滚动，滩区边界未形成固定走向，滩区不断变化，沿黄各地政府和群众争相开发，致使黄河滩区跨省跨市土地纠纷问题突出。目前经省、市各级党委、政府做工作虽已得到暂时平息，但是滩区边界、滩地使用权问题没有得到妥善解决，今后仍有发生纠纷的可能。

**（四）土地管理体制还没有理顺，土地监察工作比较薄弱。**由于改革过程中新旧体制同时并存，加之地方、部门狭隘利益的干扰，当前土地统一管理的原则在一些地方和部门未能很好落实，土地管理政出多门的现象依然存在。如公路扩建和水利工程用地、林业开发用地、农业内部结构调整用地、因自然灾害损毁土地，还有城镇土地的管理、开发等，涉及农业、水利、林业、牧业、民政、交通、城建等有关部门，因部门之间职责不清，关系还没有完全理顺，所以有利益就争管、出了问题就互相推诿扯皮，直接影响了土地管理工作的正常开展。同时，由于《土地管理法》实施时间不久，土地管理部门建立时间不长，机构还不很健全，且缺乏必要的监察、执法手段，所以对一些土地纠纷案件不能及时协调查处。

### 三、解决土地纠纷的对策

妥善解决当前的土地纠纷是摆在各级党委、政府面前的一项紧迫任务，这既是维护安定团结、发展经济的需要，也是基层干部群众的迫切愿望和要求。为此建议：

**（一）深入宣传《土地管理法》，大力开展土地国情、国策教育。**针对《土地管理法》宣传不够广泛、部分干部群众的土地法观念淡薄，应在全省范围内大张旗鼓地开展土地法宣传活动。通过宣传教育，使广大干部群众，特别是各级领导干部进一步增强土地政策观念，努力克服忽视土地管理的各种行为，彻底纠正过去那种"土地姓公，谁占都中"的错误观念。

（二）**实行分级归口处理，妥善解决土地纠纷问题**。解决土地纠纷应实行分级归口处理。土地纠纷要以土地管理部门处理为主；处理不了的由同级人民政府处理；不服县级政府处理的，可申诉到法院由法院判决；凡跨地区的土地纠纷，由上级人民政府处理。除土地管理部门、法院外，其他任何业务部门不得擅自处理集体土地纠纷，以免矛盾复杂化。需有关部门配合的，应极给予配合。

（三）**认真搞好土地利用现状调查和地籍调查，切实把土地权属搞清楚**。为解决历史遗留问题，各地应抓紧时间利用冬闲季节有组织有计划地开展土地资源调查。在充分调查的基础上搞好土地登记发证工作，确定土地权属。对城镇国有土地权属问题，应通过开展地籍调查加以解决。对黄河沿岸市地及其他土地纠纷较突出的市地，要在充分调查的基础上，根据《土地管理法》和有关法规政策，尽快制定出关于黄河滩区土地使用管理办法、关于确定土地权属的有关规定，为协调处理各类土地纠纷提供具体的政策规定，避免今后再发生新的土地权属纠纷。

（四）**建立健全各级土地管理机构，进一步加强土地工作的宏观管理**。目前全省尚有1/3的县级土地管理局没有建立土地监察机构，有1/3的乡镇没有建立土地管理机构。为加强土地工作的宏观管理，适应土地监察工作的需要，各市、地、县的土地管理部门的监察机构及乡一级土地管理机构，应尽快建立起来开展工作。已设立土地管理和监察机构但人员太少、力量不足的，可根据实际需要适当增加人员。乡（镇）一级要设专职土地监察员，以加强土地信息工作。各土地管理部门有条件的，可以建立土地监察执法队伍，进一步强化土地管理手段，更有效地管理、查处各类土地违法案件。

# 注重反映问题更应注重研究解决问题的办法

　　《当前土地纠纷问题突出的主要原因及解决对策》被中共河南省委办公厅信息刊物登载后，引起了省委、省政府领导同志的重视，并批转给省直有关部门，指出妥善解决土地纠纷问题是关系到社会稳定的一项重要工作，要从政策上研究解决的办法。之后，省政府召开了由各市地土地管理局局长及省农牧厅、林业厅、民政厅、黄委会、河务局等部门负责同志参加的土地工作会议，就如何妥善解决土地纠纷问题进行了专题研究和部署，并抽调各市地土地管理部门业务较强的同志组成四个调查组，分赴黄河沿岸市地及其他土地纠纷较突出的地区，在充分调查研究的基础上，根据国家有关法规，结合河南实际，制定下发了《河南省关于黄河滩区土地使用管理办法》及《河南省关于确定土地权属的若干规定》，为防止和处理各类土地纠纷提供了具体政策规定。

　　在改革开放和社会主义现代化建设中，不论哪一项工作，都会产生这样那样的矛盾和问题，也会有许多不尽如人意的地方。用辩证唯物主义的客观实在性观点来看，我们工作中产生的矛盾和问题是不以人们意志为转移的，是客观存在的。对客观存在的矛盾和问题，只有正视它、认识它、反映它，并及时采取正确的措施，才能加以克服和解决，避免给党和人民的事业造成损失。用马克思主义认识论的观点来看，向领导反映基层在两个文明建设中遇到的矛盾、存在的问题，是领导认识事物、掌握情况、把握规律、指导工作所必不可少的。领导指导工作的过程，实际上是一个发现问题、解决问题的过程。从这个角度讲，各级党政办公厅（室）向领导及时反馈工作中存在的矛盾和问题，对于领导实施适时正确的决策尤为重要。因此，办公厅（室）的调查研究，要注重反映下情及工作中的矛盾和问题。然而，反映问题是为了更好地解决问题，解决问题才是调查研究的出发点和落脚点。正如毛泽东同志曾作过的形象比喻，调查研究就像"十月怀胎"，解决问题就像"一朝分娩"。不解决实际问题，就失去了调查的实际意义。衡量一篇问题型调查报告价值的大小，不仅要看调查是否深入，反映情况是否全面，文字是否简练，更重要的是要看研究问题是否深透，是否有针对性地向领导同志提出解决问题的办法、建议。《当前土地纠纷问题突出的主要原因及解决对策》这篇调查报告，用具体数字简要介绍了当年1—9月份河南省发生土地纠纷的基本情况及其带来的问题，用主要篇幅分析了发生土地纠纷的原因、提出了解决土地纠纷的对策。这样，既能使领导同志对发生土地纠纷的情况、原因有了全面的了解，同时也使领导同志看到了最为关心的如何切实解决这个问题的参谋性意见。

这篇调查报告可给我们两点启示：一是各级党政办公厅（室）的文秘人员，要注意发现那些对全局工作有重要影响的倾向性、苗头性问题，并力争及时、准确地反馈给领导同志；二是反映倾向性、苗头性问题，要重视在调研活动中剖析一些社会与经济问题的成因，寻求促使矛盾转化的具体条件，从而找出解决问题的思路和措施。

范　例

# 河南省整顿后进村初见成效 [①]

　　河南省共有村委会 4 万多个、村（行政村）党支部（总支）4 万多个。党的十一届三中全会以来，广大农村基层组织在带领群众贯彻落实党的路线、方针、政策，领导农民群众发展生产，走共同富裕的道路等方面起到了积极的作用，作出了较大的贡献。总的看，全省村级组织和农村政治、经济形势是好的。但是，由于种种原因，各地还有一批后进村：有的宗族派性问题严重，村党支部、村委会等村级组织陷于严重瘫痪；有的村干部以权谋私，财务管理混乱，群众极为不满；有的土地纠纷久拖不决，经常发生群众性械斗；有的坏人当道，横行乡里，任意欺辱群众；还有的非法宗教活动猖獗等等。这些村在全省虽然数量很少，但严重损害了党和政府在人民群众中的形象，严重影响了农村社会的稳定和经济的发展。近几年来，各市、地、县虽然也采取了措施进行整顿，但效果不大。今年 6 月，河南省委经过认真摸底分析，决定集中力量重点整顿，为深入开展农村社会主义教育打好基础，促进农村社会稳定、经济发展。

一

　　整顿后进村，目的是建设一个好支部，选出一个好支书，建立

---

　　① 李立民，载中共河南省委办公厅《河南信息》1991 年第 510 期、中共中央办公厅《工作情况交流》1991 年第 27 期。

健全一套好制度，理出一条发展经济的好路子，从根本上扭转班子瘫痪、治安混乱、经济发展缓慢的落后局面。其主要做法是：

**（一）对整顿工作进行周密的研究部署。** 第一批农村社教工作结束后，省委召开了常委会议，专题研究部署，明确提出：下大决心，抽调得力干部，坚决把问题突出的村整顿好。整顿工作由省委社教领导小组组织实施。各市（地）委根据省委的统一部署和要求，均召开了常委会议，作了具体安排。

**（二）按问题性质分类造册**。至7月中旬，全省17个市地共排查出需整顿的后进村297个，分为10种类型：（1）社会治安混乱，坏人当道或坏人煽动群众闹事的；（2）宗族、派性严重，经常发生群众械斗的；（3）土地纠纷长期未解决，引起矛盾激化，群众经常集体上访的；（4）干部以权谋私，贪污挪用公款，财务管理混乱，群众严重不满的；（5）党支部严重瘫痪、不团结，农村各项工作失控的；（6）多种问题并存，各项工作难以开展的；（7）民族间矛盾突出，导致群众集体械斗的；（8）封建迷信盛行的；（9）非法宗教活动猖獗的；（10）其他问题严重的。在分类的基础上，省委社教办公室将确定开展重点整顿村的名称及存在的主要问题、整顿措施、省派进村工作队员计划等详细登记列表造册下发。从而使省、市、县三级党委较全面地掌握了重点整顿村的情况，既明确了责任，也便于加强指导。

**（三）有针对性地选派干部组成强有力的工作队进村整顿**。按照省委的统一部署，省、市、县、乡四级先后选派2609名业务能力强、工作经验丰富、熟悉农村工作的机关干部（其中县处级干部185人、科局级干部789人、一般干部1626人），组成了297个工作队。对那些问题特别严重的村，保证有1名县（处）级干部带队。工作队进村前，由省、市（地）分别对工作队员进行培训，主要是教整顿政策、教整顿村的情况、教整顿的任务。根据存在的不同问题，有针对性地选派具有不同业务专长的机关干部进村。例如，对社会治安混乱、非法宗教活动猖獗的村，由公、检、法、司部门的干部为主组成工作队进村；对财务管理混乱、村干部贪污问题严重的村，组织财政、金融、税务、审计等部门的干部进村；民族矛盾突出的村，组织民委、统战等部门的干部进村；土地纠纷问题严重的村，组织土地、监察等部门的干部进村；班子瘫痪、干部以权谋私问题严重的村，组织纪检、人事、组织等部门的干部进村；各种问题并存的村，则组织党政机关综合部门的干部进村。各工作队于7月中下旬陆续开进整顿村，他们坚持与群众同吃、同住、同劳动，以对党、对人民高度负责的精神，从群众关心的"热点"和"难点"问题入手，走村串户，帮助特困户解决生活、生产中的一些实际问题，很快赢得了广大群众的信任和支持，为整顿顺利展开打下了良好的基础。

**（四）加强对整顿工作的指导，严格按整改标准逐村验收。** 全省整顿工作展开后，省委社教领导小组分赴各地检查整顿的情况，及时总结、推广经验，适时纠正整顿中的偏差，并将情况及时通报。对整顿工作结束的村，由省、市（地）组成13个整顿验收小组，按照省委规定的整顿标准，逐村进行验收，广泛听取村干部和群众的意见。对通过验收未达到整改标准的村，由整顿验收组与进村工作队一起研究继续整顿措施，做到不彻底解决问题，绝不收兵。

## 二

经过三个多月的整顿，已收到了明显效果。截至10月上旬，全省297个后进村，已有63个村问题得到了彻底解决；有213个村的问题得到了基本解决；有21个村的问题已经查清，目前正着手解决。

（一）**党组织的战斗力、凝聚力得到了恢复，农村基层组织建设得到了加强**。工作队紧紧依靠当地党员、群众，选举产生了新的党支部成员和村委会干部，建立健全了其他村级组织。对一时没有合适的党支部书记人选的，采取由乡党委直接派国家干部任职，待后备干部培养起来后再作选举调整。对一些软弱涣散、战斗力差的，工作队则从思想教育入手，抓好制度建设。据统计，全省148个因班子问题导致后进的村，通过整顿已有74个选配出了群众较为满意的班子。

（二）**社会秩序趋向稳定，社会风气明显好转**。整顿之前，有一部分治安状况差的村，流氓地痞横行乡里，抢劫斗殴、杀人放火案件不断，群众敢怒不敢言。在整顿中，从政法系统选派得力干部组成工作队进村，以严厉打击刑事犯罪活动为突破口，大煞邪气，整饬民风，挖、查犯罪团伙，迅速扭转了社会秩序混乱的状况，恢复正常的生产生活秩序，好人好事逐渐增多。如安阳县某马家乡某村，工作队进村后10天收到举报材料638份，一个月侦破各类刑事案件247起，其中重大案件36起，涉及168人；退回赃款物4万余元；对102名犯罪分子进行了处理。广大群众无不拍手叫好。

（三）**进一步密切了党群、干群关系**。后进村中，多是由于村干部以权谋私、贪污腐化而引起群众不满，一些干部互相袒护包庇，致使问题长期得不到解决，迫使群众上访告状。省委明确提出，这类村是整顿工作的主攻方向，任务再重，阻力再大，必须攻克。因此，各级党委选择精兵强将进驻这一类村，宣传政策，发动群众，揭露问题。对违法的村干部依法严惩，对已经蜕化变质的党员干部，该开除党籍的开除，该撤职的撤职，侵吞的集体、群众的财物，勒令限期退赔，对包庇坏人、造成严重后果的给予党纪政纪处分。宝丰县前营乡某村，村干部集体谋私，村班子严重瘫痪。几年来，党员会开不起来，群众大会无人参加，而群众集体上访告状却接连不断。这次工作队进村时，工作队员自己动手打扫废弃的牛棚住下，工作队员自己动手做饭。他们走村串户，帮助群众干活，终于感动了群众，纷纷反映和揭发问题。工作队在掌握了大量的材料后，会同乡党委和政法部门，对违犯党纪国法的干部全部作了处理，群众多年上访的问题得到了彻底解决。

**（四）党和政府的各项政策在基层得到了贯彻落实，促进了农村经济的发展。** 党和政府的各项政策在绝大多数后进村得不到贯彻落实。有的村一连几年不交定购粮，不交国家法定的税款，计划生育失控，生产基础设施年久失修，生产无人过问，经济停滞不前。这次整顿，工作队首先选配了群众拥护的村班子，健全了村组织，选出的村干部能严格要求自己廉政为民，群众信任、支持干部，从而促进了农村各项工作的开展和经济的发展。临颖县瓦店乡某村，1987年至1990年三年间换了五届班子，是全乡有名的落后村。这次整顿中选出的新班子脚踏实地为群众办实事，得到了群众的拥护。该村在今年烟叶种植、夏粮征购等项工作中都圆满地完成了任务，受到了乡党委和政府的表扬。

# 要选择"应时"的调研课题

《河南省整顿后进村初见成效》这篇调查报告，是在全国各省农村"社教"工作铺开之际采写的，中共河南省委办公厅以《河南信息》上报后，即被中共中央办公厅《工作情况交流》单篇采用，并转发各省、市、自治区党委。《人民日报》驻河南记者站将此文改写成新闻稿后，被《人民日报》采用，此调查报告被评为河南省党委系统1991年度好信息一等奖。

"文章合为时而著，歌诗合为事而作。"这是唐代大诗人白居易谈写文章时讲到的一句名言。办公厅（室）的调查研究具有较强的时效性，晚了不行，早了也不行。必须选择"应时"的调研课题，并把调查报告及时送到领导决策的"火候上"，才能够引起领导同志及领导机关的重视。《河南省整顿后进村初见成效》这篇调查报告之所以能够被中共中央办公厅《工作情况交流》采用，主要是及时地回答了在改革开放的新形势下，如何切实加强农村基层党组织建设这一重大问题。党的基层组织是党的全部工作和战斗力的基础，担负着直接联系群众、宣传群众、组织群众、团结群众，把党的路线方针政策落实到基层的重要责任。在改革开放和现代化建设中，广大农村基层党组织团结带领群众开拓创新，艰苦奋斗，创造了新的业绩，这是不容置疑的。与此同时，我们也应看到农村基层党组织建设也面临许多新情况、新问题。特别是有一部分农村基层党组织软弱涣散，有的甚至处于瘫痪状态；有些基层干部作风不正，脱离群众，一些党员不起模范作用。而农村改革的推进、经济的发展和社会的稳定，都要依靠基层党组织战斗堡垒作用和广大党员先锋模范作用的充分发挥。中共河南省委按照党中央关于在农村深入开展社会主义教育的部署和要求，结合河南广大农村的实际情况，决定集中力量整顿"问题突出、影响稳定"的后进村，整顿的目的是建设一个好支部，选出一个好支书，建立一套好制度，理出一条发展经济的好路子。通过采取切实措施，收到了明显效果。显然，这些做法、经验是党中央比较关注的，对于指导各地如何深入开展农村社会主义教育是非常及时的，对兄弟省区市加强农村基层党组织建设也是有重要借鉴作用的。

范　例


# 振兴城区经济的一条有效途径 ①
## ——郑州市管城区"科技兴区"的调查


　　管城区是郑州市的老城区，现有人口 26.7 万，下辖 4 个乡、5 个街道办事处，1985 年以前，区属近 30 家企业均是五六十年代建起来的作坊式小厂，没有一个名优产品，没有一名工程师，辖区内没有一个科研机构，没有一所地方大专院校。1985 年工业总产值仅3600 万元，财政收入仅有 2349 万元，城区经济实力十分薄弱。为改变这种落后的状况，该区从 1986 年起，确立了"科技兴区"的战略，把工作的重心转移到依靠科技进步发展经济上来。经过几年来的实践与探索，已取得了明显效果。1990 年全区国民生产总值已达 4.3亿元，比 1985 年增长了 3 倍多。其中工业总产值已达 1.6992 亿元，比 1985 年增长 4.72 倍；农业总产值已达 6700 万元，比 1985年增长 1.44 倍；财政收入由 1985 年的 2349 万元增加到 1990 年的4727 万元，长了 100%，平均年增长速度在 20% 以上。1987 年以来，该区研制、生产的产品，先后创省优两个、部优四个、国优三个；有三种产品被国家定为特别产品；有五项产品获国家专利，一项获美国专利；所创名优产品中已获十项国际金、银奖；今年国家批准推荐我省参加"1991 年巴黎国际发明展览会"的五项产品中，

---

　　① 李立民、马瑜、王建军，载中共河南省委办公厅《工作信息》（增刊）1991 年第 70 期、《河南日报》1991 年 7 月 8 日头版头条。

管城区就占了两项四个产品；该区近两年来还在省外建立分厂五家，并在法国、印尼、德国建立了分厂。一个经济和科技都非常落后的市辖区，在短短 4 年多的时间里，为什么会取得如此令人瞩目的成果？最近我们带着这个问题到该区进行了调查，感到他们的主要做法和经验是：

## 一、根据区情，确立了一条比较符合实际的"科技兴区"的思路

1985 年以前，管城区经济基础十分薄弱，所属企业设备简陋，技术落后，管理水平低，经济效益差。全区 3700 多名职工中竟没有一个工程师，仅有两名技术员。这些问题严重制约了该区经济的发展。面对这种严峻的形势，1986 年管城区委一班人围绕"如何尽快地改变管城区经济落后的面貌？在实施振兴管城经济中应该选择一条什么样的有效途径？"进行了热烈的讨论。通过讨论，认识到在商品竞争的今天，要振兴管城经济，必须依靠科技进步，坚定不移地走科技兴区的道路。之后，该区先后召开两次"科技兴区"会议，邀请省市部分专家、学者前往该区"会诊"提建议。根据该区的实际，最后确立了科技兴区的战略方针，并理出了一条符合该区实际的"科技兴区"思路，即：牢固树立科技观念，以开发中医药保健品和名优拳头产品为重点，经过长期努力，逐步形成以先进技术为先导、实用技术为主体、传统技术为辅助的经济技术格局；努力建立一支能适应本区科技发展、技术管理与战略研究的人才队伍，不断提高技术水平，促进全区经济持续、稳定、协调发展。

## 二、强化科技意识，踏踏实实地打好科技兴区的基础

管城区委一班人清醒地认识到，走科技兴区之路，必须强化全

区干部群众的科技意识，统一思想，踏踏实实地打好科技兴区的基础。为此，该区从四个层次入手：一是强化区六大班子领导成员的科技意识；二是强化区直机关、特别是经济、科技职能部门的科技意识；三是强化企业厂长、经理们的科技意识；四是强化全区工人、农民的科技意识。从而使全区广大干部、群众认识到，管城区之所以穷，是因为科技落后，管城区的经济要腾飞，依靠科技进步是关键。为了进一步打好科技兴区的基础，1986年该区成立了以区长为组长的"科技兴区领导小组"，以组织、协调、领导科技兴区工作。在财力拮据的情况下，决定拿出区财政收入的1%作为科技发展基金。几年来，该区召开了两次大型"科技兴区理论研讨会"，举办各类新技术培训班30多期，培训人员3000多人次，请省内外先进企业代培技术管理骨干1000多人次；区委、区政府主要领导同志带队外出学习取经数十次；与省内外80多家科研单位、大专院校建立了固定的科技联系。

## 三、紧紧依靠人才，抓住了"科技兴区"的关键

管城区在科技兴区的实施过程中，深感人才匮乏是制约科技兴区的主要问题，因此，他们始终把引进人才、培养人才，建立一支能够适应本区经济迅速发展的科技人才队伍作为科技兴区的一项关键任务来抓。具体做法：

**一是加深对人才内涵和外延的认识，拓宽用才渠道。**区委针对部分干部群众片面认为有文凭、有职称的才是人才的模糊认识，及时提出有职称、有学历、有文凭的固然是人才，四者皆无但有一技之长的同样是人才，管城区同样需要。因此，该区既注意引进社会已经承认的"显人才"，又十分注意发现、培养、引进尚未得到社会承认而又有一技之长的"潜人才"。区里为此建立了"人才档案库"。

在 1989 年、1990 年引进的 200 多名人才中，有相当一部分是无职称、无学历、无文凭的人。治秃专家赵章光，原是浙江农村的一位乡医，在郑州市区摆地摊为人治病。被该区发现后即请进区里，为他专门拨出专款成立机构，研制治秃中药。赵章光当年便研制成功"101"毛发再生精，该产品被称为"东方魔水"，先后 7 次荣获国际发明金奖。

**二是区领导诚心诚意做人才的知心人。**该区领导很注意感情投资，诚心诚意和科技人员交朋友。用该区领导同志的话说，"我们区科研条件差，经济基础薄，地方也很穷，但是我们有一颗真诚的心，去理解、尊重、支持和帮助人才，心诚则灵。"当赵章光研制"101"毛发再生精的关键时候，他浙江家里的父母有了病，区里得知后，区委书记、区人大常委会主任先后带领机关人员，不远千里，亲自到浙江农村赵章光的家里表示慰问和看望。区领导的行动深深地感动了赵章光及其他科技人员，激励他们更加努力投入到科研事业。当科技人员的事业遇到困难时，区领导都以领导加朋友的双重身份，为他们排忧解难；当人才的科研事业成功时，区领导就为他们召开表彰大会、庆功授奖。区委、区政府在资金困难的情况下，仍拨出专款，为人才盖起了"功臣楼"，让有功的科研人才住进了宽敞、舒适的住房。在引进的人才中，有 10 多名担任区属局委、办事处的领导职务。

**三是制定优惠政策吸引人才。**为广揽人才，鼓励科技人才到管城区施展才华，该区委、区政府制定了 10 多个引进人才的优惠政策和规定。近四年来，该区先后从区外、市外以及辽宁、上海、浙江等省市引进科技人才数百名，至今，该区已建立了一支数目可观的人才队伍。各类专业技术人才已发展到 2740 多名，其中有中高级技术职称的达 480 多人，初级技术职称的有 1670 多人。

　　**四是想方设法为人才事业的成功创造条件**。该区领导在与众多的人才接触中了解到，人才的最大苦恼不是工作和生活条件的孬好，而是自己的事业不能取得成功。因此，该区想尽一切办法，克服一切困难，为人才事业的成功创造条件。自 1986 年以来，该区先后为引进的人才办起了 4 家专科医院，开设了 16 个医疗专科（中医）、建立了 5 个研究所；为人才的研究成果走向市场建起了 4 个工厂和 11 个科研实体。该区属郑州中商日用化妆品厂总工程师李传人原是上海一家科研单位的离职工程师，为了实现个人的事业，先后到过北京、天津等地，自荐研制催眠、减肥、祛斑系列香水，但均碰了壁。1989 年初，他慕名来到管城区，找到了区委书记任解放。听完李传人同志的介绍，经过论证，该区当即决定由区投资 40 万元为他提供科研、生产基地，使"传人"牌系列香水当年上马。不但当年全部收回了投资，而且"传人"牌系列香水当年还获得"尤利卡世界博览会"银奖及新产品发明证书。系列香水也立即成为"魔水"远销欧美及东南亚各地。去年，印尼一位前来管城区购买"减肥"香水的大商人，以优厚的条件请李传人到印尼担任该公司副总经理，被李传人工程师谢绝了。李总向我们说："我的事业成功在管城，我的事业发展还在管城。管城是我的第二故乡，是我事业成功的地方，我一辈子忘不了管城，也舍不得离开管城。"

## 四、发挥本区优势，找到了一条科技兴区的捷径

　　管城区在实施科技兴区的过程中，区委、区政府认识到，实施科技兴区战略不能不分主次地"全面推进"，而应注重发挥自身的优势，重点突破，找出一条发展城区经济的捷径。他们根据管城区南关街 1933 年就是中原地区中药集散地，聚集一大批中医、中药方面的专业人才的优势，经过反复考察与思考，确立了"以'101'毛发

再生精为龙头，挖掘开发传统中医中药，研制医药保健品出口，发展外向型经济"的科技兴区捷径。几年来，他们根据国际国内保健品的发展，先后研制开发了"101"毛发再生精系列产品、"传人"牌系列香水、青少年近视眼药水、速效脚气粉、骨炎灵等中医保健品。一些产品相继打入国际市场，远销 40 多个国家和地区，既为河南增了光，也为该区创造了较高的经济效益。仅"101"毛发再生精，从 1986 年底到 1988 年，两年的时间为该区所创造的利润相当于该区工业生产 10 年间所创利润总和的 10 倍。目前，该区的医药保健行业上交的税利已占全区财政的一半。已初步形成了管城区独具特色的医药经济，为管城区经济的腾飞正在发挥越来越重要的作用。与此同时，管城区把创名优产品作为科技兴区的另一个突破口。该区"金星啤酒厂"原是一个年产 5000 吨的乡镇企业，他们瞄准啤酒市场的发展形势，果断决定扩大规模，先后引进 50 多名大中专毕业生和技术管理人员，使产品质量和产量明显提高，该啤酒先后获得省优、部优。1990 年这个厂完成产量 37000 吨，实现产值 4900 万元，上缴税利 1500 万元，一举跻身全省百家纳税大户行列。该区东城乡泡花碱厂，通过技术革新，使产品达到了国家标准，1990 年产值突破 400 万元，实现税利 110 万元，该区研制、生产的"香味燃料油"及其配套产品民用燃气灶，目前已被列入省"星火计划"，并在国内和美国获得专利，已有 20 多个国家和地区来人来函联系购买、代销产品事宜。据统计，1986 年至 1990 年，该区生产的"金星"啤酒和泡花碱两种拳头产品就为该区创税利 5000 万元。

## 五、管城区"科技兴区"促进经济发展的几点启示

管城区走科技兴区之路，促进经济发展的做法及效果，从中给我们以下几点启示：

（一）**城区经济发展潜力很大，城区经济的发展对振兴我省经济的作用不可忽视**。我省现有市辖区 40 个，占全省 157 个县（市、区）的近 1/4。由于各种原因，目前全省市辖区整个经济发展的速度还不够快，其潜力还没有完全发挥出来。管城区虽是一个工业基础薄弱，经济比较落后的老城区，该区自 1985 年走"科技兴区"的道路后，全区工农业总产值平均每年以 44% 的速度递增，财政收入平均每年以 20% 的速度递增，可见城区经济发展潜力之大。与县相比，城区有交通方便、信息灵通、工业比重大、技术力量比较强等明显优势。如果全省 40 个市辖区，都能像管城区那样在较短的时间内促使经济腾飞，那么对振兴全省经济必将产生重大影响。在调查中，该区区委、区政府领导及区机关的干部反映，这些年来，上级领导和机关下县检查指导工作多，到城区检查指导工作少，甚至有的领导和机关认为，城区只要"管好卫生、管好市容、管好治安"就行了，因而对城区这一块如何尽快地发展经济则相对过问的少。我们认为，城区在我省整个国民经济中占有较大的比重，其在全省经济发展中的地位和作用不可忽视。各级领导及有关部门应从宏观上进一步加强对城区经济发展的规划与指导，充分发挥城区的优势，这对于振兴我省经济将会收到事半功倍的效果。

（二）**走科技进步之路，要紧密结合本地区的实际，努力找出一条振兴经济的捷径**。侯宗宾同志在省五次党代会上强调指出："经济发展靠科技"，省委、省政府确立了"科技兴豫"这一战略方针。之后，"科技兴市"、"科技兴地"、"科技兴县"、"科技兴区"的口号在全省普遍叫响。但如何在"兴"字上做文章？在走科技进步、振兴经济的道路中有没有一条尽快振兴本地经济的捷径？管城区科技兴区的做法及经验值得借鉴。一个市辖区，能在两三年的时间里，研制、生产出四五个闻名全国、闻名世界并获得国际发明金奖、银奖的新产品，这在我省是独一无二，在全国也是罕见的。管城区"科技兴区"的成功经验说明，走科技进步的道路，必须紧密结合本地区的实际，注重发挥本地区优势，努力挖掘和研制出能在全国乃至世界叫得响、打得出的名优拳头产品，这是一条科技进步的捷径。我省各地在走科技进步的道路中，如果都能像管城区这样，根据本地的优势，研制生产出几个或更多一些的能够打向全国、打向世界的拳头产品，那么对于振兴我省经济必将会起到巨大的作用。

（三）**走科技进步之路，必须真心实意地珍惜人才、依靠人才，努力为人才的事业成功创造条件**。我们感到，管城区近几年来的经济发展和面貌的变化，其主要是依仗了一大批干事业的人才。近几年来，我省人才外流的问题较为突出，已引起我省各界有识之士的焦虑。从我省经济发展来看，各行各业均感人才严重不足。一方面是人才奇缺，一方面是人才不断外流。在这种情况下，管城区却努力创造出了一个有利于人才脱颖而出的良好环境，摸索、总结、制定出了一整套发现、引进、培养、保护、重用人才的措施和制度，不但从本地发现了人才，从上海、辽宁、浙江等地引进来了人才，而且能够使这些人才心甘情愿地在管城区扎根、开花结果，为管城区的经济发展贡献自己的聪明才智。管城区"人才群"的出现，管城区的"以人才开发为核心的科技兴区"的思路，在我省"科技兴豫"的大气候下很值得我们去研究、总结，很值得各地借鉴。

（四）**各级各部门要树立"一盘棋"的思想，切实为"科技兴豫"创造宽松的环境**。管城区委、区政府抓中医中药保健新产品开发决心很大，并已取得明显效果，但由于该区经济基础薄弱，在资金、技术、服务等方面受到一定的限制，好多事情作为区级党委和政府很难办理。因此，各部门都要树立"一盘棋"的思想，围绕省委提出的"团结奋进，振兴河南"这个大目标，踏踏实实地为振兴我省经济创造宽松的环境。特别是对那些能够打向全国、打向世界的拳头产品以及有发展潜力的正在研制、开发的新产品，在资金、技术、发展规划等方面一定要给予倾斜。只要大家都向"振兴河南"这个"大棋盘"上使劲，那么我们河南经济腾飞的速度就一定会加快。

# 推动"科技兴区" [①]

## 《河南日报》评论员

　　过去很不起眼的郑州管城区，如今令人刮目相看。徜徉区内，坎坷不平的小路已变作平坦宽阔的马路，低矮狭窄的房舍正在被鳞次栉比的楼群所取代。翻看统计表，这几年区里的工农业总产值平均每年以44%的速度递增。这些还都是有形的。令每个和区领导接谈的人感触更深的，是那些无形的东西，即区委、区政府领导者求贤若渴的人才意识，点燃现代科技火炬的睿智和热情，闯出振兴经济之路的胆识和方略。党中央倡导将经济建设转移到依靠科技进步和提高劳动者素质的轨道上来，管城区的捷足先登，给人很大启发。我省现有市辖区40个，占全省157个县（市、区）的1/4强。如果把振兴河南经济比作一场重大战役的话，那么发展城区经济，应算作其中一个主战场。振兴城区经济，单纯依靠大量投入人力、物力、财力的老路，已经不大走得通了。管城区利用城区交通方便、信息灵通、易于吸引人才、技术较易生根的优势，以区财政收入的1%作为科技发展基金，换来了财政收入以20%的速度递增。事半而功倍，令人叹服地再次证明了科技是第一生产力的真理。这两年，各地纷纷提出"科技兴市"、"科技兴县"、"科技兴农"、"科技兴工"等口

---

　　① 《河南日报》1991年7月8日刊登此篇调查报告时配发的评论员文章。

号。如何在"兴"字上做文章？要注意两个问题。一是要真做文章而不是假做文章，万不可为着赶时髦、装样子去坐而论道。二是要作实文章而不要升虚火。要从本区实际出发，理出思路、促使技术与经济紧密结合。管城区努力建设自己的"人才群体"，发挥传统市场的优势，研制出在国内外都叫响的"拳头产品"，乃是办实事、讲实效作风在"科技兴区"工作中的体现。

"科技兴区"，是团结奋进、振兴河南的重要一环。作为市辖区，许多事情是区级党委和政府难以独立办好的。上级领导部门，特别是"条条"部门，要为"科技兴区"创造一个宽松的环境，尽可能地在资金、技术、服务上给予支持。在允许的范围内，应给一些必要的政策倾斜。城区经济，是我们整个国民经济的"龙头"。"龙头"靠汲取科技的甘泉活起来了，金龙的腾飞就不远了。

# 围绕经济建设做文章

《振兴城区经济的一条有效途径——郑州市管城区"科技兴区"的调查》，被中共河南省委办公厅《工作信息》（增刊）刊发后，省政府一位领导同志作了批示；之后，《河南日报》在头版头条刊登了此篇调查报告，并配发了评论员文章《推动"科技兴区"》，在全省推广管城区的经验。这篇调查报告被评为河南省党委系统 1991 年度优秀调查报告。

经济建设是党的基本路线所规定的全党、全国的工作中心，围绕这个中心进行调查研究，是各级党政办公厅（室）工作的一项经常性的长期任务。要经常研究经济建设的新形势、新问题、新探索、新经验，这是各级党政办公厅（室）调查研究重中之重，也是文秘人员实施调查研究的主攻方向。《振兴城区经济的一条有效途径——郑州市管城区"科技兴区"的调查》一文，介绍了一个经济实力十分薄弱的城区，由于主动地将经济建设转移到依靠科技进步和提高劳动者素质的轨道上来，在短短 4 年的时间里，改变了落后面貌，闯出了一条振兴经济之路。管城区"科技兴区"的事实，生动地说明了科学技术是第一生产力的真理。由此可引申到全省 40 个市辖区，如果都能像郑州市管城区那样坚持"科技兴区"，城区所特有的交通方便、信息灵通、易于吸引人才、技术力量比较强等优势就会充分发挥出来；如果都能像管城区那样在较短的时间内实现经济腾飞，就会对于振兴河南产生重大的影响。因此，郑州市管城区"科技兴区"的经验得以在全省推广。

　　反映经济建设的调查报告，要注意把握好以下几点：一是要力求从一个侧面反映，防止面面俱到、挖掘不深；二是无论介绍经验还是反映问题，对面上的工作一定要有借鉴性、指导性；三是反映的成绩、效果要真实，要引用经过核实的具有代表性的数字来证明；四是提出的建议要针对存在的倾向问题，必要时可作简明扼要的分析阐述，以加深领导同志阅后的印象，使所提建议能够被领导同志接受、采纳。

# 范 例

## 关于西平县"治假堵漏"
## 控制人口增长的调查 [①]

西平县共 19 个乡（镇），294 个行政村，总人口 773053 人，已婚育龄妇女 136712 人，其中结扎 76510 人，上环 39699 人，服药用具 9440 人，综合节育率为 91.9%。自 1983 年以来，该县的计划生育率一直保持在 90% 以上，人口自然增长率控制在 11‰ 以内。1989 年被省政府命名为"计划生育红旗单位"，1990 年又被国家授予"全国计划生育先进集体"称号。

计划生育是一项难度较大的工作。究竟难在哪里？搞好计划生育工作的关键又是什么？最近，我们对西平县的计划生育工作进行了调查。县、乡、村领导和从事计划生育工作的同志共同的回答是：这项工作难就难在漏洞多，经常性工作不落实。从主观上讲，难在各级干部的认识跟不上，难在政策措施不落实上；从客观上讲，难在一些人生儿养女的传统观念强、弄虚作假、钻政策的空子上。因此，县委县政府几年来一直把"治假堵漏"作为计划生育工作的重点。该县县、乡、村领导和从事计划生育工作的同志，紧紧围绕"治假堵漏"开展工作，经常深入基层调查研究，针对计划生育工作中出现的新情况、新问题，制定了一系列比较严密的政策和管理措施。

---

① 李立民、朱法来，载中共河南省委办公厅《工作信息》（增刊）1991 年第96 期、《河南日报》1991 年 8 月 21 日头版。

1988 年以来，县委、县政府每年都要发三个以上突出治假的计划生育文件，并采取各种手段抓落实，从而保证了人口计划的完成，有力地促进了计划生育工作的经常化、制度化。该县"治假堵漏"的主要做法和经验是：

## 一、治假统计数字

一是查清底子。县、乡、村干部、党员带头填写生育、节育统计表，公布本人及亲属子女生育、节育情况，接受群众监督；行政村普遍建立了育龄妇女"一档"、"六簿"、"一册"（育龄妇女档案；生育证发放登记簿、新婚人员登记簿、四项手术登记簿、服药用具登记簿、出生登记簿、死亡登记簿；孕检对象花名册）；实行逐级填报出生、死亡、四项手术报告单制度，并由县计划生育管理部门组织人员定期、不定期抽查、核实。二是改变统计方法。四项手术数字由原来的村、乡层层自报为准，改为到手术单位查四项手术存根为准。为防止假手术，四项手术存根由手术医生和助手签字盖章。三是改变考核验收标准。由过去考核验收不太容易查清的人口出生率、死亡率、计划生育率、人口自然增长率，改为考核验收生育证办理率、指定地点接生率、新生婴儿男女比率、双女户结扎率。县、乡两级平时就掌握了这四率的数字，便于查证、考核。1990 年有两个乡多报大月份引产数字，县里通过到手术单位查证后，给予了通报批评，从而保证了统计数字的准确性，指导工作心中有数。该县每年计生部门的数字与公安、统计部门的数字基本吻合，第四次人口普查的结果与计生部门上报数字只相差 1.2‰。

## 二、治假手术

针对个别计划生育对象串通医生做假手术的问题，该县采取了三条措施：（1）定手术点。确定县计划生育宣传技术站、妇幼保健站、县医院、乡（镇）计划生育宣传技术所、乡卫生院等38个单位为手术指定地点。到指定点以外做手术的必须再到指定点复查，复查费由个人承担。（2）定手术医生。在指定手术点的医生谁手术谁在手术报告单上签名、盖章；谁弄虚作假谁负责任。对作假手术的医生一经发现，严肃处理。（3）严禁一切个体诊所和不经计生部门批准的医疗单位做计生手术。1988年实行上述措施以来，全县共结扎18756例，未发现作假手术的现象。

### 三、治假病残儿

豫政〔1985〕51号文件规定，第一个子女因非遗传性残疾、不能成长为劳动力的夫妇可以生二胎的政策实施后，有些人千方百计假报病残儿骗生二胎。针对这一新情况，为防止弄虚作假，该县对申报病残儿实行了个人申请、群众讨论、主管单位审查盖章、交押金300元、报上级主管部门审批、张榜公布的制度。凡申报患癫痫病的病儿，必须住指定医疗单位观察两个月，同时聘请外地医生复查。对审查出的非病残儿，除没收押金外，还要追究当事人的责任。1988年该县共申报病残儿131人，按此制度办理后，查出假病残儿98人，从而有效地堵住了借申报病残儿之名骗生二胎的口子。

### 四、治假探亲、假务工经商的"超生游击队"

一是签订外出合同。育龄夫妇外出前必须与乡（镇）计生办签订外出合同，交押金1000元，并由三至五户村民担保，方可外出。外出期间，两个月按时寄回一次地方县以上、部队团以上计划生育部门的孕检证明，半年返回本地参加一次孕检。如果违反合同，没收押金，担保人还要承担经济连带责任。1990年该县谭店乡签订外出合同 21 份，没有一个计划外超生的。对不签订外出合同外出或签订外出合同不履行合同者，除按上述规定处罚外，对外出一年以上并造成计划外超生者，没收全家责任田，由公安部门注销户口。二是定期清查流动人口。1989 年以来，该县先后查出流动人口中计划外怀孕 6 人，计划外超生 25 人（包括外地人员），均按有关计划生育政策、规定作了处理。

## 五、治假离婚和非法婚姻

针对一些人采取假离婚方法钻政策空子多生的现象，该县专门制定了文件，规定夫妇二人都属再婚者，只要双方原来都有子女，一律不允许再生育。离婚时两个小孩的必须结扎。针对近几年来农村非法婚姻增多的问题，该县实行了办理结婚手续由民政、司法、计生等部门联合办公的制度，同时，民政、司法、计生部门，每年还进行两次婚姻普查，及时发现和处理非法婚姻。这一方法有效地堵塞了非法婚姻的漏洞。该县宋集乡，1990 年就处理历年来违法婚姻 98 对。

## 六、治假转、弃女婴和假死亡

我省实行农村独女户可以生二胎的政策后，有些人在二胎仍是女孩后，就采取转移、遗弃甚至报死亡的办法，以达到生育第三胎的目的。1989 年以来，该县通过调查，发现了 865 个转移、寄养女婴户，生育三胎结扎后都相继抱回了孩子。对此，该县采取了以下办法：一是指定地点接生，技术人员跟踪服务。婴儿死亡由乡、村计生人员联合验证。二是第一胎不到指定地点接生者，罚款 100 元，新生是女孩的不再安排二胎生育指标；第二胎不到指定地点接生的，罚款 200 元，办生育证时交的 150 元绝育押金不退，并限期落实绝育措施。三是不到指定地点接生者，不办理分田证。今年1—4月份，全县共出生婴儿2940人，其中到指定地点接生的2352人，占出生婴儿的80%，既煞住了假转、弃女婴和假死亡的问题，又促进了双女户结扎措施的落实。1989年以来，全县双女户结扎已达6110人，占全县双女户的90%以上。

## 七、治假男到女家落户

因政策规定男到女家落户，无论头胎生男生女都允许生育二胎，个别人就钻政策的空子，搞假男到女家落户，待二胎生育后，便返回男方老家，不履行赡养女方老人的义务。对此，该县采取用法律约束和群众监督相结合的办法加以解决：一是合同公证。实行男到女家落户申请生育第二个子女，首先办理赡养女方老人协议公证，然后领取二胎生育证。不办理公证者，不安排二胎生育指标。二是发动群众监督。对群众举报的案件认真对待，积极组织查证处理。同时对如实举报的群众给予奖励和表扬。

## 八、治假不育、假收养

针对有人钻"经鉴定患不孕症，婚后五年以上不育，女方年龄在30岁以上，合法收养一个子女后又怀孕，允许生二胎"这一政策的空子和明明是自己超生的，却说是抱养的问题，实行收养公证制度。并规定必须具备下列条件者，方可办理收养公证手续。（1）收养人的条件：夫妇一方经县以上医院鉴定无生育能力，婚后5年无子女，女方年满30周岁；夫妇双方都同意收养；有正当职业和负担子女生活的经济能力。（2）送养人条件：必须有一个以上子女；夫妇双方或小孩监护人同意送养。（3）被收养人的条件：年满7周岁至10周岁的须征得本人同意；青年人可以被50岁以上无子女的人收养；已婚的必须经配偶的同意。办理收养公证时，收养人、被收养人、送养人必须携带有关证明亲自到公证机关提出申请，经公证部门审查，符合条件的准予办理，并发给收养公证书。

## 九、治户口假迁移

一些人为达到超生的目的，在本地超生不成，就以迁移户口为名逃避计划生育。对此，该县规定，育龄妇女办理户口迁转手续，必须带县、乡（镇）计划生育部门证明，经县计划生育部门审查同意后方可办理户口迁移证。办理户口迁移证后，仍在本地生活者，必须参加孕情检查。

## 十、治假罚款

一些单位计划生育工作上不去的一个重要原因是计划生育政策不落实，处罚不兑现，有些村干部"老好人"思想严重。对超生户没有罚款，却说罚了；没有罚够，却说罚足了。针对这一问题，该县做了三个方面的工作：一是对全县执行计划生育政策的情况进行大清查。1989 年全县在大清查中补征超生子女费和各种罚款 50 余万元。二是实行超生子女费征收簿制度。征收簿由县统一印制，发给超生户，征收簿上标明：应征金额、已征金额、下欠金额、征收人签字，并要求超生户妥善保管。三是改村征收为乡镇、计生办统一征收。四是县计生委成立审计室，定期或不定期地对各乡（镇）征收、使用超生子女费的情况进行审计。发现问题，严肃处理。这些措施实施后，有效地堵住了假罚款的漏洞。1990 年全县共征收超生子女费和各种计划生育罚款 133 万元，占应征收额的 90%。

# 煞住作假风 ①

*《河南日报》评论员*

前几年，一些地区、单位和个人在计划生育上弄虚作假，做假手术、假报病残儿、虚报节育人数及其他假数字等，虚假现象相当严重，妨碍了计划生育政策的落实，影响计划生育工作健康发展，也损害了党和政府的威信。

因此，查假治假，不仅是当前计划生育工作不可忽视的任务，而且也是惩治腐败，加强廉政建设，纠正不正之风的重要组成部分。我们要本着对党和人民的事业高度负责的精神，像西平县那样，积极采取有效措施防治虚假现象，把节育措施和生育政策落到实处。

要煞住弄虚作假之风，必须把"四查一落实"活动进行到底。各地、各部门都要从查假治假入手，自上而下地逐县、逐乡、逐村查清节育措施落实情况和计划外生育等弄虚作假的情况。对弄虚作假、违犯计划生育政策者，要按照有关政策规定严肃处理。对犯有这方面错误的党员干部、特别是领导干部，要从严查处，以教育干部、群众，坚决纠正不正之风。同时，要采取有效措施，制定切实可行的制度，防止弄虚作假。还要坚持以思想教育为主，采取经济、行政、法律等手段，做好计划生育工作，保证人口计划的完成。

---

① 《河南日报》1991 年 8 月 21 日刊登此调查报告时配发的评论员文章。

# 调查研究要想领导所想

《关于西平县治假堵漏控制人口增长的调查》这篇调查报告，被中共河南省委办公厅《工作信息》（增刊）刊登后，《河南日报》头版采用，并配发了评论员文章《煞住作假风》，对西平县在计划生育工作采取有效防治虚假现象的做法和经验给予了充分肯定，希望各地、各部门像西平县那样从查假入手，扎扎实实地搞好计划生育工作。此篇调查报告被评为河南省党委系统 1991 年度优秀调查报告。

在建设有中国特色社会主义的伟大事业中，新情况、新问题层出不穷，我们的工作不可能一帆风顺。由于各种原因，我们的各项工作中出现了许多"难点"，如农村的计划生育工作、纠正行业不正之风、减轻农民负担等等。对于工作中出现的众多难点，各级党委、政府的领导同志都在研究解决的办法。各级党政办公厅（室）应当急领导所急，想领导所想，深入基层，了解情况，发现和总结基层干部群众解决矛盾和问题的办法，以发挥参谋助手作用，更好地履行为领导工作服务的职能。控制人口增长的问题，是我国社会主义现代化建设中面临的一个重大战略问题，是关系到我国社会主义现代化建设成败的大事。计划生育工作的重点在农村，而农村的计划生育工作，由于各种原因难度比较大。究竟难在哪里？如何解决？《关于西平县治假堵漏控制人口增长的调查》，从实践上回答了上述问题。这篇调查报告，在选题上集中介绍了西平县在抓计划生育工作中治理"十假"的主要做法，措施具体，一目了然，操作性强，对于解决农村计划生育工作中遇到的一些矛盾和问题，具有重要借鉴意义。

# 范 例

## 郑州大学深入开展马克思主义理论教育
## 解决师生中存在的深层次思想问题 ①

　　郑州大学是河南省一所综合性重点大学，设有 20 个系，38 个专业，现有师生员工 8700 多人，其中党员 1419 名，共青团员 5918 名，在职的教授、副教授 320 人。1989 年春夏之交的政治风波之后，郑州大学部分师生员工，尤其是在部分大学生和青年教工中，一些深层次的思想问题还远未彻底解决。主要表现有：在政治上，对坚定地走中国特色的社会主义道路缺乏足够的信心，对西方资本主义的"政治多元化"和"经济自由化"盲目崇拜；在意识形态领域，崇尚资产阶级的价值观、民主观和自由观；在社会生活方面，对少数党员干部的官僚主义作风和腐化堕落现象估计过重，对政治生活冷漠，思想上出现消沉情绪。针对师生中存在的这些深层次的思想问题，校党委进行了认真的反思后，清醒地认识到：在学潮动乱中，部分师生行动的盲目归因于思想上的混乱，思想的混乱起源于理论上的模糊，理论上的模糊暴露了我们马列主义理论教育、宣传工作的薄弱问题。要解决师生深层次的思想问题，就必须首先解决好"信念"、"信心"问题，即坚定马克思列宁主义理论必胜的信念，增强社会主义必胜的信心。只有这样，才能把学校建设成为抵御"和平演变"

　　①李立民、朱戈夫，载中共河南省委办公厅《河南信息》1991 年第 589 期《河南日报》1991 年 12 月 22 日头版、《党的生活》1992 年第 4 期。

和培养社会主义事业接班人的坚强阵地。基于这样的认识，近年来，校党委从反"和平演变"的战略高度出发，把马克思主义理论教育作为学校思想政治工作的根本任务来抓，努力用马克思主义占领高校的思想文化阵地，取得了明显的成效。目前，郑州大学的政治空气日益浓厚，广大师生思想稳定，情绪振奋，整个校园呈现出生机勃勃、奋发向上的气氛。今年2月10日，江泽民总书记亲临郑州大学视察，高兴地称赞郑州大学的政治空气很浓，对郑州大学的思想政治工作给予了充分的肯定。

一

在深入进行马克思主义理论教育方面，郑州大学的主要做法是：

**（一）加强对马克思主义理论教育的领导，各职能部门齐抓共管、密切配合**

校党委成员首先努力提高自身的马克思主义理论水平。学校成立了以党委书记为组长的"理论工作领导小组"，研究和解决理论教育、理论宣传中的重要问题，加强理论队伍建设，及时解决工作中出现的新情况、新问题。与此同时，学校充实、调整了政治理论教学部的领导班子，加强了理论教师的政治学习、业务学习和社会实践。两年多来，校党政领导为马克思主义理论教育进行授课、座谈230人次；学报、校报连续编发批判资产阶级自由化观点和学习马克思主义理论的文章近50篇。近两年来，仅为党政干部购买学习材料、向"学马列小组"赠书达15680套（本）。学校每年还设立专款，支持大学生参加社会实践活动，校、系各单位分期分批多次组织师生到刘庄、竹林沟、小冀镇等先进单位实地参观考察。在学校党委的统一领导下，各职能部门齐抓共管，形成合力，马克思主义理论教育在全校迅速铺开。校组成"党员教育领导小组"，对党员和要求入党的积极分子进行党的基本理论教育。学校工会同党委宣传部积极配合，集中精力狠抓了青年教工的理论和思想教育。校团委、学生会按照党委的部署，积极组织、引导大学生认真学习马列主义理论，广泛参加社会实践活动，由此形成了上下合力一起上的工作局面。

**（二）分期分批培训骨干，全方位地开展马克思主义理论教育**

1.举办科以上干部马克思主义轮训班和处以上干部马克思主义哲学学习班。1990年下半年开始，党委举办了全校科以上干部马克思主义理论轮训班，共分3期，每期半个月，对370多名科以上干部进行了培训。随后，学校又举办处以上干部马克思主义哲学原著学习班。100多名处以上干部一边工作，一边参加学习。

2.开办青年教师马克思主义理论读书班。郑州大学青年教师占教师总数的53.6%，学校分5期开办了青年教师读书班，对全校40岁以下的近600名青年教师进行系统的、有针对性的马克思主义理论教育。

3.针对普遍存在的深层次问题，在全校开展专题教育。学校针对不同时期师生中存在的带有共性的问题，开设了29个马克思主义理论系列专题讲座。1989年下半年，针对部分师生对制止动乱和平息暴乱的一些模糊认识，学校组织了一部分马克思主义理论教师，开设了"四项基本原则是立国之本""建设四化需要安定团结"等7个专题讲座，集中对师生进行形势教育；1990年上半年，针对当时师生中存在的对社会主义深层次的思想认识问题，学校又组织了22名理论教师，开设了"中国与中国共产党"等5个专题讲座；1991年以来，结合学习《关于社会主义若干问题学习纲要》、江泽民同志"七·一"讲话及国情教育、近现代史教育等，开设了"社会主义发展的必然性和曲折性"等22个专题讲座；同时，对重大的国际政治事件，学校也注意及时收集师生的反映，并针对师生关注的热点问题，开设专题讲座。学校对一些"热点"问题和敏感的政治事件做到不回避，抓住时机，因势利导，搞好教育。这些专题教育对稳定师生情绪，增强社会主义的信心、信念都起到了良好的作用。今年2月10日，江泽民总书记在同郑州大学师生座谈期间，物理系研究生李新建向总书记汇报自己的思想变化时说："我们已经认识到社会稳定是国家发展、青年成才的重要环境，认真学习马克思主义、毛泽东思想，走与工农相结合的道路是青年学生健康成长的必由之路。我们已经意识到自己肩负的历史使命，不再抱怨国家的贫穷，而是思考着我们应该做些什么。"江泽民同志听后连声称赞："好，讲得好。"

4. 积极引导、大力支持大学生学"马列"活动的开展。1989年政治风波后，郑州大学的广大师生在各级党组织的积极引导下，对学潮动乱的前因后果以及思想上存在的问题进行了认真的反思。校园内渐渐兴起了一股学习马列和毛主席著作的热潮，自觉地成立"学马列"小组20多个。两年多来，学生"学马列"活动由小到大，发展迅速。到目前为止，全校共有"学马列"小组169个，覆盖全校16个系，30个专业，参加学生占校学生的60%。为了保证学生"学马列"活动的深化、持久，校党委先后召开各种类型的"学马列"活动座谈会和经验交流会30多次，收到交流文章、经验材料和"学马列"活动征文840多篇。为把学生自觉"学马列"活动引向深入，本学期校学生工作部举办了"学马列小组长培训班"，培训"学马列"活动的工作骨干；党委向"学马列"小组赠送学习资料1220余册，共投入21600元；校党委还聘请一大批优秀理论教师担任"学马列"小组的指导教师。如今，一个学习马克思主义的热潮正在郑州大学蓬勃地开展起来。哲学系一个学生在学习体会中说："学潮结束后，我苦闷到了极点。在苦苦的思索中寻求着新生之路。随着对马克思主义的逐渐了解和认识，我清楚地意识到自己的错误，终于从幻想的云端回到了现实的大地，从象牙塔走向了工农大众，马克思主义是我们唯一正确的选择。"

5. 举办业余党校、团校，培训骨干队伍。截至 1990 年下半年，学校共举办 6 期业余党校，主要是对党员和要求入党的积极分子进行党性和政治思想教育。最近，党校又组织 200 多名人员参加学习。本学期以来，党校正集中对全校 1100 多名党员进行以党性原则教育为主题的党的基本知识教育。1989 年之后，校团委连续举办了 4 期业余团校和骨干培训班，党校、团校主要开设"马克思主义基本理论"、"社会主义基本问题"及党、团的基本知识讲座，共培训骨干820 人。

**（三）采取多种形式，强化教育效果**

1. 理论灌输与形象教育相结合。近年来，学校先后组织师生观看了《焦裕禄》《大决战》《周恩来》《毛泽东和他的儿子》等富有教益的影片（仅此就投入 16800 元）；开展学雷锋活动；组织师生到兰考县实地考察。最近，又请"抗洪救灾事迹报告团"作报告，引起强烈反响，师生纷纷反映：报告感人肺腑、催人泪下，用活生生的事实证明了党和政府在抗洪救灾中的中流砥柱作用及社会主义制度的优越性。

2. 理论教育与社会实践相结合。学校组织师生到农村、厂矿参观考察，使感性认识上升到理性认识。两年来，学校用于社会实践共拨款 19400 元，他们利用寒暑假先后组织 8000 多名大学生，以求知于工农、奉献于社会为主题，采取"点""面"结合的方式，积极投身于社会，广大师生深入工厂、农村，接触社会，学习工农，受到活生生的形势政策教育和社会主义思想教育，巩固和深化了学习马克思主义理论的成果。据统计，两年来学生上交调查报告、心得体会6000余篇；收到团中央及各级地方政府、部门的表扬信件40多封；在最近揭晓的全国第二届"挑战杯"大学生课外学术科技作品竞赛中，该校分别获得调查报告一等奖、三等奖各一篇。

3.学习马克思主义与组织建设相结合。各基层党组织在对入党积极分子的考察培养中，把学习马克思主义理论作为重要内容；学校还把学习马克思主义理论活动与评"三好"学生结合起来，有力地促进了学马克思主义理论活动的开展。

4.重点辅导与全面自学相结合。每学期，学校都根据师生中带有共性的问题，有针对性地开设专题讲座；选派优秀的理论教师，帮助学生解答学习中遇到的疑问和难题；引导学生有计划、有重点地学习马列原著。同时，学校还号召师生坚持全面自学，以骨干带动一般，由重点普及到全面，使全校师生的马克思主义理论学习既有深度，又有广度。

5.理论学习与丰富多彩的系列活动相结合。为了提高师生学习马克思主义理论的兴趣，巩固理论学习的成果，学校还组织"学马列经验交流会""学马列征文比赛""社会实践征文比赛""革命歌曲大合唱比赛"等活动，激发了师生对马克思主义理论学习的兴趣，收到了良好效果。

# 二

开展马克思主义基本理论教育两年多来，该校师生的思想政治面貌发生了可喜变化：

**（一）广大师生加深了对党的"一个中心、两个基本点"的基本路线的理解，增强了坚持走社会主义道路的信心、信念。**1989年政治风波之前，学校进行理论教育，不少学生有逆反心理。学校组织传达文件，听专题报告，难度很大。现在，由于师生立场观点的转化引起了思想感情的变化，大学生积极要求"灌输"，希望能多了解一些中央精神；学校组织时事政治专题报告，场场座无虚席、秩序井然；学校开展"节水、节电、节粮"教育和向灾区捐款捐物活动，全校师生都积极响应，表现出高度的自觉性。苏联"8·19"事件之后，苏联局势的剧变成为师生议论的热点，由于近年的马克思主义理论教育为师生打下了较好的思想基础，加之学校及时了解掌握师生的思想动向，积极进行正面引导，所以在师生中并未产生大的波动。虽然一些人对中国的前途感到担忧，但更多的人则认为应从苏联的危机中吸取教训，要加强党的领导，坚定地走自己的路，维护国家的统一，促进经济的发展，把我们国家自己的事情办好。目前，全校师生情绪稳定，在政治上要求进步，师生中递交入党申请书的有 1500 多人，比去年同期增加 300 多人。

**（二）端正了社会主义的办学方针，增强了广大师生反对"和平演变"的思想觉悟和政治免疫力**。学校从坚持社会主义办学方针的高度，要求教学要用马克思主义占领课堂。他们根据中央有关精神，修订教学大纲，充实教学内容，改进马克思主义理论课和思想政治教育课教学方法，提出：政治理论课教师在政治上必须同党中央保持一致，任何场合都不得散布资产阶级自由化言论，对西方思潮的介绍必须加以分析批判；文科各系根据学生的专业需要，增开了马克思主义原著课，教育学生认清社会主义的本质特征。

**（三）全校"稳定、向上、奋进、努力"的气候初步形成**。目前，全校师生认真学习马克思主义理论、刻苦钻研业务的积极性十分高涨。在学习、教学、科研等方面都取得了较好的成绩。近两年来，全校教师发表论文 1160 篇；出版著作 170 余部；获省级以上优秀论文奖 43 项，省教委优秀科研成果奖 77 项，获省级科研进步奖 12 项。

（四）校风校纪发生了可喜变化。马克思主义理论教育提高了广大师生的思想觉悟，增强了教师"教书育人"的责任感和学生学习的积极性。以前晚自习，教室里冷冷落落，现在，教室、阅览室常常是座无虚席。1989 年以前，出早操时因学生无人参加，各班级集合不起来，现在学生早操出勤率达 95% 以上。目前，学校勤奋好学，遵守纪律，助人为乐的风气已经形成。

# 要紧扣领导决策需要

《郑州大学深入开展马克思主义理论教育解决师生存在的深层次思想问题》，被中共河南省委办公厅《河南信息》刊登后的第二天，时任河南省委书记侯宗宾同志阅后作了批示："郑大学习马克思主义联系实际、改造思想、指导行为的理论教育经验值得总结推广，我提议由省委宣传部牵头，省委高校工委、省教委、团省委参加，组成联合调查组深入郑大帮助总结全面（学校、班系）及典型（师生）学习经验。经过准备，在郑大召开一次马克思主义理论教育现场经验交流会，进一步推动大专院校政治思想理论教育的开展。"根据侯宗宾书记的意见，省委宣传部、省委高校工委、省教委、团省委即组成联合调查组，深入郑州大学，进一步总结该校学习马克思主义理论的经验。1992 年 3 月 27 日至 28 日，省委宣传部、省委高校工委、省教委、团省委在郑州大学联合召开了全省高校马克思列宁主义理论教育现场经验交流会，时任省委副书记吴基传，时任省委常委、宣传部长于友先出席会议并讲话。这个会议的召开，对于推动全省高校马克思主义理论教育工作的深入开展起到了重要作用。

这篇调查报告先后被《河南日报》《党的生活》配发了"编者按"采用。《河南日报》的编者按是："如何把高校建设成为反和平演变的坚强阵地，是当前乃至今后大专院校的艰巨任务。我们向大家推荐的这篇调查报告介绍了郑州大学针对师生中存在的深层次思想问题开展马克思主义理论教育的经验，值得一读。盲目的行动起因于混乱的思想，而混乱的思想又往往源于理论上的模糊。郑州大学党委正是清醒地看到了问题的这一实质，从而把马克思主义理论教育作为学校思想政治工作的根本任务来抓，联系实际，改造思想，指导行为。有了明确的指导思想，又有相应的方式方法，所以效果明显。他们理论灌输与形象教育结合、理论教育与实践结合、理论学习与组织建设挂钩等经验，给大家提供了有益的借鉴。"中共河南省委主办的《党的生活》的编者按是："省委书记侯宗宾1991年12月5日看了《郑州大学深入开展马克思主义理论教育解决师生存在的深层次思想问题》一文后作了批示：'郑大学习马克思主义联系实际、改造思想、指导行为的理论教育经验值得总结推广。'省委办公厅信息调研处的同志深入郑大调查研究，总结出了该校深入开展马克思主义理论教育的经验现予发表，以期进一步推动我省高校和各行各业政治思想理论教育的开展。"这篇调查报告被评为河南省党委系统1991年度优秀调查报告。

紧扣领导决策需要，积极主动地搞调查研究，为领导指导工作提供基层的好做法、好经验，这是各级党政办公厅（室）的基本功。众所周知，20世纪80年代末，由于东欧局势的变化，加之国内资产阶级自由化的影响，在高校部分师生中，对坚定地走社会主义道路缺乏信心，有的甚至盲目崇拜西方资本主义的"政治多元化"和"经济自由化"。1989年春夏之交的政治风波之后，在高校师生中还有哪些深层次的思想问题没有得到很好的解决？通过什么措施来解决好一些深层次的思想问题？如何把高校建设成为反和平演变的坚强阵地？这在当时是一个亟待回答和解决的重大问题，显然这是领导同志非常关注的。带着上述问题，作者前往郑州大学，与校领导及部分师生员工进行了座谈。作者通过调查感到，郑州大学党委经过反思，认识到 1989 年春夏之交的政治风波中，部分师生的盲目行动是由于思想上的混乱，而思想上的混乱又源于理论上的模糊，理论上的模糊则暴露了高校马克思列宁主义理论教育薄弱问题。为了解决师生深层次思想问题，坚定共产主义一定要实现的信念，增强社会主义必胜的信心，郑州大学党委把马克思主义理论教育作为学校思想政治工作的根本任务来抓，并取得了明显效果。郑州大学的经验，对全省高校乃至各行各业搞好思想政治理论教育具有重要的借鉴作用。于是经过深入调查，总结出郑州大学深入开展马克思主义理论教育的经验。这篇调查报告，由于比较及时地回答了领导同志关注的一个重大问题，所以引起了省委主要领导同志的重视，并产生了较好的社会作用。

# 范　例

## 关于郑州亚细亚商场建立
## 新型企业经营机制的调查①

郑州亚细亚商场是一家股份制集体商业企业，有干部职工 1797 人，其中党员 48 人，团员 700 人。商场 1989 年 5 月开业，1990 年完成销售额 1.86 亿元，实现税利 1315 万元，一年就跨入全国 50 家大型百货商场行列。1991 年完成销售额 2.34 亿元，实现税利 1600 万元，分别比上年增长 25.8% 和 21.7%，实现税利和增长幅度均居全省同行业之首。

### 一

亚细亚能够在激烈的市场竞争中，在整个零售企业普遍遇到困难的情况下发展壮大，首先得益于政企分开、两权分离的管理体制。这个管理体制使亚细亚真正成为自主经营、自负盈亏、面向市场的商品经营者。

亚细亚没有行政主管部门。它作为一个股份制集体企业，所有权归股东，实行董事会领导下的总经理负责制。董事会作为最高权力机构，负责商场执行国家法律、政策，审定重大经营决策和利润分配方案，聘任商场总经理。而总经理享有经营权，全权负责商场

---

① 李立民、马瑜，载中共河南省委办公厅《河南信息》1992 年第 457 期、中共中央办公厅《工作情况交流》1992 年第 18 期。

的经营活动，在人、财、物等方面拥有充分的经营自主权。政府商业主管部门不仅不干预亚细亚商场的日常经营活动，而且也不负责从总经理到副总经理整个领导班子的配备，完全是一种行业指导关系。政府监督管理部门主要是按照国家关于集体企业管理办法依法监督和管理，亚细亚同国家的关系，基本上是依法经营、照章纳税的法律关系和经济关系，没有行政隶属关系。亚细亚对这一管理体制感受最深的有这样三个方面：一是能够充分行使《企业法》赋予的十三项权利，干扰少，阻力少。二是日常经营决策不需要请示汇报，只看市场行情，完全由企业随机应变，关卡少，效率高。自开业以来，亚细亚在郑州市场几次较大的波动中，不仅没有受到损失，而且抓住了机遇，扩大了销售。亚细亚紧跟市场变化，新潮商品购货之快，价格反映之灵敏，有些甚至走在了个体户的前面。1991年企业流动资金周转天数仅为24天，年均周转14次，高于全省平均水平。三是整个经营管理活动完全以总经理为中心，减少了影响企业经营的是是非非。董事会这个婆婆，只管一个总经理，对企业内部事务，大事不干预，小事不插手，使一些爱拨弄是非，喜欢拉关系、找靠山的人失去了支持，只能把精力集中到搞好经营上来。企业的风气正了，矛盾少了，各项严格的管理制度也能够得到落实。

政企分开、两权分离的管理体制，迫使企业完全走向市场，承担市场竞争带来的种种风险。亚细亚的供货渠道靠自己去开拓，市场靠自己去占领，信息靠自己去捕捉，资金靠贷款和自筹，职工靠向社会招募。总之，全部经营活动没有政府的行为作支撑，只有在市场竞争中求生存、求发展。这种体制使亚细亚比较彻底地实行了自负盈亏，无法躺在国家身上吃"大锅饭"，必须依靠自身的经营来解决企业的发展和职工的收入问题。如果经营好，职工收入就上升；完不成利润计划，职工收入就要下浮，经营者就要被解聘；如果企业亏损和破产，干部职工都要被辞退，去自谋生路。亚细亚的干部职工都有一种危机感，他们说，我们只能经营好而不能经营坏，每天都处在背水一战的紧张状态之中。这对亚细亚来说，无疑有很大的压力，但却逼出了生路。

## 二

政企分开、两权分离的管理体制，不仅改变了企业作为行政组织附属物的地位，把企业推向了市场，同时也使亚细亚立足于企业的生存和发展，在内部形成了"六自主"的经营机制。

**一是干部任免自主**。在亚细亚，除总经理由董事会聘用外，其他干部包括副总经理在内的干部任免，都由企业按规定程序报总经理自主决定，实行聘任制。亚细亚没有干部职工身份界限，干部没有"铁交椅"。无论干部职工，不分全民集体，也无论资历深浅、年龄大小、学历高低，只要符合任用原则都大胆起用，只要不胜任工作，都坚决从领导岗位上拿下来。现在亚细亚的 101 名中层干部中，有 40% 是从近三年招收的集体合同工中选拔上来的。先后被降免职务的干部共有 36 人次，除已经调离的外，全部在工人岗位上工作。干部能上能下，促使企业形成了一个干事创业的环境，使每一个干部职工施展聪明才智有了用武之地。在领导岗位上的能够尽其才，竭其力，落聘的也心中服气，形成了企业整体的创造力和开拓力。这是亚细亚干部虽然很年轻，个人经商经验也相对不足，但企业却充满生机和活力的一个重要因素。

**二是劳动用工自主**。亚细亚的招工计划要经过劳动部门的批准，但招工对象、招工条件和职工录用都由企业自己决定。至于内部工种分配、违纪违章职工的处理，则完全自主，不需要请示报告。在亚细亚，干部和职工都没有"铁饭碗"，无论原来是全民职工还是集体职工，一律实行全员合同制，双向选择，竞争上岗，优者上、劣者下，常年都保持 50 人左右的待岗队伍。开业不足三年，亚细亚共处分违纪职工 218 人次，其中除名或辞退 61 人，基本做到了进得来，出得去，从而增强了职工的危机感和压力感，调动了职工的积极性和创造性。

**三是工资分配自主。**国家对亚细亚收入分配管理主要是用征收奖金税的办法进行间接调控，企业内部分配方式、工资形式都由企业自主决定。亚细亚没有"铁工资"，收入分配实行"双挂钩、全浮动"：商场对商品部实行工资收入总额同实现利润挂钩，联利返奖，完不成利润指标不返奖；商品部对职工实行个人收入同销售额挂钩，全额浮动，上不封顶，下不保底。商场根据年度销售计划，按月分解到商品部，部再分解到组。如果完成月计划的 95%—98%，全组职工只发基础工资；完成 71%—94%，按同比例发工资；完成 51%—70%，只发 30 元生活费；完成 50% 以下，不发工资，并扣除部经理当月工资；反之，若超额完成计划，按比例增提。这样，职工收入同劳动贡献相联系，商品部不吃商场的大锅饭，职工个人不吃商品部的大锅饭，拉开了收入档次，真正做到了奖优罚劣，按劳分配。以时装部和电讯部为例，去年 12 月，时装部由于超额完成利润计划的 20% 以上，工资收入人均达到 500 元。而电讯部由于完成计划的 50%，人均收入只有 30 元的生活费，部经理分文不拿。陶瓷部 30 多人，开业后一直经营不善，全体职工连续几个月都只拿 30 元生活费。从 1991 年 7 月，经过开拓经营，强化管理，改善服务，终于扭转了局面，提高了效益，职工平均月收入 360 元。由于劳动报酬与劳动贡献相联系，使职工收入拉开了较大档次，亚细亚营业员月收入最高的曾达到 900 多元，最低的仅为 30 元。

**四是财务管理自主。**亚细亚执行的是集体企业的财务管理制度。

在经营费用支出方面拥有较大的自主权。只要有利于企业的发展，有利于销售扩大和利润增加，无论数额多大，亚细亚都能够自主决定。董事会不仅不干预，而且给予支持。1991 年亚细亚仅广告费一项就达 200 万元，而同期郑州一商系统广告费只有 120 万元。这样大的经营费用开支，确实增加了企业销售成本，但它有力地推动了市场的开拓，扩大了销售。1991 年，亚细亚广告费上升了 7.5%，实现利润上升了 8.2%，上交国家利税上升了 8.4%。

**五是机构设置自主。**亚细亚机构、编制和岗位责任都是企业本着"实用高效"的原则，根据经营发展需要而设置和确定的，基本上做到了经营发展需要什么机构就设置什么机构，不需要的机构，一个也不设。他们在对商品部划细的基础上，加强经营开发机构，压缩行政管理部门。除了企业必需的财务、审计、劳动人事、后勤保障等部门外，还设置了物价信息部、公共关系部、广告部、执法队等一系列市场预测、经营开发和监督部门，这类部门约占机关科室总数的 70%。同时其他行政部门都比较精干。

**六是经营决策自主。**在购销渠道上，亚细亚对放开商品打破了地域、行业、所有制界限，进货单位既有批发和零售企业，又有国营和集体企业，同时也允许同个体经营者开展购销业务联系；在商品价格上，除国家定价的少数商品外，其他一律随行就市、灵活作价，季节差价、种作价形式都得到充分运用，甚至同一规格、同一质量的商品，也会因消费者对花色、款式的要求不同而在价格上有所差别；在经营领域上，他们围绕经营搞服务，围绕市场搞开发，不仅开展代办托运、修理业务、售后服务等活动，而且举办了照相、舞厅、酒店等各种第三产业，开辟了新的经营领域，提高了经营效益。今年，他们在搞好零售的同时，成立采购供应站，积极开展批发业务，大力兴办服务业和各种实业，在巩固郑州市场的同时准备积极开拓农村市场、省外市场，并创造条件进入国际市场。亚细亚将逐步发展成为一个商业与服务并重，集贸易、开发、实业于一体的较大型现代化商业集团。

# 三

三年多来，亚细亚商场走出了一条与传统商业不尽相同的新路子，摸索出了一套富有活力的管理体制和内部经营机制，使亚细亚在实践中建立了良好的企业形象，树立了顾客至上的服务观念，形成了富有凝聚力的企业精神，这是亚细亚在激烈的市场竞争中制胜的法宝。

**第一，崭新的企业形象**。为了适应激烈的市场竞争，亚细亚一建立，就打破了传统商业的经营模式，展现在消费者面前的是一个崭新的企业形象。亚细亚一开业，就推出了具有轰动效应的迎宾仪式。每天早晨开门营业时，在悠扬的乐曲声和亲切的迎宾词中，迎宾小姐和商场领导，各部室经理、主任列队在大门两侧，欢迎亚细亚第一批顾客的光临，使顾客一进亚细亚，就有一种亲切感。亚细亚在广告设计上，坚持站在消费者的立场上，说出消费者的心里话。比如春节的整版广告"亚细亚向全省人民拜年"，场庆时的整版广告是"亚细亚为河南人民办六件事"，平常多用的广告词是"亚细亚还年轻，不足之处请批评""厚爱难相忘，回报无尽日""喜待东西南北客，献出兄弟姐妹情"，等等。在激烈的市场竞争中，促销活动必不可少，但亚细亚避弃了"大甩卖""有奖销售"等传统的促销手段，更多地采取"曲径通幽"的公关活动，来达到促进销售的目的。亚细亚围绕儿童，就先后举办了"童车大奖赛""儿歌背诵有奖比赛""我心中的亚细亚绘画比赛""我爱童装街征文比赛""儿童时装表演""儿童卡拉OK比赛"等一系列丰富多彩的活动，亚细亚成了儿童心目中的"理想乐园"。亚细亚还围绕妇女、老人举办了"妇女时装设计大赛""免费为金婚、银婚老人摄影"等活动，深受消费者欢迎。当今的消费者，愈来愈注重购物环境，亚细亚深知这一点，力争办成一个具有江南风格的花园式的商场。在每层楼的天井栏杆周围，放置了不同的花卉，做到四季常青。在一楼中厅，还有流水瀑布、鱼翔浅底，并配上沙滩座椅、太阳花伞，再加上二楼的古筝、琵琶曲，使人们一进亚细亚，顿觉清新扑面、心旷神怡。现在连外地人到郑州，都要慕名前往一睹亚细亚的风采。

**第二，顾客至上的服务观念。**亚细亚的干部职工深深懂得，企业的生命和职工的"饭碗"都是顾客给的。要提高企业的服务质量，必须从严治场，严格管理。他们制定了内容详尽、便于操作的《管理制度》《岗位规范》《职工手册》，每项工作、每个岗位都有严格的标准和规范。亚细亚的管理者明白，"制度家家都有，关键的是要严格执行"。他们在商场专门设置了"上打君王下打臣"的"执法队"，并在社会上招聘"评议员"对商场的各项工作进行监督，违纪必究。亚细亚从新工培训起，每名学员都要进行一个月的军训，打掉懒散习性，培养严格的组织纪律观念。商场管理部参考部队的条令、条例，制定了职工管理细则，对职工上班后的活动、职容风纪等进行严格的界定，并有专门人员随时检查。几年来，商场干部职工坚持统一着装，按时出操，下班列队出场。在服务质量方面，亚细亚制定了严格的服务纪律。商场规定，无论什么原因，营业员不准怠慢、顶撞顾客，否则要受到重罚，甚至开除。开业两年来，全商场因违反这一条规定，而被限期调离或"留用察看"的职工就有40多人。为了更好地为顾客服务，亚细亚还成立了顾客关系部。凡商场出现营业员对顾客的非礼事件，他们迅速赶到现场处理。来不及作现场处理的，也尽快全面了解情况，然后和营业员、商场负责人一起去顾客家中或工作单位赔礼道歉，求得顾客谅解。

**第三，富有凝聚力的企业精神**。在亚细亚，职工是企业的主人。干部职工的积极性来自职工的主人翁地位。为了树立职工的主人翁意识，亚细亚确立了自己特有的企业精神：把真诚奉献给亚细亚，你将受到尊重。企业格言是："无论做什么事情，我们都将竭尽全力"；亚细亚人的行为取向是："企业的需要，就是我们的志愿"；亚细亚的价值观念是："为人民有所贡献最有价值"。商场组织职工开展"亚细亚人"大讨论，把如何做"亚细亚人"推到一个自觉思考、自觉认识的高度。在亚细亚，领导与职工的关系是"无情的管理，有情的领导"，对于商场来说"顾客就是上帝"，但在商场内部，是"员工第一"。几年来，亚细亚以党支部为核心，党政工团齐抓共管，围绕经营管理活动，积极摸索新形势下做好思想政治工作的途径。根据商场年轻人多的特点，经常举办多种多样、健康向上的娱乐活动，寓教于乐。如硬笔书法比赛，趣味游戏，乒乓球、羽毛球比赛，诗歌朗诵比赛，组织商场标兵去海南旅游，新团员到黄河边举行入团仪式，为职工过生日等。每年夏天，商场职工可以轮休7天，各部门为职工发放防暑饮料，每年组织全体职工外出旅游一次等等，使职工心情舒畅、工作干劲倍增。商场各级干部经常对职工进行家访，把做好思想政治工作和解决实际问题结合起来，尽力为职工排忧解难。商场为职工购置了职工班车，接送路远的职工上下班；投资十几万元开设了"职工之家"，以丰富职工的业余文化生活；投资10万元办起了较高档次的职工幼儿园，解决了职工子女入托问题；想方设法解决了部分职工住房困难问题。

# 努力反映基层在改革开放中的新探索

《关于郑州亚细亚商场建立新型企业经营机制的调查》，被中共河南省委办公厅以《河南信息》上报后，即被中共中央办公厅《工作情况交流》单篇采用，并转发各省、市、自治区党委。这篇调查报告被评为河南省党委系统 1992 年度优秀调查报告。

党的十四大报告指出，我们要在 90 年代把有中国特色社会主义的伟大事业推向前进，最根本的是坚持党的基本路线，加快改革开放，集中精力把经济建设搞上去。综观党的十一届三中全会以来制定的一系列方针政策，概括起来就是改革开放。改革的实质和目标，是要从根本上改变束缚我国生产力发展的经济体制，建立充满生机和活力的社会主义新经济体制，同时相应地改革政治体制和其他方面的体制，以实现社会主义现代化。党的改革开放政策，极大地调动了亿万人民的积极性，改革开放已成为开辟我国社会主义建设新时期的鲜明特征和强大动力。各地、各部门在深化改革、扩大开放的实践中，必然会出现许多新情况、新经验，我们各级党政办公厅（室）要紧紧围绕改革开放这个大题目，深入基层调查研究，特别要注重总结反映各地、各条战线、各个部门改革开放的成功探索。《关于郑州亚细亚商场建立新型企业经营机制的调查》，是作者从一条报道郑州亚细亚商场

1991 年度完成销售额 2.34 亿元，实现税利和增长幅度均居全省

同行业之首的新闻稿中发现线索后，感到在当时整个零售企业普遍遇到困难的情况下，为什么亚细亚商场能够在激烈的市场竞争中发展壮大，取得如此显著的经济效益？作者带着上述问题前往亚细亚商场，与商场总经理、部经理及部分员工进行了座谈，发现亚细亚商场通过大胆改革，摸索出了一套富有活力的管理体制和内部经营机制，走出了一条与传统商业不尽相同的新路子。亚细亚商场之所以能够在激烈的市场竞争中，在整个零售企业普遍遇到困难的情况下发展壮大，主要得益于政企分开、两权分离的管理体制，这个管理体制使亚细亚商场真正成为自主经营、自负盈亏、面向市场的商品经营者。调查报告即紧紧围绕亚细亚商场建立新型企业经营机制这个主题展开，反映了其主要做法、效果。这篇调查报告由于反映的是商业企业改革的新探索、新经验，对于面上的改革有借鉴作用，加之亚细亚商场在全国的知名度比较高，所以引起了中央领导机关的重视，并得以转发。

范　例


# 开发"一优双高"农业的成功尝试 ①
## ——禹州市建立外向型农业开发试验区的调查

　　最近，我们前往禹州市，对该市建立外向型农业开发试验区的情况进行了调查。通过座谈和实地考察，我们认为，禹州市建立外向型农业开发试验区的做法完全符合省委、省政府提出的农业"一优双高"开发的战略思想，找到了纯农业产区快速发展商品经济的路子，是农业"一优双高"开发的又一成功模式。现将有关情况报告如下：

## 一、禹州市建立外向型农业开发试验区的基本情况及取得的初步成效

　　禹州市外向型农业开发试验区，是禹州市在日本与韩国、中国台湾签订的果梅和蔬菜生产供应合同期满，韩国、中国台湾不愿再与日本续订合同，日本逐步失掉韩国、中国台湾蔬菜生产供应基地，而日本国土地资源紧张，劳动力价格昂贵，急于寻找合作伙伴的情况下，于1991年初与日本客商签订的联合开发项目。开发试验区由中日双方合作经营，引进日本国的先进科学技术、物质装备、生产管理方式和部分资金，建立万亩日本良种果梅出口生产基地、万亩

　　①李立民、武让，载中共河南省委办公厅《工作信息》1992年第389期《河南日报》1992年10月29日头版头条。

日本良种花椒出口生产基地和 3 万亩日本良种蔬菜（紫苏叶、辣椒叶、萝卜、高菜、蘘荷）出口生产基地。产品经过粗加工后全部销往日本市场。整个基地建成后，每年将向日本出口半成品果梅 1 万吨，半成品蔬菜 1 万吨，半成品花椒 600 吨。每亩耕地收益达 5000 元左右，年创汇 1 亿元。合作期为 50 年。旨在通过建立外向型农业试验区，积极推进农业"一优双高"开发，加速改造传统农业，调整种植业结构，促进农业生产的商品化和现代化进程，使广大农民群众早日步入小康生活，并以此为契机促进禹州市经济更大程度地走出国门。

经过两年的努力，目前该市外向型农业试验区已扩大到 30 个行政村，发展果梅 5000 亩，明年即可实现 1 万亩的目标；蔬菜（紫苏叶、辣椒叶、高菜、萝卜）5500 亩，明年可以发展到 2 万亩；花椒已育苗 10 亩。在果梅、花椒还没有见效益的情况下，今年即将出口半成品蔬菜 4000 吨，仅此农民可增加总收入 600 万元，年人均纯收入达 1500 元左右，比原来增加两倍左右；集体已建成蔬菜加工企业 9 家（1 家总厂 8 家分厂），增加收入 100 万元，安排农民工近千人。在农民收入大幅度提高的情况下，部分村又进一步减轻或免除了对农民的提留，同时还无偿为群众提供部分化肥和技术服务。半坡乡曹徐村是该市粮食高产村，可是 20 多年来农民人均年收入一直徘徊在 500 元左右，同时还要负担 40 元左右的集体提留。1991 年该村试种了 380 亩蔬菜，当年人均收入就增加到 823 元，比 1990 年的 460 元增加了 78%。当年 7 月该村投资 12 万元建成了一个蔬菜加工分厂，当年就收入 17.5 万元，不但收回了投资，而且获得利润 5 万多元，还安排 100 多名青年农民就业。该村当年不但免除对农民的全部提留，而且还免费为农民提供部分化肥和技术服务。今年该村又种植蔬菜 700 亩，农民人均收入可达 1500 元，比 1990 年增加 226%，集体收入可增加到 25 万元。随着基地的扩大和果梅基地逐步见效，明后两年，该村农民人均收入将达到 2000 元和 3000 元以上。

## 二、禹州市建立外向型农业开发试验区的主要做法

**第一，提高对发展外向型农业的认识，明确开发试验区建设的指导思想。** 1990 年提出建立外向型农业开发试验区后，禹州市委、市政府及开发区工作组的同志多次组织学习省委、省政府提出的农业"一优双高"开发的指导思想，加深对农业"一优双高"开发内涵的理解，深入基层调查研究，请教农林专家，使大家充分认识到，随着改革开放的不断深化及高科技的发展和市场经济体制的形成，要使农业求得发展，必须坚定农业"一优双高"开发这个方向，走大农业的路子。为此必须改造传统的"粮"字型农业，挣脱传统观念的束缚。在统一认识的基础上，该市提出了一个比较完整的发展外向型农业的指导思想，即从发展"一优双高"农业出发，积极发展适销市场、产品质量好、经济效益高，能够出口的创汇农业，逐步形成有地方特色的以"粮统"为主的多形式、多熟制"效益"型农林种植新格局。为了加强对开发试验区的领导，禹州市成立了以市长为指挥长的外向型农业开发指挥部，下设外向型农业开发小组。指挥部和开发小组分别吸收试验区内的乡镇领导为成员，组成了一个有职、有权、有责的指挥和工作体系。指挥部负责试验区的中长期发展规划；开发小组以林业部门为主，由国务院首批公布享受特殊津贴的林业专家、该市林业局副局长吕喜堂同志任组长，负责开发区建设的具体工作。

**第二，以效益为中心，大胆调整种植业结构。** "高效"是"一优双高"农业也是外向型农业的出发点和归宿。在开发试验区建设中，

该市始终坚持以效益为中心，彻底打破旧的种植格局，大胆调整了种植结构。第一步，按照稳定粮食生产、发展经济作物的指导思想，用"一麦一菜""一麦二菜"的模式替代"一麦一秋"（即一麦一玉米）的模式。"一麦一菜"，即冬季种小麦，麦收后种辣椒或紫苏，紫苏或辣椒收后再种小麦，亩收入可由原来的 500 元左右增加到 1200 元左右，比原来提高 140%；"一麦二菜"，即冬季种小麦，小麦收后种紫苏或辣椒，辣椒或紫苏收后种萝卜，萝卜收后再种小麦，亩收入可提高到 2200 元左右，比原来提高 340%。第二步按照专业种植经济作物的指导思想，逐步实现"三菜"、"四菜"即三熟、四熟的种植模式。"三菜"，即冬季种高菜（越冬蔬菜），高菜收后适当间隔种辣椒或紫苏，然后种萝卜，再种高菜。每亩产量可以达到 2000 斤高菜，2000 斤辣椒叶或紫苏叶、1 万斤萝卜，每亩收入可以达到 3000 元左右；"四菜"，即随着种植技术的熟练，在"三菜"模式的基础上，在高菜与紫苏或辣椒生产之间种植日本春萝卜。每亩产量可以达到 2000 斤高菜、1.8 万斤萝卜、2000 紫苏叶或辣椒叶，亩收入可以达到 3500 元左右；将分别比传统种植模式增加收益 500% 和 600%。第三步，当果梅成林批量产果后，在果梅带实行"立体种植"模式，即果梅林中种日本蘘荷（蘘荷喜阴）。亩产量可达 6000 斤果梅、2000 斤蘘荷，平均每亩收入可以达到 5000 元左右，是传统种植模式收益的 10 倍。种花椒的岗坡地，每亩收入也可以达到 2000 元左右。

**第三，坚持种植区域化、生产规范化、质量标准化、管理现代化、服务全程化**。日本果梅、蔬菜和花椒的生长习惯不同，各自对生产条件却有着严格的要求，生产又涉及素质还不太高的千家万户的农民，组织生产困难较大。为此，开发小组决定开发区建设必须实行"五化"，即种植区域化、生产规范化、质量标准化、管理现代化、服务全程化。一是种植区域化。根据果梅、蔬菜、花椒的不同生长习性，统一规划了三大专业化生产区，即一条万亩果梅带，3万亩连片蔬菜丰产方，三座万亩花椒岗，该市简称"一带一方三岗"。二是生产规范化。从良种引进、种苗繁育，到栽培、植保、施肥、防病、浇水、采摘、加工、储存等生产环节，都坚持严格按照日本客商提供的技术要求操作。三是质量标准化。即从种植到加工的各个环节，都严格按照国际市场对食品要求的质量标准严密操作。四是管理现代化。即整个出口基地建设和生产经营管理，均采用社会化系列服务的组织形式，实行"贸农工一体化、供产销一条龙"，以合营公司为龙头，以出口生产基地为依托，以科学技术为支撑，以社会化服务为纽带，以专业村和农户经营为基础，走"公司＋农户"的路子，同时把生产、加工、经营的有关资料全部输入电脑，严格按照技术指标实行严密的量化管理。五是服务全程化。即按照"贸农工一体化、供产销一条龙"、"公司＋农户"的系列管理形式，禹州市成立了日本果梅系列开发研究所，负责引进、消化、吸收国外先进的科学技术，与农户签订双向承包合同，为农户提供产前、产中、产后全程技术服务。两年来，他们编写了日本果梅、蔬菜、花椒生产管理的全套技术资料，录制了系统的科教影视片，组织了一支专为实验区生产进行技术服务的轻骑队，还先后五次聘请日本专家来实验区为农民上课授技。

**第四，制定优惠政策，全力支持开发试验区建设。**禹州市委、市政府制定了四条优惠政策。一是试验区实行"两田制"。为稳定和加速基地建设，将农民承包的土地划分为"责任田"和"经济田"，把零碎分散的"经济田"集中连片区域种植。允许土地使用权合理转移，鼓励发展经济作物种植大户，允许开办家庭农场和果园，允许农户连片承包土地、成片开发荒滩。二是凡栽培日本良种果梅和花椒等经济林的土地使用权至少50年不变，由市政府颁发《果树生产使用证》，在使用期内允许继承，允许转让，不经市政府同意，乡镇村不得随意调整土地。三是对参与开发试验区建设并作出突出贡献的市、乡（镇）领导和科技干部上浮一级工资，凡完成当年开发任务的乡镇给予奖励；按统一规划的要求完成果梅连片种植面积5000亩以上，蔬菜连片种植300亩以上，并实行统一耕作、统一浇水、统一施肥、统一治虫等项统一服务的村，给予村委会适当奖励；按实际收购值的1%提取有偿服务费，按贡献大小分配给参与双向承包的科技人员。四是市政府每年拿出15万元用于开发试验区建设，允许公司每年从企业盈利中提取一定比例的资金，用于基地建设，同时市财政和金融部门优先保证开发试验区内果梅、蔬菜的收购资金，保证开发区建设一般不受资金短缺的制约。

## 三、禹州市开发试验区建设的启示

禹州市外向型农业开发试验区，能在短短两年时间内快速地发展起来，并实现如此可观的经济和社会效益，探索出了农业"一优双高"开发的又一新模式，可给我们以下四点启示：

**第一，发展农村经济要抓住机遇。**禹州市看准并抓住了日本与韩国和中国台湾之间的市场变化的机遇，果断地决策与日商合作。在没有任何成功生产经验的条件下，他们又凭着科学的态度，充分发挥敢闯敢试的精神，终于闯出了一条快速发展农村经济的路子。禹州市建立外向型农业开发试验区的经验充分说明，发展农村经济必须解放思想，抓住机遇，更换脑筋，大胆地冲破旧的传统观念的束缚。

**第二，只有全面理解农业"一优双高"开发的内涵，才能充分发挥农业"一优双高"开发的巨大潜力。**"一优双高"，是省委、省政府提出的一个系统而完整的发展大农业的战略思想，也是农业生产尽快适应社会主义市场经济机制的有效途径。"一优双高"开发有着非常丰富而深刻的内涵，包括农林牧副渔等各业的方方面面。但是，一些地方的领导同志，并没有全面理解这一战略思想的全部内涵，主要表现在：跳不出"粮、棉、油"或"粮、棉、烟"的传统思维定式，把农业"一优双高"开发仅仅理解为"粮、棉、油、烟"的开发。禹州市在农业开发中，比较完整地把握了农业"一优双高"开发的内涵，跳出了传统的"粮、棉、油、烟"的种植业模式，终于探索出了优质、高产、高效的新型种植业模式，在较短的时间内，取得了明显的经济效益，同时也充分证明了省委、省政府提出的农业"一优双高"开发潜力很大，只要全面理解了它的深刻内涵，积极推进"一优双高"开发就能加快我省农村经济发展的步伐。

第三，农业"一优双高"开发必须以效益为中心。农业"一优双高"开发，是一个完整的系统工程，"优质、高产"是手段和途径，"高效"才是目的和归宿。禹州市在建立外向型农业开发试验区的实践中，紧紧围绕效益这个中心，大胆调整种植结构，创出了"一麦一菜"、"一麦二菜"、"三菜"、"四菜"和"立体种植"的多种新型种植模式，从而使亩收益由500元分别可增长到1200元、1500元、3000元、3500元，甚至今后的5000元。今年实验区内，农民人均收入可达到1500元，一举结束了20多年徘徊在500元左右的被动局面。可见，效益是"一优双高"开发的核心。在农业"一优双高"开发中，必须纠正不看市场、不讲效益，指令群众种植，盲目追求产量指标的倾向。

第四，搞好农业"一优双高"开发必须为农民提供全程服务。农业"一优双高"开发，是一个系统工程方法对传统落后的农业生产经营方式的一次革命，它涉及面广泛，要求的技术、管理水平高。在目前农民科技、文化素质较低的情况下，农民迫切需要提供产前、产中、产后全程系列服务。禹州市建立的"公司＋农户"的组织体系，采用的"贸农工一体化、供产销一条龙"的服务方式，较好地解决了农业"一优双高"开发中遇到的问题，他们的经验值得各地借鉴。

# 抓住新事物　反映新事物

　　《开发"一优双高"农业的成功尝试——禹州市建立外向型农业开发试验区的调查》，被中共河南省委办公厅《工作信息》刊登后，时任省委书记李长春同志阅后作了批示："禹州市'一优双高'开发的经验很好，请农委组织总结一下，也可请一些农口的同志现场研讨一下。（1）要深刻理解农业'一优双高'的内涵是农业的方向；（2）要规划一些各种类型的'一优双高'示范区，要和黄淮海平原开发结合起来：（3）提出贯彻国务院'一优双高'决定的意见。"

　　1992 年 10 月 29 日，《河南日报》在头版头条刊登了这篇调查报告，并加了编者按："禹州市建立外向型农业开发试验区已经取得的效益和展示的前景充分说明，走优质、高产、高效之路是发展现代化农业的最佳选择。开发'一优双高'农业，必须以国内外市场为导向，以提高效益为中心，以先进科学技术为动力。具体讲，就是要树立"两个观念"跳出"两个圈子"、实现"两个转变"。所谓"树立两个观念"，即：树立大农业观念，促进农村经济全面发展；树立商品经济观念，增强效益意识、质量意识、市场意识、竞争意识和风险意识。所谓"跳出两个圈子"，一是跳出耕地的圈子，把视野放到整个国土资源的开发利用上，农、林、牧、副、渔一齐抓：二是跳出产品经济的圈子，把视野扩大到全面发展农村商品经济上，生产、流通、加工一起抓。所谓"实现两个转变"，就是转变职能，转变工作方法，建立适应发展'一优双高'农业的新的工作运行机制。读过禹州市的这篇调查，相信人们能在上述几个方面得到启示。"

这篇调查报告被评为河南省党委系统1992年度优秀调查报告。

抓住新事物、反映新事物，是各级党政办公厅（室）调查研究的重要内容。因为新事物代表历史的发展方向，能够给人们以启迪，给人们以鼓舞，给人们以希望。《开发"一优双高"农业的成功尝试——禹州市建立外向型农业开发试验区的调查》这篇调查报告，以一个"新"字通贯全篇。在内陆地区，建立外向型农业开发试验区，本身就是一个新事物。如文中反映的禹州市在建立外向型农业开发试验区的过程中，发扬敢闯敢试的精神，彻底打破"粮、棉、油"或"粮、棉、烟"的传统种植格局，创出了"一麦一菜"、"一麦二菜"、"一麦三菜"和"立体种植"的多种新型种植模式。"找到了传统农业产区快速发展商品经济的新办法""探索出了农业'一优双高'开发的又一新模式"，"闯出了一条快速发展农村经济的新路子"等等，反复突出了一个"新"字。基层干部群众在改革开放的实践中所进行的新探索、取得的新经验是非常宝贵的，也是各级领导同志非常关注的。因为总结人民群众在现代化建设实践中的新创造、新经验，并用以指导工作，这是提高各级领导同志领导水平的关键环节。作为各级党政办公厅（室）的文秘人员，应当把抓住和反映新事物作为一个基本功，要善于敏锐地发现新事物，平时看材料、下基层，与同志及亲朋闲谈，只要留心听、细致看、多动脑、勤思考，就一定会有所发现、有所收获。

范　例

# 关于加快开发利用焦作旅游资源
# 为我省经济发展服务的建议 ①

　　去年以来，焦作市委向省委办公厅多次编报了呼吁加快开发利用该市丰富的旅游资源，为我省经济建设服务的信息。焦作市旅游资源目前开发的现状如何？潜力有多大？加快开发该市旅游资源对于焦作乃至我省扩大对外开放、加快经济发展有何重要意义？加快开发利用该市旅游资源目前需要研究、解决哪些问题？带着上述问题，我们于 6 月下旬前往焦作市，与市委办公室的同志一起进行了调查。调查中，先后与市委领导，以及市建委、市旅游局、市风景名胜开发办、济源市旅游局的负责同志进行了座谈，并前往云台山、青天河、王屋山等景点进行了实地考察。现将调查的情况报告如下，供领导参考。

## 一、焦作市旅游资源的开发利用已收到明显效益

　　焦作市地处山西高原与豫北平原衔接地带，高差达千米以上。由于亿万年的河流切割与风化，把无数山体雕琢得峭壁如刀削，姿态万千，自然生态环境也因此免遭破坏。加之有千余处人文历史景观点缀其间，更具璧合之美。全市风景名胜资源总面积之和达 1000 余

　　① 李立民、周晓宁、王保旺、祁新建，载中共河南省委办公厅《要情汇报》1992 年第 124 期。

平方公里，约占焦作市总面积的 1/6，其中有国家森林公园两处、国家级风景区两处。据近两年前往焦作考察的国家建设部及北京、武汉、上海等地科研机构、大专院校的专家学者鉴定结果，认为焦作市区域内的风景名胜是兼有泰山之雄、华山之险、黄山之奇、峨眉之秀的山体风光，旅游资源规模之大、人文历史景观之多、自然山水风光质量之优、各景点间距离之密集、风景名胜天然布局之合理，在我国北方乃至全国均属罕见。专家学者对焦作市区域内风景名胜旅游区的评价结论是：以太行山岳型自然山水为主体，平川、大河景观相映衬，源远流长的历史文化为内涵，具有观光、寻根、环保、科研、康复旅游、民俗风情旅游和避暑、度假等多种功能的综合旅游区，能满足多种层次旅游者的需要。

　　焦作市的风景名胜区开发，是从 1986 年开始的。由于焦作市委、市政府高度重视，该项事业起步虽然较晚，但进展较快。我省从 1987 年至 1990 年共公布 15 处省级风景名胜区，其中焦作市的风景区就占了 5 处。现风景名胜区均设置了专门管理机构，配有得力的干部担任领导工作，风景区内现有职工已达 8000 余人。目前，云台山、五龙口、青天河、神农坛、王屋山五大风景名胜区已成为旅游"热点"。其中云台山、王屋山风景区年游客量分别达到 150 万、100 万人次。上述 5 个风景区年直接收入近 1000 万元。随着风景名胜区的开发和开放，焦作市的旅游业也从无到有迅速发展起来，已有 5 个县（市）设置了旅游局。经国家有关部门批准，焦作市已成立一个二类旅行社、四个三类旅行社。一大批旅游服务公司、工艺制品厂和旅游汽车公司、旅游开发公司、旅游宾馆也应运而生。目前焦作市区已有两个三星级涉外宾馆在建、两个三星级涉外宾馆列入计划筹建。与旅游相关的从业人员已达 4 万余人。据不完全统计，近几年来平均每年接待国外游客 1000 余人次，创汇约 10 万美元。该市还以旅游活动搭台、经济唱戏，先后引进外资达 17 亿元。焦作市对旅游资源的初步开发和利用，已产生了较显著的经济效益、社会效益和环境效益。

## 二、焦作市区域内旅游资源的开发利用具有相当大的潜力

焦作市旅游资源的开发利用，目前仅处于开始阶段，其潜力远远没有发挥出来。该市旅游资源可概括为"十大景区"、"八大处"和"十一条旅游热线"，总面积约 1000 平方公里，目前已开发利用的只占极少数。从"十大景区"看，云台山风景区面积 50 平方公里，已开发 15 平方公里，内有 10 个分景区，初步开放 4 个景区；王屋山风景区面积 120 平方公里，已开发 5 平方公里，内有 10 个分景区，仅开放两个景区；五龙口风景区面积 75 平方公里，已开发 2 平方公里，内有 8 个分景区，仅开放 2 个；神农坛风景区面积 120 平方公里，已开发 5 平方公里，内有 10 个分景区，仅开放 3 个；青天河风景区面积 106 平方公里，已开发 4 平方公里，内有 8 个分景区，仅开放 1 个分景区。其余 5 个风景名胜区（黄河小浪底、锁蟒湖、丹沁竹林、卫源、青龙洞），除卫源风景名胜区今年开放 1 个分景区外，其他均为待开发景区。

再看旅游观赏价值极高的"八大处"。景一处含陈家沟、黄河滩等 5 个景点，仅开放陈家沟、温县演武厅 2 个；景二处含荆梁观、济渎庙、龙潭寺、灵都万寿官等 5 个景点，仅开放荆梁观一个；景三处含嘉应观、千佛阁、妙乐寺塔等 6 个景点，仅开放嘉应观一个；景四处含三圣塔、天军部、北大寺、邓禹地宫等 8 个景点，仅开放三圣塔一个；景五处含古轵城、大明寺、聂政冢、长春观等 5 个景点，均未开放；景六处含慈胜寺、司马故里、王峰民居等 6 个景点，均未开放；景七处含胜果寺塔、根梁庙、马坊泉海蟾宫、汉献商陵等 5 个景

点，均未开放；景八处含古山阳城、昭惠王行宫、灵泉、许衡墓、恩村二庙等景点，均未开放。"八大处"共计主要景点 46 个，开放 6 个，文物古迹总数为 1092 处，利用率只有 1.28% 左右。

按国际国内旅游热线标准焦作有 11 条：①寻根朝敬游，含 16 景，开放 2 景；②自然山水游，含 18 景，开放 8 景；③古建摩崖观瞻游，含 21 景，开放 4 景；④黄河风光游，含 5 景，未开放；⑤宗教朝山游，含 8 景，未开放；⑥隐形文化游，含 63 景，未开放；⑦四季林相游，含 6 景，开放 2 景；⑧观赏珍稀动植物游，含 10 景，开放 2 景；⑨丹沁竹乡游，含 10 景，开放 3 景；⑩康复保健游，含 4 项，开放 2 项；11 民俗风情游，含 8 项，开放 2 项。焦作 11 条热线旅游总计景点 159 个，仅开放 25 个，占 15.72%。可见焦作市的旅游业潜力很大，发展前途还十分广阔。

## 三、关于加快开发利用焦作旅游资源，为我省经济建设服务的几点建议

目前，蓬勃发展的旅游业正逐步成为许多国家和地区经济的第一大支柱产业，我们应当积极借鉴这一经验。从我省是全国的文物大省、旅游资源丰富这一省情出发，不失时机地把发展旅游业作为加快发展我省第三产业的突破口，把加快开发利用焦作市区域内 1000 平方公里的旅游资源，作为我省实施沿桥（欧亚大陆桥）、沿黄扩大对外开发的重点，这对于提高我省沿黄各市地，乃至河南的知名度，促进我省经济再上新台阶都具有十分重要的意义。因此，加快开发利用焦作区域内丰富的旅游资源，应摆到我省扩大对外开放、促进经济发展的重要位置上来。为此，我们提出以下六点建议：

**（一）省要把开发和利用焦作旅游资源作为扩大沿黄地带对外开放，加快沿黄地带经济发展的重大战略措施，加以总体规划。**根

据省委、省政府关于进一步扩大我省沿黄地带对外开放、加快沿黄地带经济发展这一战略构想，省有关部门应把加快开发利用焦作市1000平方公里丰富的旅游资源作为实施这一战略构想的重要内容，作为我省贯彻落实党中央、国务院关于加快发展第三产业决定的重要措施。因为加快焦作市旅游资源的开发和利用，可使开封、郑州、洛阳、三门峡、焦作、新乡这一沿黄旅游体系更加完备，从而促进我省旅游业的发展，使旅游业完全有可能成为沿黄市地乃至我省的一大支柱产业。这对于提高我省沿黄市地及河南的知名度，加快我省沿黄市地及全省的开放步伐，将会产生重大影响。因此，省有关部门可组织有关专家或专门的考察小组，对焦作市区域内1000平方公里的旅游资源进行全面实地考察，从宏观上为省委、省政府提出开发、利用焦作市旅游资源、促进我省经济发展的可行性报告，为省委、省政府领导同志决策提供依据和材料。

（二）省新闻部门应加大对焦作已开发风景名胜的宣传报道力度，以提高焦作丰富旅游资源的知名度。据焦作市风景名胜开发办公室及旅游局负责同志介绍，许多国内知名的园林专家、学者考察了该市风景名胜区之后，异常激动，没有想到北方有如此风景如画的自然风光。国家建设部总规划师储传亨考察后题词："集峻岭峭壁峡谷深潭秀水飞瀑于一体，历史源远流长，堪称一绝。"许多专家提出，焦作如此丰富的旅游资源，但宣传不够，国内外知名度不高，应大张旗鼓地加以宣传。许多外宾游览了云台山、王屋山、青天河、神农坛、五龙口等风景区后，倍加称赞，流连忘返。为了广泛宣传焦作风景名胜，焦作市想了许多办法，做了大量工作，使焦作风景名胜的知名度越来越大，省内外自发前往焦作旅游的人越来越多，但因力量所限，开发的时间较短，总的来看，焦作市旅游资源在国内外的知名度还不高。为了充分发挥该市旅游资源的经济效益，为了吸引国内外更多的旅游者、投资者，建议省加强对焦作旅游资源的宣传报道。一是省新闻部门可编播焦作风景名胜电视系列片、焦作风景名胜系列专题节目，编发焦作风景名胜系列专题报道；二是省新闻部门可与焦作市合作在充分准备的基础上，在北京、广州等省外重要窗口城市举办"焦作风景名胜新闻发布会"，对近几年焦作开发的风景名胜以电视、图片、文字等形式加以全面介绍和广泛宣传；三是省外事、旅游、对台办、侨办等部门可向外宾、侨胞、港澳台胞主动宣传焦作的风景名胜，尽可能组织他们前往焦作风景名胜区进行考察、游览，以增加焦作风景名胜在海外的知名度，进而吸引更多的外商和侨胞、港澳台胞来河南观光、投资。

（三）建议在焦作风景名胜区大胆进行旅游体制改革试验。目前世界各国纷纷实行"国家公园"制度，已有109个国家建立了1200多个国家公园。鉴于焦作风景名胜区高度密集，可考虑将"十大景区"、"八大处"和11条旅游热线合而为一，按照专家学者们的建议，呼吁国家在河南建立我国第一个国家公园——南太行国家公园，以取得国家更多的支持和投资。焦作市委、市政府已通过信息形式向中央作了反映。为促成此事，建议省有关部门在充分论证的基础上，适时向国家有关部门申请在我们河南建立南太行国家公园的报告。

（四）省应将焦作风景名胜旅游列入省线、国线。焦作旅游区虽然已经形成全省最大的旅游"热点"之一，且发展越来越快，但至今仍未被省有关部门列入省线、国线，属于个人"自由旅行"，尚未达到有组织的"包价旅游"，因而直接影响了该市旅游资源效益的发挥。如今，郑、汴、洛的古建筑已为游客司空见惯，根据人们希望"返回大自然"、到自然山水游览的心理，要顺应旅游市场这一需要，建议省有关部门尽快把焦作旅游区列入省线、国线，以充分发挥焦作旅游资源的经济效益和社会效益。

**（五）建议省对焦作市开发利用旅游资源给予优惠政策**。1992年4月份，焦作市已完成了《焦作太行山风景名胜旅游区建设规划》，按规划"八五"和"九五"期间，景区建设需投入数额较大的资金。由于该市财力有限，单靠自筹无能为力。我们认为，在国家和省财力投入仍然不及的情况下，给予焦作市特殊政策广开筹集资金渠道是目前解决建设资金问题的重要措施。风景名胜区的管理可遵循价值补偿与财政补偿相结合的原则，实行风景名胜资源的有偿使用，从而实现建设资金的多元化。即对在风景名胜区内从事经营活动的国营、集体和个体，征收一定费用，如建设征地费、配套费等。根据这个原则，可让焦作市制定一些具体办法，报省审定或备案实施。

**（六）建议省筹建旅游专业学校或在大中专院校增设旅游专业，以解决我省旅游专业人才奇缺问题**。目前我省无旅游专业学校，旅游专业人员均是送外地代培。我省是一个文物大省，旅游资源丰富，随着旅游业的快速发展，我省各地均感旅游专业人才和管理人才严重不足，而且素质较低，为了适应我省旅游业发展的需要，应从长远着眼，培养旅游业的专业人才和管理人才，建议省有关部门考虑筹建我省第一所旅游专业学校。为解决目前旅游业急需的人才，可考虑先在大中专院校增设旅游专业。

# 要力求站在全局的高度研究问题

　　《关于加快开发利用焦作旅游资源为我省经济发展服务的建议》，被中共河南省委办公厅《要情汇报》刊发后，引起了省委、省政府有关部门及中共焦作市委、市政府的重视。根据这篇调查报告反映的情况及提出的建议，中共焦作市委、市政府于 1992 年 7 月 29 日，在郑州邀请省委办公厅、省委宣传部、省建设厅、省广播电视厅、河南日报社、省旅游局等部门的负责同志，就焦作旅游资源的开发、规划、宣传、利用等问题进行了座谈，并形成了座谈会《纪要》。这次座谈会，对于加快开发利用焦作旅游资源，打造云台山国家级旅游风景区，提高焦作风景名胜的知名度，起到了一定的促进作用。这篇调查报告被评为河南省党委系统 1992 年度优秀调查报告。

　　荀子曰："吾尝跂而望矣，不如登高之博见也。"《关于加快开发利用焦作旅游资源为我省经济发展服务的建议》反映的是焦作市旅游资源方面的情况，但调查报告的作者并没有仅仅站在一个市的角度去研究问题，而是从扩大我省沿黄（河）地带对外开放、加快沿黄地带经济发展这一高度去反映情况、研究问题、提出建议，这样对领导同志考虑问题乃至决策就有了参考价值。当我们对某一件事、某一个问题有了调查研究的欲望时，首先应站在领导者的位置上去想一想这件事、这个问题对全局性的工作有没有联系，对面上的工作有没有指导作用。只有如此，在调查研究中才能把个别地方、个别部门、个别问题放在全局中去观察，放在大系统中去研究。简言之，围绕领导需求搞调研，文秘人员就要增强宏观意识，树立全局观念，力求站在全局的高度去思考问题、研究问题。

范　例


# 漯河市坚持多轮驱动多轨运行使乡镇企业高质量高速度高效益发展的调查 ①


今年以来，漯河市采取一系列强化措施，促使乡镇企业进入高速度、高效益、超常规发展的新时期。1月至11月份，全市乡镇企业已发展到80622个（其中乡办企业295个，村办企业735个，个体企业79592个）；从业人员达31万余人，完成总产值达32.9亿元，比去年同期增长54.1%；乡村集体工业产值7.89亿元，增长70.4%；实现税利4.23亿元，增长60.2%。该市乡镇企业发展，呈现出四个特点：一是端工业饭碗的意识明显增强。"无工不富"已成为各级干部的共识，大部分县乡把60%的领导、精力和时间用在了发展乡镇企业上。二是乡镇企业已开始向外向型发展。仅8至9月份就有4家"三资"企业开业；前9个月全市乡镇企业共引进资金8000多万元，引进中高级技术人才126人。三是一批县级开发区、乡镇工业小区迈出可喜的步伐。县级开发区、乡镇工业小区共新上工业项目67个，基础建设及项目投资约1.93亿元。四是"三高"项目有突破。今年乡镇企业新上的253个乡村集体企业项目中，有62个属高起点、高新技术项目，计划总投资1.6亿元，已投入资金3276万元，这些新上项目完成后，年创产值可达6亿元，创利税9000万元。今年已有5种产品填

---

① 李立民、杨国治、陈红霞，载中共河南省委办公厅《工作信息》1992年第484期、《河南日报》1993年1月5日头版头条。

补省、国家空白。该市高速高效发展乡镇企业的主要措施是：

## 一、摸清县情、乡情、村情，理出发展思路

漯河市总人口为 220 万，乡村人口为 193 万，农业人口占总人口的 88%。全市无一家大型国有企业，是个典型的农产区。1986 年全市乡镇企业总产值仅 5.4 亿元。"七五"期间，该市为发展乡镇企业，虽采取了一些必要措施，但一直处于平稳、缓慢发展状态。1986—1990 年的年平均增长速度为 37.3%，且全市乡镇企业的发展不平衡、一部分乡发展较快，一些乡却仍未起步，全市 1214 个行政村中有 611 个村属空白村。

针对乡镇企业发展现状，市委、市政府下决心改变全市乡镇企业落后面貌，大力发展乡镇企业，加速农产区工业化进程，促使漯河经济腾飞。今年初，组织四大班子领导深入三县一区，逐一对县情、乡情、村情进行了详细的摸底调查，认识到：漯河位居豫南平原地带，一无矿藏，二无资源，要想创办大型工矿企业短时间内难以实现，必须结合当地实际，因地制宜，坚持发展自己的优势，立足当地资源，以农副产品深加工为主，扬长避短，围绕"农"字做文章，围绕"农"字上工业。既要借鉴苏、锡、常模式，大力发展乡村集体企业，壮大集体经济，促进经济腾飞；又要走温州的路子，大力发展户办、联户办企业、个体私营经济和股份合作企业、合资企业、联营企业。在总结、分析的基础上，该市制定了"统一规划，分步实施，区域开发，多轮驱动，多轨运行"的指导方针，力争 1992 年促使乡镇企业上一个新的台阶。

## 二、办好工业小区，带动全面发展，努力提高乡镇企业的规模效益

该市以沿"107"国道的乡镇为主，建立乡镇工业小区，带动影

响、辐射其他乡镇工业小区。目前全市乡镇已规划20个工业小区。工业小区和"107"经济开发带都建立了管委会，配备了职务相当于同级政府副职的管委会主任。对工业小区实行封闭式管理。目前，已有14个工业小区初具规模，工业小区已投入资金4600万元，开工和建成的项目43个，今年可创产值2400万元，预计明年可创产值2亿元。工业小区的建设有力地带动了该市乡镇企业的发展。在工业小区建设中，他们坚持三个原则：一是着眼未来，量力而行，分步实施。各乡镇根据总体规划要求，对资金、土地资源、年度开发目标，分期推进，逐步到位。二是自主、自力、自费。所谓自主自力就是充分调动农民的积极性和创造性，利用当地条件，建设适合本地特点的，有竞争力的小区。三是实行"四优先"。即资金、物资分配优先，对各项专项支农资金统一规划，统筹安排，捆起来用于工业小区乡镇企业的发展；优先给予减免照顾；优先满足小区人才需要；优先办理各种项目审批等手续。

## 三、坚持"五轮驱动"，促进乡镇企业全面振兴

今年以来，漯河市坚持乡、村、组、联户、个体五个轮子一齐转，哪个轮子转得快，就让其先转，都给予支持和鼓励。在具体做法上实施重点突破；抓好"一个五十"、"两个一百"即：五十个学南街试点村，帮助一百个"空白村"上项目，支持一百个有一定基础的企业上规模、上层次；建成"十个亿元乡镇"，培养市队、县队、乡镇队。通过培育一大批"小型区"，逐步建立起全市的乡镇企业发展格局。今年该市已有6个村产值超千万元，有80多个"空白村"已经上了项目，有120个乡镇集体工业产值超百万元。为加速户办、联户办、个体私营企业的发展，市委、市政府专门出台了20多项鼓励其发展的优惠政策，动员全社会的力量，实施这项富民工程，调动千

家万户的积极性，宜工则工，宜种则种，宜养则养，宜商则商。从而使农村大量的闲散劳力有了用武之地。今年前 11 个月，后三级企业完成产值计 23.6 亿元，占乡镇企业总产值的 70%。

## 四、大力发展股份合作制，使企业由速度效益型向管理效益型转变

提高企业综合经济效益是发展乡镇企业的出发点和归宿。管理落后是制约乡镇企业经济效益的重要因素。该市针对目前乡镇企业存在的机制优势减退、质量意识淡漠等管理落后的问题，以大力推行股份制为突破口，促其由速度效益型向管理效益型转变。日前，该市乡镇股份合作制企业已达 74 家。为了保证这种新型的经济组织联合体健康发展，使其规模化，近期该市推出了《漯河市农村股份合作企业暂行办法》，暂行办法对农村股份合作企业的参股、股金分红、董事会制度、职工权益都做了详细规定：（1）农村集体经济组织、企业式社团、个人都可以资金、实物、技术、土地等作为股份参股；（2）股份制实体允许乡村集体经济组织与农户联办、农民股劳合作、乡村集体企业折股扩股、私有作股改造、法人参股联营、多元混合参股联合等多种形式；（3）董事会全权处理企业生产经营等重大决策问题，股金分红实行利益均让，风险共担的原则。

## 五、制定奖惩政策，发挥政策在乡镇企业发展中的激励效应

市委制定了乡镇企业工业产值每年递增 40% 的总体目标，1993 年全市乡镇企业工业产值要净增 15 亿元，1994 年要净增 20 亿元以上。为了实现上述目标，该市建立了目标考核制度。考核目标为：以 1991 年为基数，到 1995 年为一个周期，在周期内一年一考核，弱化

产值，强化固定资产及利税增长幅度，对完成和超额完成目标任务的县、乡进行奖励。市里今年拿出 122 个农转非指标，解决有突出贡献的乡镇企业厂长（经理）、工程技术人员的农转非问题。对完不成目标任务的第一年黄牌警告，第二年仍完不成目标任务者，就地免职。

## 六、立足科技进步，发挥科技在乡镇企业中的推动效益

该市把促进科技进步作为乡镇企业的首要任务来抓。一是放活科技人才。动员和组织科技人员到经济建设的主战场建功立业。他们打破科技人员部门所有、单位所有的封闭管理体制，建立科技人才合理流动的管理机制，支持和鼓励科技人员采取各种方式，包括调离、辞职、停薪留职，去承包、租赁、领办乡镇企业。对自愿到乡镇企业工作，其行政、户粮关系可保留在市、县（区）人事部门所属的人才交流中心，干部身份、政治待遇不变。允许他们获得较高收入，在同等条件下优先评定专业技术职务和晋升工资级别。对发展乡镇企业有突出贡献的科技人员政府将给予重奖。今年全市共有 150 多名科技管理人员走出科研单位和机关到乡镇企业承包、租赁企业。二是大力引进人才，今年以引进各类技术人才 136 人。三是培训挖掘乡镇人才。该市已投资 200 多万元创办了乡镇企业学校，已培训人才 820 名；舞阳县、郾城县还选送 197 名返乡高中生到大专院校学习，毕业后将返回到乡镇企业工作。四是狠抓技术引进和技术改造。已引进技术 100 余项，并确定了 22 个重点技改项目。这批重点技改项目，计划总投资 2900 万元，已投入 1300 万元，技改完成后，可新增产值 9000 万元。技术引进和技术改造，为该市乡镇企业高速度、高效益发展增强了后劲。

# 发展乡镇企业的基本方针 ①

## 《河南日报》评论员

江泽民总书记在向党的十四大所作报告中指出："继续大力发展乡镇企业，特别是要扶持和加快中西部和少数民族地区乡镇企业的发展。"在全国深化改革、扩大开放的新形势下，按照十四大精神，加快包括我省在内的中西部地区乡镇企业的发展，已成为当前一项紧迫的任务。怎样加快乡镇企业发展的步伐？实行"多轮驱动、多轨运行"，应当是一条基本方针。

我省多数地方生产力发展水平较低，大量农村富余劳动力还滞留在土地上，缺少新的就业机会，在所有制形式上需要放开些，应该实行"多轮驱动、多轨运行"，即：坚持乡（镇）办、村（村民小组）办、联户（农民合作）办、户（个体、私营）办企业以及股份制（包括股份合作）企业、联营企业、外商投资企业一齐上，不限比例看发展，不限速度看效益，哪个"轮子"转得快都好。不必担心这个快了，那个慢了，这个多了，那个少了。不同地区生产力水平不同，几个"轮子"不可能在每个地区都以同样的比重、同样的速度转动，适应当地生产力发展水平的"轮子"必然要转得快些。在那些贫困落后、集体经济十分薄弱、办乡村集体企业缺乏条件的地区，可以

---

①《河南日报》1993 年 1 月 5 日刊登此篇调查报告时配发的评论员文章。

放手发展个体、私营、联户企业，进而发展股份合作制企业。不论是何种经济成分，在政策上要做到一视同仁，创造平等竞争的条件。对于那些在竞争中发展得快、发展得好的企业，只要是合法经营，都要给予积极的鼓励和支持，决不能拘泥于所有制性质问题、搞"唯成份论"，不能歧视、限制甚至打击个体、私营、联户企业。特别是近些年来，我省农村涌现出大批不同类型的股份合作制企业，它一方面适应农村现实生产力水平，另一方面适应社会化大生产和商品经济发展的客观要求，有利于在自愿基础上筹集民间资金，聚集各种生产要素形成新的生产力；有利于明确企业产权关系，促进企业更加完善经营机制；有利于强化职工主人翁意识，增强企业凝聚力，调动各方面的积极性；有利于引导农民走共同富裕的道路。各地要积极推广。

正是坚持了"多轮驱动、多轨运行"这一基本方针，漯河市的乡镇企业才得以高质量、高速度、高效益地发展。各地要像漯河市那样，解放思想，抓住机遇，坚持"多轮驱动、多轨运行"，走出一条符合本地实际的路子，加快乡镇企业发展的步伐。

# 把握全局，才能选准题目

　　《漯河市坚持多轮驱动多轨运行使乡镇企业高质量高速度高效益发展的调查》，是笔者与中共漯河市委办公室的同志一起，在深入调查研究的基础上撰写出来的，被中共河南省委办公厅《工作信息》加了编者按刊发。编者按是："今年1至10月份，我省乡镇企业总产值突破1000亿元大关，发展势头很好。但是全省乡镇企业的发展还不平衡，目前还有近60%的行政村无乡镇企业。如何在现有的基础上，努力把我省乡镇企业的发展再推向一个新的水平、跃上一个新的台阶，是当前需要各地认真研究的问题。现将漯河市坚持多轮驱动、多轨运行，使乡镇企业高质量、高速度、高效益发展的经验刊登于此，供各地参考。"时任省委书记李长春同志阅后作了批示："经验很好，可见报。要在奖惩措施上弱化产值，强化固定资产增长幅度、利税增长幅度，以防出假。"

　　《河南日报》1993年1月5日在头版头条刊登了此文，并配发了评论员文章，将该市经验在全省推广。这篇调查报告被评为河南省党委系统1992年度优秀调查报告。

　　河南是个内陆农业大省，有7000多万人口生活在农村。中共河南省委、省政府通过总结本地和借鉴兄弟省、区、市的成功经验，把发展农村经济的突破口选在发展乡镇企业上。省委、省政府明确提出要求，各级党委、政府在发展经济中要把发展乡镇企业作为战略重点，要靠乡镇企业唱重头戏、挑大梁，并把乡镇企业作为各级领导任期目标的重要考核内容。省委、省政府每年都多次专题研究乡镇企业问题，每年至少召开一次全省乡镇企业大会，部署工作，交流经验。河南省委、省政府之所以如此重视发展乡镇企业，是因为河南经济翻番、奔小康，潜力在乡镇企业，后劲在乡镇企业，希望在乡镇企业。由于各级党委、政府的重视，近几年来我省乡镇企业在发展中迈出了较快的步伐。但是总的看，全省乡镇企业的发展还不平衡。如何加快我省乡镇企业发展步伐？这是涉及我省经济发展的一个全局性问题。《漯河市坚持多轮驱动多轨运行，使乡镇企业高质量高速度高效益发展的调查》一文，即紧紧把握了这个全局，总结了漯河市坚持多轮驱动、多轨运行，加快发展乡镇企业的做法和经验，从一个侧面回答了各级领导关注的一个全局性问题。

在改革开放和社会主义现代化建设中，各级党委、政府为了加快本地的发展，需要集中精力管大事，对一个地区经济建设和社会发展带全局性、战略性的问题进行高层次决策，各级党政办公厅（室）应围绕领导进行高层次决策的需要，反映问题，提供情况。从这篇调查报告所产生的良好效应可以给我们以下启示：文秘人员只有了解全局、把握全局，才能选准调研课题。

范　例

# 扎扎实实抓好小康村建设的基础工程 ①
## ——河南南阳地区大力提高农民素质的调查

　　1986 年以来，河南省南阳地区坚持把发展农村经济、实现小康目标建立在依靠科技进步和提高劳动者素质的基础上，在提高农民素质上下功夫。"七五"期间，全区共有 220 万农民接受不同层次的技术培训，平均每户 1 人，每人掌握一至两项实用技术。"八五"期间，计划培训农民 170 万人次，其中普及型培训 160 万人次，提高型培训 10 万人次，已分别培训 60 万人次和 4 万人次。随着农民科技文化素质的提高，该区科技兴农进程加快，促进了农村经济的发展。1992 年，该区农村社会总产值和农民人均纯收入分别达到 141 亿元和546 元，比 1985 年增长 3.14 倍和 1.7 倍。

## 一、南阳地区大力提高农民素质的主要做法

　　（一）抓住机遇，把提高农民素质列入党委、行署重要议事日程。南阳地区是一个拥有 840 多万农业人口的农业大区。实行家庭联产承包责任制以后，农业获得了快速发展。但从 1984 年起，农业发展速度减缓，以至出现徘徊。究其原因，除因经济实力有限尚未形成新

---

　　①李立民、王发志，载中共河南省委办公厅《工作信息》1993 年第 24 期、中共中央办公厅《工作情况交流》1993 年第 10 期、《河南日报》1993 年 2 月 17 日第 5 版、中共河南省委《奋进》杂志 1993 年第 6 期。

一轮农业投入，农业发展的外部环境不够宽松外，关键在于农民科技文化素质低，缺乏科技输入这一新的驱动力。全区农村总人口中，文盲半文盲占33.3%，多达280多万人；农村劳动力中，文盲半文盲占48.7%，达180万人。90%多的农户，沿袭传统的小农经济生产方式，局限在几亩责任田里粗放耕作，相当一部分地方的农业仍处于简单再生产状态。地委、行署认识到：目前，广大农民求富心切，应不失时机地大规模开发农村智力，造就一代有社会主义觉悟、有科学文化知识的新型劳动者。地委、行署把提高农民素质列入了重要议事日程，先后下发《关于开发农村智力，培训农民科技大军的意见》等文件，并分工行署专员主抓这项工作。

（二）多管齐下，大力开展农民技术培训。由地区制订培训规划，将农村初高中毕业生、复退军人和村组干部作为重点，培训经费由地方财政和乡村按比例承担。县、乡、村三级全部配备科技副职，形成科技管理体系，以此为主负责培训和技术推广，并将培训列入各级目标管理，作为考核领导干部政绩的一项重要内容。该地区还确定了"实际实用实效"的培训原则和"五结合五为主"的培训方针，即引进人才与培养本地人才相结合，以培养本地人才为主；中长期培训与短期培训相结合，以短期培训为主；地县培训与乡村培训相结合，以乡村培训为主；教育部门培训与职能部门培训相结合，以职能培训为主；培训科技人才与培养科普人才相结合，以培养科普人才为主。与此相配套，由地区科协牵头，农业、科技、畜牧、林业、水利、教育等有关部门参加，建立栽培、植保、水产、畜禽养殖、良种繁育、林果等十大培训体系。整个培训主要分三个层次进行：一是县、乡、村三级培训网络。县（市）办培训中心，乡（镇）办农技校，村办培训班，结合农事活动、农村经济开发和乡镇企业，由县乡两级农业、科技和其他涉农部门科技人员授课，开展单项实用技术培训或综合技能培训，年培训 60 万人次左右。二是以中国农村致富函授大学南阳分校为龙头的函授培训。开设种植、养殖、加工 3 个系 9 个专业，并陆续在全区 13 个县（市）225 个乡（镇）设立了辅导站，组成由 800 多名科技人员和 1800 多名农民技术员参加的辅导队伍，学员遍及区内 4600 多个行政村。办学 7 年来，已培养出近 10 万名科技人才，现有 1.7 万多名农民在学。地区同时举办中央农业广播电视学校南阳分校，已有 7000 多名农民领取了结业证书，现有 2400 多名农民在学。三是职业技术教育。已兴办农民中专 3 所、农村职业高中 60 所，累计培养科技人才 2.2 万多人，已向乡镇企业输送专业技术人员 6000 多名，现有 1.8 万人在校，占该区农村各类高中招生总量的 47%。760 多所农村初高中，95% 以上实行了"三加一"，即学生在完成三年学业的同时，学会一门实用技术，毕业时两种证书一并发放。

（三）**开展多种形式的科普活动，将科技送往千家万户**。几年来，地、县（市）两级采取向农户发放"技术明白卡"、编发《科技报》、组织"科技大篷车"和实用技术讲师团下乡，举办科普一条街、技术市场、技术交易会、科技兴农有奖知识竞赛、科技电影汇映月等活动，扩大科技覆盖面。两年来，共印发技术材料 135 种计 35.7 万多册；举办科普讲座近千场，听众 60 余万人次；组织科普展览，参观农民达 80 万人次；放映科教电影，观众达 30 余万人次。

（四）**倡导和组织各类农民技术学会、协会及研究会，带动农民自发学科学**、用科学。至 1992 年底，全区瓜菜、林果、养鸡、养蜂、养牛、皮毛、玉雕等各类学会、协会及研究会已发展到 720 个，会员 5.1 万人。这批学会、协会及研究会产生于农村，服务于农民，逐步成为以科技为先导，实行产前、产中、产后全程服务的一体化组织。新野县城关镇的蔬菜研究会，推广塑料大棚种植、日光温室栽培等 7 项蔬菜生产技术，并提供产供销配套服务，使全县蔬菜种植面积发展到 6.4 万亩，年产蔬菜 3 亿公斤，产值达 1.68 亿元，并形成了占地 50 亩的蔬菜批发市场，已成为豫鄂川陕毗邻地区最大的蔬菜产销中心，辐射范围达 10 多个省市。

**（五）兴建科技经济一体化工程，组织农民在干中学、学中干。** 一是实施"三百系统工程"，即每县兴建 100 个科技示范村，每乡兴建 100 个科技示范户，每县动员 100 名科技人员到示范村承包开发项目传授实用技术。1989 年该地区实施"三百系统工程"以来，全区共组织 1600 名科技人员进驻示范村，已建成 1448 个示范村和 2.88 万个示范户。二是实施燎原、星火、丰收计划。将 81 个乡镇作为燎原计划示范试验乡，投资 1.1 亿元，实施 380 多个燎原和星火计划项目，每年丰收计划面积也都在 100 万亩以上。有关乡村组织农户围绕项目选技术，结合项目学技术。三是实施"三改"、"五化"和"六大开发"，即旱地改水田、低产作物改高产作物、单作改间作套种；作物良种化、种植区域化、栽培模式化、管理规范化、服务系列化；高产高效农田开发、中低产田开发、桑蚕开发、林果开发、水产开发、黄牛开发。1989 年以来，累计开发高产高效农田 1031.8 万亩、中低产田 400 万亩、桑蚕 4.1 万亩、经济林果 16 万亩、水产 6200 亩，并育肥黄牛 36 万多头，共增产粮食 12 亿公斤，增加效益 12 亿多元。自 1991 年起，该地区又开始实施黄牛、林果等 10 大系列开发。数百万农民在社会化大生产过程中，学习和掌握了一至两门甚至多项科学生产技术。

**（六）建立激励机制，鼓励大批农民成为农村专业技术人才。** 全区已有 10834 名农民获得专业技术职称，其中农民技师 864 人、助理技师 2879 人、农民技术员 7091 人。地、县（市）两级科技、组织、人事部门联合选拔的乡土拔尖人才已达 859 人。对获得职称者和拔尖人才，分别由县（市）政府和地区行署颁发证书，并给予优厚待遇。如拔尖人才，由所在乡每月定补 10 至 15 元，每年发给书报费 30 元，享受村干部待遇，并可优先被选聘为乡镇干部。全区乡土拔尖人才中，已有 300 多名被选聘为乡镇干部。

## 二、南阳地区大力提高农民素质已收到良好效果

**一是促使农民更新思想观念，破除小农经济意识和愚昧落后的陈规陋习，增强了科技意识、改革开放意识和市场经济观念**。内乡县有个"阴阳先生"，靠看风水赚钱为生，他参加农民致富函授大学后，选种黑木耳这一实用生产技术，年创收达 3000 元，从此发誓不搞迷信搞科学。该区农函大结业学员中，已有 2 万多人成为科技户，4 万多人成为村组干部，3000 多人分别当选为县乡人大代表、党代表或政协委员，5000 多人被评为省地劳模、新长征突击手、三八红旗手或青年科技星火带头人。

**二是使大批科技成果得到推广应用，农村经济发展开始纳入科技进步和提高劳动者素质的轨道**。自 1990 年以来，该地区共推广先进实用技术 300 多项，使实用技术应用率由不足 20% 提高到 35% 以上，新增经济效益 15 亿多元。农业总产值增长额中，科技进步因素由 30% 提高到 45%。

**三是使农民重视依靠科技进步打开治穷致富的大门，大力发展商品农业、市场农业**。以 1985 年为基数，1992 年全区复种指数由 164% 提高到 170.2%，粮经比例由 80：20 调整到 76：24。区域商品经济格局正在形成，1992 年全区出现专业村和专业生产区域 500 多个。目前全区初步总结出了开辟发展商品农业、规模养殖、乡镇企业、第三产业、外向型经济和农业综合开发等六条致富途径。据统计，1992 年全区已有 335 个村农民人均纯收入进入 800 元以上档次，

其中 10 多个村人均纯收入超过 1500 元。

## 三、南阳地区大力提高农民素质的几点启示

（一）**当前农村科技与经济结合的最佳时机已经到来，各级党委、政府要不失时机地抓住这个机遇，把提高农民素质作为一件大事来抓**。近几年来，农村商品经济发展较快，而农村商品经济的发展，一方面使广大农民自觉不自觉地进入了市场，另一方面又促进了农业结构的调整，出现了规模经营。广大农民进入市场及规模经营的实践，使他们深感自己科学技术文化水平过低、素质过差，迫切要求提高科技文化水平。随着把农业和农民推向市场，广大农民对提高科技文化水平、提高本身素质的愿望和要求将会更加迫切。因此，各级党委、政府应不失时机地抓住这一机遇，用科学技术文化武装农民，大规模地开发农村智力。

（二）**要正确认识和处理小康村建设中"硬件"与"软件"的关系**。一个地区经济发展后劲的大小，越来越取决于劳动者的素质。因此，小康村建设最基础的工程是提高广大农民的素质。抓乡镇企业，抓上项目，抓开发区等小康村"硬件"建设是十分必要的，但不能忽视提高农民素质这个"软件"。忽视了这个"软件"，小康村建设就没有了基础，而且小康村建设的"硬件"也不可能真正硬起来。当前在一些地方存在着重视"硬件"建设，忽视"软件"建设的倾向。主要表现是对小康村建设的"硬件"有规划、有措施，而对如何尽快提高农民素质这个"软件"则研究的少或无长远规划，无具体措施。因此，努力提高广大农民的科技文化水平，尽快提高广大农民的整体素质，应引起各级党委、政府的高度重视，并把此项任务真正列入议事日程。

（三）**提高农民素质，要打好总体战**。提高广大农民科技文化水

平和总体素质，涉及到市地、县、乡、村四个层次和各个综合部门，既需要各级党委、政府的宏观规划与指导，又需要有关综合部门的紧密配合。

**（四）提高农民科技文化水平，应坚持实用实效的原则**。要围绕农事活动和农村经济开发，尤其是围绕区域经济和支柱产业开发，农民干啥学啥，学以致用，形成科技与经济密切结合的运行机制。这样，农民通过学习科学技术，经济上得到了实惠，从而进一步激发了学科学、学技术、学文化的内在积极性。

# 关键要出思想

　　《扎扎实实抓好小康村建设的基础工程——河南南阳地区大力提高农民素质的调查》，被中共河南省委办公厅《工作信息》刊登后，不久上报中共中央办公厅，即被其高层次信息刊物《工作情况交流》单篇采用，转发各省、市、自治区党委。之后，又被《河南日报》、《奋进》杂志分别转载。这篇调查报告被评为河南省党委系统1993年度优秀调查报告。

　　时任中共河南省委办公厅负责同志对这篇调查报告作了批示："这篇调查报告写得很好，好就好在选题较准，观点明确，分析透彻，文字简明扼要。希望大家认真学习、研究一下这篇调查报告，并结合贯彻中办南昌会议精神，有组织、有计划地抓好今年的综合调研工作，力争多出一些高质量、高层次的调查报告。"

　　党政办公厅（室）的调查报告，要有鲜明的主题思想，也就是文秘人员常说的要出思想。要出思想，就必须把调研的过程作为深入研究思考的过程，要善于从大量的感观材料中加以提炼、总结，努力揭示事物运动、变化、发展的规律。这篇调查报告是笔者从一条短信息《南阳地区培训百万农民科技大军》中得到启发后，便产生了要进一步调查、挖掘的欲望。因为农业、农村、农民工作一直是各级党委、政府关注的首要问题。从我国农业的现实情况看，自实行家庭联产承包责任制后，农业获得了快速发展。但据国家有关部门统计，从 1984 年起，农业发展速度减缓，以至出现徘徊。在社会主义市场经济条件下，如何加快农村经济的发展？如何扎扎实实地抓好小康村建设？南阳地区大力培训百万农民科技大军的起因是什么？其效果如何？带着上述问题，笔者前往南阳地区，与地委办公室的王发志同志一起，先后召开了 8 次座谈会，与地委、行署的领导同志及地区教委、科委、科协等 13 个综合部门的负责同志进行了座谈，并到南阳县一个乡进行了实地考察。在掌握了大量材料之后，又深入地进行了研究。感到南阳地区自觉地把发展农村经济、实现小康目标建立在依靠科技进步和提高劳动者素质的基础上，在提高农民素质上下功夫的做法很有现实的针对性：一是目前广大农民现有的科技文化水平和素质，很难适应社会主义市场经济发展的需要；二是在改革开放的新形势下，随着农村商品经济的快速发展、农业结构的调整及规模生产经营的出现，广大农民迫切要求政府提高他们的科技文化水平和本身的素质；三是在一些地方，有些领导同志还没有认识到小康村建设最基础的工程是提高广大农民的素质，存在着重视小康村建设的"硬件"，忽视提高农民素质这个"软件"的倾向。这样，此篇调查报告所要突出的、论述的主题思想也就非常清晰了。从调查报告所反映的情况来看，南阳地区大力提高农民的科学文化素质，扎扎实实地抓好小康村建设基础工程的指导思想及其做法，对于其他各地进一步搞好农业、农村、农民工作有一定的指导意义。笔者认为，这是中共中央办公厅转发此篇调查报告的主要原因。

# 范 例

# 围绕市场抓产品 ①
## ——郑州飞马（集团）公司的调查

## 【题解】

本文选自《求是》杂志1996年第9期，是一篇专题调查报告。

调查报告是一种常见的应用文体，由于调查研究对于从事实际工作和理论工作都具有重要意义和作用，其社会应用日益广泛。根据调查研究的目的和方式的不同，常见的调查报告大体上可以分为综合调查报告、专题调查报告和考察报告三类。专题调查报告又称典型调查报告，它是为探讨某个问题或介绍典型经验而进行调查研究所写成的书面报告。

1993年11月，中国共产党十四届三中全会作出了《关于建立社会主义市场经济体制若干问题的决定》，明确指出要进一步转换国有企业经营机制，以适应发展市场经济的要求。改革开放以来，郑州飞马（集团）公司作为一个国有农机企业，努力转变计划经济的传统观念，积极探索，锐意改革，围绕市场抓产品，在激烈的市场竞争中不但站稳了脚跟，而且取得了快速发展。中共河南省委办公厅的李立民同志对该公司进行了调查，总结了他们的经验，写成了这篇

---

① 李立民，载中央广播电视大学《大学语文》教材、《求是》杂志1996年第9期、《河南日报》1996年5月24日头版。

专题调查报告。

郑州飞马（集团）股份有限公司是国有大型企业，现有职工2600多人。改革开放以来，在国家没有大的投资的情况下，产品由原来的两种发展到柴油机、建筑工程机械、农用运输车、发电机组、铝门窗、手扶拖拉机等七大系列上百个品种；固定资产由原来的700万元增加到7000万元，成为一个集科、工、贸为一体的跨国、跨地区、跨行业的大型集团化公司。1995年实现工业总产值2.04亿元、销售收入2.2亿元、利税1800多万元，分别比改革前的1978年增长36倍、39倍和31倍。在同行业许多企业陷入困境的情况下，飞马集团公司作为一个国有农机企业，何以能够在激烈的市场竞争中，不但站稳了脚跟，而且取得了快速发展？

## 一、掌握市场信息，作好科学决策

企业要在市场经济环境下获得生存和发展，一定要使自己的产品符合市场需要。这就要求企业迅速了解市场的变化，并对市场信息进行分析，做出及时正确的决策，确定生产方向，开发新产品。在这方面，飞马集团积累了可贵的经验。

第一，他们高度重视搜集市场信息，建立了多元渠道、触角灵敏的市场信息网络。一是集团公司总工程师办公室负责统一管理市场调查，并创办了《市场及产品信息快报》，有一支专职队伍对市场进行调查研究，规定每人每年不少于两个月进行市场综合调查。二是对外设立办事处，在全国各地设立25个点，在国外设四个办事处，负责专门提供当地市场信息。三是厂一级领导班子、中层领导干部和管理人员定期进行市场调查，并定期向厂部汇报。四是通过销售人员提供市场信息，销售人员除了负责推销本企业产品以外，每年还必须提供有价值的信息。仅此一项，每年大约收到1000份市场信息。他们还发动和鼓励公司全体员工经常向公司提供市场信息。公司有一条硬性规定，所有员工，凡因公出差回公司后，必须向公司上交一份书面市场调查材料或一条市场信息后，方能报销差旅费。这条规定强化了全体员工的市场意识，为公司获得有价值的市场信息奠定了群众基础。

第二，对收回的市场信息去粗取精，去伪存真。市场信息多种多样，数量巨大，要求企业根据市场的发展趋势作出正确分析，不被虚假信息和反映局部、短期市场变化的信息所迷惑，保证决策的科学性。在这方面，飞马集团既有经验也有教训。1986年底，他们了解到我国大部分纺织企业需要进行环保技术改造，决定生产当时市场紧俏的纺织工业空调机。但投产不久，产品却卖不出去。主要原因是没能真正把握国家的有关产业政策和我国纺织工业正处于调整时期的实际，只看到了局部市场、短期市场，没有准确地把握长期市场、全局市场。再加上国内原材料价格上涨，不少纺织企业资金紧张，一些改建、扩建项目纷纷下马，纺织工业出现了大幅度滑坡，造成纺织机械产品滞销。企业领导经过反复讨论，决定停止生产纺织工业空调。这件事使他们明白了一个重要的道理，就是不能只根据片面的信息作决策，要对市场进行全面深入的调查，掌握全面的信息，真正使决策符合市场的客观实际。

80年代初期，农机市场突然萧条，出现了"拖拉机离职休养，农业机械挂职下放，小毛驴青云直上，老黄牛趾高气扬"的局面，迫使全国不少农机厂转产，河南14家小型柴油机厂有11家被迫下马。面对需求的这种变化，他们深入市场调查研究，在掌握了大量信息之后，认为中国是一个农业大国，而农业的发展在很大程度上依靠农业机械化的推广普及，因而对农机产品的需求一定会回升。在这种分析的基础上，他们非但没有转产，还组织力量更新设备，大力提高产品质量，为扩大再生产做好准备。时隔不久，农机市场需求果然迅速回升，企业生产的飞马牌 X195 柴油机产量超过原设计能力 1 倍，仍供不应求。不仅在国内畅销，而且打开了东南亚和澳大利亚等国的市场。他们还与印尼 BCM 公司合作兴建了柴油机厂，从而给企业带来了较好的效益，使企业迅速发展壮大。

## 二、狠抓拳头产品，努力实现产品结构多元化

发展拳头产品，可以最大限度地发挥本企业的优势，充分利用现有的生产能力、技术、人才和销售条件，在短期内获得可观的效益。所谓抓拳头产品，就是开发那些质量具有长期稳定性，信誉较高，批量大，市场占有率高，产品技术含量大，更新换代快，成本低，经济效益好的产品。多年的生产经营实践，使飞马集团认识到，开发拳头产品，是企业制胜的关键一招。他们仔细分析了自己的家底，认为经过了几年的发展，尤其是改革开放以来，企业在技术、人才方面具有了优势，资金比较雄厚，设备也比较先进，经过艰苦努力，能够生产出名优产品。而且自己生产的 X195 柴油机有较大的市场需求，技术性能也比较先进，可以作为主导产品来抓。但是当时公司生产的品种过于单一，仅有 X195 型柴油机一个品种，产量也比较小，形不成拳头。1985 年 8 月，他们组织工程技术人员到上海内燃机研究所、洛阳拖拉机研究所以及浙江、湖北、湖南、广西、江西、上海等省市进行调查研究，分析柴油机产品的发展趋势，认为农用动力机械将由单一的单缸机向多缸机、系列化方向发展，农用运输机械将向农用运输车方向发展。据此，他们做出了开发小缸径柴油多缸机的决策。在开发方式上，当时有两种选择：一是与国内大专院校、科研院所合作研制；二是引进国外先进技术，在此基础上进行消化、吸收、创新。他们经过认真分析对比，并经过有关专

家进行充分论证，决定采用后一种开发方式。他们在引进德国曼海姆柴油机技术以后，加快了引进技术的国产化步伐，并在实现100%国产化的基础上进行了消化和吸收。他们引进的德国风冷二缸机，原设计中无机油冷却装置，对润滑油的质量要求较高，给国内用户特别是广大农村用户的使用带来诸多不便。针对这种情况，他们组织力量进行技术创新，对原机冷却系统进行了改进，增加了机油冷却装置。他们还根据原有技术并结合现有生产设备，成功地设计了195F型单缸风冷直喷式柴油机，填补了国内空白。

在抓拳头产品的同时，还必须注意实现产品多元化。因为市场需求具有多样性和复杂性的特点，实现产品多元化，"东方不亮西方亮"，某一种产品销路不好，还有其他产品适应市场需求。这样做，虽然增加了产品开发的难度，但可以减少市场风险，增强企业抗震的能力。飞马集团采用了两种多角化产品经营战略：一是采用同心化发展的多角化产品经营战略，即开发与原有产品同属一个产品领域的新产品，它与原产品结构、原理相似，能够利用原有的生产条件和资源，利用原有的市场扩大销售额，降低交易费用，增加收入。近几年来，飞马集团的主导产品X195柴油机在市场上一直看好，甚至出现脱销。但他们不满足于局部市场的优势，而是积极主动地开发整体市场，努力扩大市场覆盖面、占有率。该集团的主导产品X195型水冷式柴油机在内地销路很好，但在西北、东北等地区销量却很小，主要原因是水冷式降温柴油机在西北、东北等干旱、高寒地区使用不便。为了扩大市场，他们组织技术力量，通过不懈努力，突破技术难题，开发出了结构简单，体积小，重量轻，环境适应性强，热效率高，起动性能好，通用性强，配套广泛，使用方便的风冷式柴油机，扩大了柴油机在干旱、高寒地区的销售量。二是采用一体多角化开发战略，即在原有的产品领域，虽与自己原有的生产条件无关，不能利用原有的生产能力，但是可以利用自己的市场信息网络，用原来的市场来促销新产品。企业长期生产某大类产品，积累了生产经验，在技术、人才方面有相当的储备，有了自己的销售渠道，可以节省生产成本，充分利用市场信息，降低交易费用，大幅度增加利润。飞马集团在生产主导产品 X195 柴油机的基础上，逐步开发了建筑工程机械、金属模具、农用运输车、发电机组、拖拉机、铝门窗等七大系列、上百个品种，实现了产品结构多元化的目标。这种多元化产品结构在变化复杂的市场上表现出了突出的优势。1993 年，在全国农机行业普遍不景气的情况下，该集团公司主导产品柴油机销量大幅度下降，然而建筑机械和农用运输车却被市场看好。该公司及时调整生产计划，压缩柴油机生产，大力发展建筑机械和农用运输车。到年底，该集团公司工业总产值虽比上年下降了 30%，但企业利润却比上年增长了 19%。这"一升一降"的反差，飞马集团公司的员工最清楚，那就是产品多元化起了决定性作用。

## 三、瞄准潜在市场，开发先导产品

市场需求是不断变化的，人们的消费水平是不断提高的，今天市场上的热销产品，明天可能成了滞销货。如果生产者仅仅被动地适应市场，那么只能被市场牵着鼻子走。因此，必须准确把握市场发展的态势，进行超前的市场预测，了解需求变化，促使产品更新换代，力争"人无我有补缺门，人有我优创特色，人优我转上新品"。1989 年，他们通过对农村经济发展趋势的分析，认为伴随着农村自然经济向市场经济的过渡，农村经济政策的不断落实，农民收入的不断提高，农民对加快商品流通，扩大商品交换的领域，减轻体力劳动的要求会越来越高。他们认为，农民与城市居民不同，他们的经济收入，将首先用于购买生产资料，继续扩大再生产，为提高收入创造更好的条件。当时市场上销售的三轮车功率比较小，已不适应农产品在更大范围流通的需要。如果能开发出一种适合农民需要的新型运输机械，农民会把手中的钱首先用来购买这种产品，市场销路肯定会比较好。经过艰苦的努力，他们很快试制出具有跑得快、节能、拉得多等优良性能的三轮车，并迅速投入批量生产，很受农民的欢迎。几年来，他们根据市场要求对农用运输车进行了较大改进，先后生产了 4 个型号的三轮运输车和四轮运输车。他们还推行了定点生产、定向销售、定向服务的做法，先后生产了面向农村的手扶拖拉机、小功率发电机组、脱粒机、四轮运输车等 5 个品种、20 多个型号的新产品。十几年来，飞马集团正是在"人无我有、人有我优"的思想指导下，把人们常常忽视的农村市场作为产品开发的重点，急农民所急，想农民所想，根据农村市场的特点定向开发对路产品，不仅取得了可观的经济效益，也受到农民的好评。

开发先导产品，还必须研究局部市场和全局市场、当前市场和长远市场之间的关系，不仅看到当前的需要，更要根据国家产业政策的要求和经济发展的总趋势，捕捉未来的市场，引导当前消费，提高需求的档次。1985 年，飞马集团通过对国家经济发展形势的分析以及对市场的调查，预测今后一个较长时期，随着我国基础设施建设步伐加快，大型工程项目如高等级公路、机场、码头及高层次建筑将会有较快的发展，对混凝土质量的要求将越来越高。然而国内市场上的 JG750 混凝土搅拌机工艺落后、耗能多、效率低，搅拌的混凝土质量差、坍落度大，已不适应建筑市场的需要。在本集团技术力量不足的情况下，他们与长沙建筑设计院联合攻关，终于较快地研制出了填补国内该档产品空白的"巨龙"牌 12750 混凝土搅拌机。这种搅拌机耗能少、噪声小、效率高、搅拌混凝土质量好，批量生产投放市场后，产品供不应求。他们还根据建筑市场不同层次的需求，接着又开发出了 JS750、JZ750A、JZ350、JZM350 混凝土搅拌机，PZ25 混凝土自动配料机以及 FY20、F10 混凝土运输车等建筑工程机械，使飞马集团的产品又增加了新的品种。

　　飞马集团深知，市场的不断变化决定了本企业的产品不可能经久不衰，企业要求生存、图发展，必须立足现有产品及当前市场，加强对市场的科学预测，根据市场的变化及不同层次的需求，调整产品的结构，抢占未来市场，使自己在市场中始终处于主动地位。为此，飞马集团确立了"生产一代、储备一代、研制一代"的新产品开发战略。当现有产品在市场上依然畅销时，就已组织科技人员研制出了新一代产品。在 20 世纪 80 年代中期，正是该集团公司 X195 柴油机的成熟时期，他们就已经研制出了性能更为先进的、能够替代 X195 柴油机的 195F 柴油机。在有了新产品储备的情况下，在掌握市场信息的基础上，已开始论证并组织人马研制新一代产品。飞马集团形象地把已投入市场的产品称之为"正在战场上作战的战斗队"，把已储备的产品称之为"即将投入战场作战的先遣队"，把正在论证和研制的产品称之为"正在组建的预备队"。这三代产品形成的梯次结构，使飞马集团牢牢地掌握了当前市场和长远市场的主动权。

——《求是》杂志，1996 年第 9 期


## 【简析】

　　调查报告属于应用性文章，它是为了探讨、解决社会生活和工作实践中的某些问题而进行调查、研究和写作的。明确的写作目的，要求一篇调查报告必须有鲜明而深刻的立意。在建立社会主义市场经济体制的过程中，过去长期在计划经济体制下运行的国有大中型

企业如何按照市场需求组织生产经营，这是一个人们普遍关注而迫切需要回答和解决的问题。本文作者敏锐地抓住这一焦点问题，发现了郑州飞马集团公司改革开放以来在这方面取得的明显成效，在调查研究的基础上，将其成功的经验概括提炼为一句话："围绕市场抓产品"。这就是这篇调查报告的立意，也就是主题。在应用性文章中，立意和主题常常采用直接表达的方式。这篇调查报告的立意和主题用的就是题目标示法：简短，明朗，集中，给人以突出的印象。

在调查研究过程中，掌握了大量材料，形成了观点，有了明确的立意和主题之后，就要把观点和材料进行梳理，按照事物内在的逻辑关系，通过构思，安排好布局和结构。《围绕市场抓产品》这篇调查报告，由前言和主体两部分构成。第一部分是前言，简要概括地介绍了飞马集团公司的基本情况，特别是改革开放以来所取得的快速而巨大的发展。然后扣住中心立意提出一个尖锐的问题，引起人们思考，并自然地导入了报告的主体部分。

主体部分将飞马集团公司"围绕市场抓产品"的具体做法和取得的成效，分成三个方面，分别冠以小标题，作了详细介绍；每个方面都从若干角度做具体阐述；最后则对其基本经验作出概括。其结构层次可以用下图（图略）来表示：从下图（图略）可以看出，作者对调查对象了解深入具体，分析透彻精到；整篇报告布局结构清晰完整。

正确处理好材料与观点的关系，是写好调查报告的关键。在全面详尽地掌握大量材料的基础上，经过科学的分析、归纳和概括，才能形成明确的观点，而观点又要用典型的材料来说明。掌握的材料不充分，不但无法形成正确有力的观点，而且写出的文章也就会空洞、虚夸，缺乏说服力；反过来，只把材料随便地堆积罗列出来，不能以明确有力的观点来统率，文章就不会有深度，当然也就谈不到理论和实践价值了。《围绕市场抓产品》这篇调查报告材料具体翔实，观点明确深刻，二者有机地结合在一起，很值得我们学习。

从表达方式上说，调查报告以说明为主。这就要求正确恰当地使用各种说明的方法。本文在对飞马集团公司"围绕市场抓产品"的情况、做法和经验进行说明时，大量使用了诠释、分类、举例、比较、引用、数字等方法。由于选择使用得当，使文章内容表达得既准确清晰，又充实具体，给读者留下了深刻印象。

## 【思考与练习】

1. 怎样理解调查报告中的观点和材料？二者关系如何？试对本文中"掌握市场信息，作好科学决策"这一部分的观点和材料及其关系进行简要分析。

2. 找出本文中使用"诠释""举例"和"引用"这几种说明方法的地方，并体会其作用。

# 对《围绕市场抓产品——郑州飞马（集团）公司的调查》一课的分析 ①

《大学语文学习指导书》编写组

　　《围绕市场抓产品》是一篇总结和介绍典型经验的调查报告。在建立社会主义市场经济体制的过程中，过去长期在市场经济体制下运行的国有大中型企业如何按照市场需求组织生产经营，这是一个人们普遍关注、迫切需要解决的问题。本文作者敏锐地抓住这一焦点问题，发现了郑州飞马（集团）公司在这方面取得的明显成效，经过深入的调查研究，对他们围绕市场抓产品的经验作了系统的总结，并就一些带规律性的问题进行了探讨。这篇调查报告的选题有很强的现实针对性，所总结的经验也具有普遍意义，可供人们学习和借鉴。

　　调查报告是一种常用的应用性文体，在内容的组织安排，体例与写法，以及语言表达方面，都有自己的特点和要求。《围绕市场抓产品》是一篇比较典范的调查报告，很好地体现了这些特点和要求。

## 一、观点深刻鲜明，材料具体翔实，观点与材料结合得好

　　在调查研究的基础上，作者把郑州飞马（集团）公司的成功经验

--- 

① 选自中央广播电视大学《大学语文学习指导书》。

概括为一句话：围绕市场抓产品。这就是全文的总观点。他们是如何围绕市场抓产品的呢？作者把他们的具体做法分析概括为三个方面，即：掌握市场信息，做好科学决策；狠抓拳头产品，实现产品结构多元化；瞄准潜在市场，开发先导产品。这三个方面，既是说明总观点的材料，又是总观点之下的分观点。对于这三个方面，分别举出若干具体材料来阐述和说明。正确处理观点与材料的关系，经过科学的分析、归纳、概括和提炼，才能形成明确的观点，而观点又要选用典型的材料来说明。观点要力求深刻鲜明，材料要力求具体翔实，观点和材料要做到有机统一，即：观点统率材料，材料说明观点。

## 二、体例与写法规范，层次结构清晰完整

按照调查报告体例与写法的一般规范要求，本文由前言和主体两部分组成。前言简要概括地介绍了飞马公司的基本情况，特别是改革开放以来所取得的快速而巨大的发展。然后扣住中心立意提出一个尖锐的问题，引起人们思考，并自然地导入了报告的主体部分。主体部分将该公司"围绕市场抓产品"的具体做法和所取得的成效，分成三个方面，分别冠以小标题，对其经验作了详细介绍；每个方面又都从若干角度做具体阐述；最后则对其基本经验作出概括。调查报告要写得体例规范，条理清晰，关键是要在调查研究过程中，对所掌握的材料和逐步形成的观点不断进行梳理，按照事物的内在逻辑关系，通过缜密的构思，安排好层次和结构。

## 三、恰当使用诠释、举例、比较、数字等说明方法

从表达上说，调查报告以说明为主，这就要求正确恰当地使用各种说明方法。这篇调查报告对于一些带有专业性的概念和术语，

比如"拳头产品""同心多角化开发战略""一体多角化开发战略"等，都使用了诠释的方法，使读者准确地理解，把握其内涵。介绍该公司"重视对市场信息去粗取精，去伪存真"的经验的时候，举出了正反两个实例来说明。报告对于分类、比较、引用、数字等说明方法的运用，也都很恰当。

# 内容要服务观点　观点要服务主题

　　《围绕市场抓产品——郑州飞马（集团）公司的调查》被中共河南省委办公厅《综合与交流》刊发，《求是》杂志于 1996 年第 9 期采用，《郑州晚报》《河南日报》分别在头版转发了《求是》刊登的这篇调查报告。

　　《郑州晚报》配发的编者按语是："今日，本报全文转载省委办公厅李立民同志发在今年《求是》第 9 期的调查报告。文字虽然长了点，却很值得一读。它展示了'飞马'集团顺应市场规律，正确处理农村市场与城市市场、当前市场与长远市场、局部市场与全局市场的关系，从抓产品入手，生产一代、储备一代、研制一代，闯出生路，赢得繁荣。这对于众多国有企业无疑会带来宝贵的启迪。"原省委书记李长春对这篇调查报告作了重要批示："承东同志：可会同经贸委、体改委总结一批国有企业改革的模式，推广之。"这篇调查报告于1997 年被中央广播电视大学选入《大学语文》教材，并于 1997 年被评为河南省实用社会科学优秀成果二等奖。

　　根据调查的第一手资料，提炼出了有一定深度的主题思想，并不等于调查报告的主题就自然而然地树立起来了，还必须有相应的观点去支撑，用相应的内容去充实。往往有这种情况，有的调查报告题目很好，主题思想也很鲜明，但是由于观点不清晰，或者虽然有了观点但偏离了主题，导致调查报告的主题思想树立不起来。还有一种情况，有的调查报告有主题、有观点，但是由于内容平淡，或者虽然有了较丰富的内容但却偏离了观点，导致调查报告中的观点树立不起来，而调查报告的主题思想也就无法突出出来。所以，一篇调查报告的内容要服务于观点而不能偏离观点，观点要服务于主题而不能偏离主题。《围绕市场抓产品——郑州飞马（集团）公司的调查》，其主题思想是企业只有围绕市场需求，调整产品结构，才能求得生存和发展。围绕这个主题，根据飞马集团公司的做法及实际情况，确立了三个观点：一是掌握市场信息，作好科学决策；二是狠抓拳头产品，努力实现产品结构多元化；三是瞄准潜在市场，开发先导产品。这三个观点（即做法）紧扣飞马（集团）公司是如何围绕市场抓产品而展开的。从其内容来看，有的从正反两个方面论述观点，有的直接用效果证明观点。总的看，这篇调查报告的内容比较好地服务了观点，观点比较紧地扣住了主题，在内容、观点的烘托之下，主题也就比较鲜明了。

## 范　例

# 对外开放：加快经济发展的一条捷径 ①
## ——济源市招商引资的调查

　　改革开放以来，特别是进入 90 年代以来，济源市委、市政府结合本地实际，认真组织实施省委、省政府提出的开放带动战略，把招商引资作为加快经济发展的突破口，不断加大招商引资工作的力度，大力发展外向型经济。自 1990 年以来，该市共兴办"三资"企业 91 家，引进资金 12.5 亿元，其中外商直接投资 4515 万美元。目前，该市外资企业总产值已占全市乡及乡以上工业产值的 40.5%，形成了市属企业、乡镇企业、"三资"企业三足鼎立之势。开放带动战略的实施，外向型经济的发展，弥补了该市缺少建设资金，缺少先进技术、设备和管理经验等方面的不足，加快了产业和产品结构的调整，对全市的经济和社会发展产生了明显的带动效应。1996 年，该市国内生产总值完成 42 亿元，比 1990 年增长 2.1 倍；工农业总产值达到 106.1 亿元，比 1990 年增长 3.1 倍；财政收入完成 3.73 亿元，比 1990 年增长 7 倍；农民人均纯收入达到 1900 元，比 1990 年增长 2.2 倍。该市地方财政收入自 1994 年以来，连续两年进入全国百强县（市），1995 年和 1996 年连续两年居全省县（市、区）第一位。

---

① 李立民、尹绪明，载《河南日报》1997 年 8 月 9 日头版头条。

## 一、加强宏观决策，正确引导外资投向

　　济源市在招商引资发展外向型经济的实践中，注意总结和借鉴沿海先进地区的经验，始终把质量和水平放在招商引资工作的首位。为确保招商引资的质量，该市坚持把招商引资工作放在全国宏观经济的大格局中去考虑，把立足点放在经济和社会的可持续发展战略上。对每个外资项目的选择，都进行认真的考查论证，看其是否符合国家的产业政策，是否有利于发挥济源市的优势，技术管理水平是否先进适用，合资后是否有利于增强国有企业的活力和发展后劲，做到既注重数量，更注重质量；既注重经济效益，又注重社会效益；既考虑近期利益，又放眼长远利益；宁缺毋滥，不盲目引进。1994 年，国际国内金属镁市场前景看好，有二十多家外商前来济源市考察洽谈合作生产金属镁项目。但考虑到此项目属高污染和低水平重复建设项目，尽管一些外商愿出巨资并承诺了许多诱人的优惠条件，该市从长远考虑均一一谢绝。而对外商直接投资农业、能源、电力、交通等基础产业、基础设施，该市则给予优惠政策加以引导、鼓励。据统计，截至 1996 年底，外商直接投资济源市农副产品加工、能源、电力、建材、旅游的合同投资，占外商在该市直接投资总额的 79.9%。

　　由于该市把外资投向和产业结构调整紧密地结合起来，从而提高了利用外资的质量。该市河南奔月集团与香港华新公司合资后，由于其产品符合国家产业政策和产品结构调整的需要，自 1993 年以来，该公司走出了一条独具特色的高速度、高效益发展规模经济之路。到 1996 年底，奔月集团公司所属分厂已由 3 个发展到 16 个，年产值由 6508 万元增至 2.6 亿元，利税由 778.4 万元增至 4270 万元，成为济源市经济发展的龙头企业，并跃居河南省工业效益百强企业、中国轻工 200 强企业、中国工业建材 500 强企业行列。

## 二、把招商引资与现有骨干企业的"嫁接"改造相结合，以扩大企业生产规模，提高企业市场竞争能力

企业的经济实力、市场竞争能力、信誉度的高低，是外商寻求合资合作的前提条件。济源市为适应外商合资合作的要求，决定依托现有的骨干企业与外商合资，配合企业改革，对企业进行"嫁接"改造。他们采取兼并、托管、联合、收购等方式，先后组建了奔月、豫光、豫源、锦捷、天坛山等十余家企业集团，从而形成了一批招商引资的"龙头"，并以这些"龙头"来带动外向型经济整体起飞。自1990年以来，这些"龙头"企业集团先后与外商合资兴办了二十余家"三资"企业，合同利用外资2.88亿多元。济源市通用机械厂是50年代兴建的小型企业，因设备陈旧、管理落后，生产经营一度陷入困境。1994年，该厂以现有资产为股本，与美国客商合资生产具有国内领先水平的防腐抽油杆产品。由于引进了国外的先进技术、设备和管理经验，从而有效地提高了生产效率，增强了企业活力，使企业扭亏为盈，成为济源市机械行业的盈利大户。该市河南豫光金铅集团公司先后引进资金一亿多元，上马金银铅生产技改工程，将黄金的生产能力由2.5万两扩大到5.44万两，白银的生产能力由12吨扩大到80吨，电解铅生产能力由1.5万吨扩大到5.5万吨。工程全部完工后，可新增产值2.4亿元，新增利税五千多万元。目前该集团公司资产已达5.8亿元，电解铅产量已跃居国内同行业第4位，企业的市场竞争能力和经济实力明显增强。济源市通过把骨干企业作为招商引资的主体，依托现有企业的资产优势进行嫁接改造，既解决了与外商合资我方资本金不足的问题，避免了重复建设，缩短了合作项目的建设周期，提高了招商引资的成功率，同时也有力地推动了本市国有企业的技术进步和设备更新，促进了企业管理体制和经营体制的转变，

从而扩大了企业生产规模，提高了产品的市场竞争能力。

## 三、认真总结，不断探索，把招商引资不断推向新阶段

济源市委、市政府十分重视对招商引资工作规律和方法的研究，密切关注外商投资领域的新动向，逐步使招商引资由低层次向高层次、由初级阶段向成熟阶段推进。纵观济源市招商引资、发展外向型经济的实践，大致可分为三个阶段：第一阶段是做局造势，强化宣传。在招商引资的初期，采取举办"红果节"、经贸洽谈等形式，广交海内外朋友，对提高济源市在国内外的知名度起到了一定的作用。第二阶段是主动出击，登门招商。通过考察论证，市里先后优选和储备了一百四十多个符合国家产业政策、具有较好的市场前景、符合本市产业发展和产品结构调整需要的项目。在此基础上，该市组织招商引资人员先后奔赴北京、上海、深圳、珠海、广州、厦门、海南等地的一百八十多个外国驻华机构，进行不同形式、不同规模的招商引资活动。1991年以来，该市通过开展登门招商活动，先后与美国、德国、意大利、日本、澳大利亚等十几个国家和港澳台地区的近400家外商接触并保持了经常性联系，签订了三百多项项目合作合同，其中1000万元以上的项目达31项。1995年，仅与德国、马来西亚、新加坡、美国、加拿大等国家的大公司签订的项目意向就达十多个，意向投资额达25亿元。第三个阶段是完善机制，多渠道招商。在招商引资机制上，树立大经济观念，打破地域、所有制界限，只要有利于经济和社会发展，各种形式的合作都可以尝试。该市不仅注重引进国外投资，还注重引进国内资金，规定只要是从济源市境外引入的资金，均属招商引资的范畴，同样享受引资的优惠待遇。为了加强对招商引资工作的领导，该市成立了由市长牵头的招商引资委员会，下设招商引资办公室。从1994年起，该市对市

直各单位、各乡镇及有关企业实行招商引资目标管理责任制，并定期对各单位的招商引资目标完成情况进行跟踪考核。市委还制定了《招商引资奖励办法》。实行招商引资目标管理责任制，激发了市直各单位、各乡镇及有关企业广大干部的招商引资工作热情。仅 1996 年，全市通过各种渠道合同引资额就达 19.99 亿元，其中到位资金 10.2 亿元，新增"三资"企业 11 家，外商直接投资 1900 多万美元。

## 四、切实改善投资环境，不断提高为外资企业服务的水平

近几年来，济源市从营造和改善投资的软硬环境入手，努力为外商投资办厂创造有利条件。在硬件建设上，不断加大城市建设的力度，提高城市综合服务功能。市里每年用于城市建设的投入就达 1 亿元以上，城市面积由 1990 年前的 2.85 平方公里扩展到 28 平方公里；邮电通信事业迅速发展，市话装机容量由 1990 年前的 5000 门发展到 2.5 万门；供电能力明显增长，发电装机从不足 3.3 万千瓦增加到 8.2 万千瓦。城市综合服务功能的提高和承载能力的增强，为外商在济源投资办厂创造了条件。同时，该市还重视把工作的重点放在对外资企业的后续服务和管理上，以保证引得来，留得住，合作好。一是依据国家有关政策和国际投资趋势的变化，不断更新和完善吸引外资的优惠政策。建立了"快捷、高效、便利"的"三资"企业申报程序的优质服务制度，使"三资"企业的手续办理时间由原来的一个多月缩短到 15 天，形成了专人专项、跟踪服务的"一条龙"工作体系。二是参照国际惯例，根据外商投资企业经营特点，对"三资"企业予以挂牌保护。规定除税务部门正常征税外，未经市招商委批准，任何部门不得到"三资"企业乱检查，乱摊派，从而为外商投资企业创造了良好的外部环境。三是主动为"三资"企业排忧解难。该市成立了外资企业家协会和涉外律

师事务所，为外资企业开辟了沟通交流的活动场所，提供法律咨询服务。近几年来，该市多次主动派人与省商检、税务、外汇管理、海关口岸等部门联系，为外资企业解决了许多燃眉之急，受到了外商的称赞。

## 五、努力培养和造就一支高素质的招商引资队伍

济源市委、市政府从实践中认识到培养和造就一支精通业务、作风过硬的高素质招商引资队伍的重要性。一是组织市直各单位、各乡镇及有关企业的招商引资骨干到省内外有关高等院校深造，系统学习涉外知识、外经外贸知识和有关法律、法规。市里还邀请国内著名经济学家到济源作外经贸知识专题讲座，邀请外籍企业家讲市场经济知识，让招商引资骨干了解国家宏观经济走势、掌握涉外谈判技巧。二是举办招商引资骨干培训班，请有经验的厂长（经理）现身说法，相互交流招商引资的体会。三是印发《济源市简介》、《济源市产业导向》、《济源市投资指南》、《济源市投资程序》等操作性强的招商引资知识小册子，使全市招商引资人员了解有关政策。四是在报纸、电视、电台开办招商引资知识专栏和讲座，在市区设立招商引资宣传栏，及时进行投资导向及有关项目信息的宣传。目前，济源市已基本上建立了一支以企业和经济业务部门为主体、行政局委和各乡镇为补充的精干高效的招商引资队伍。由于专业队伍的建立和素质的提高，使得济源市的招商引资工作在发现合作项目信息的敏感性及筛选项目的可靠性上进一步增强，项目谈判的成功率提高。济源市思礼乡西宋庄村地处偏僻山区，橡籽资源丰富。该村干部了解到橡籽深加工产品在韩国市场看好的信息后，便主动与韩国客商联系，双方合资建成了爱添食品有限公司，从事橡籽淀粉生产，产品全部外销。1994 年以来，该公司已出口创汇四十多万元美元。

# 把实施开放带动战略引向深入 ①

## 《河南日报》评论员

省六次党代会把全面实施开放带动战略，努力提高对外开放水平，作为完成我省"九五"经济社会发展目标任务的一项重大措施，这是对历史经验，特别是省五次党代会以来经济建设经验的宝贵总结，是全省各地、各部门今后经济和社会发展中必须贯彻的一条重要方针。本报今日刊登的济源市以招商引资为重点，大力发展外向型经济，加快经济发展的实践证明，实施开放带动战略是一条促使经济快速发展的捷径。

在深化改革，扩大开放的新形势下，如何把实施开放带动战略引向深入？从济源市及各地的实践经验来看，一是要深刻理解开放带动战略的内涵，要从经济工作总体布局的高度，从改革、开放、发展的关系上，把握实施开放带动战略的基本内容，增强实施开放带动战略的自觉性和主动性，要以思想的大解放促进大开放，以大开放促进大发展的思路来组织经济建设，使国民经济在更大的范围、更广阔的领域和更高层次上得到又快又好的发展。二是要扩大对外开放程度，提高对外开放水平。提高开放程度，必须紧紧盯住国内外市场需求，全方位开拓国内外市场，努力提高我省产品在国内外

---

① 《河南日报》1997 年 8 月 9 日刊登此篇调查报告时配发的评论员文章。

市场的占有份额；要更大规模地利用国外省外资金，努力提高我省资本投入中来自国际市场和省外的比重；要不断提高我省对外经济技术交流与合作的规模，全方位拓宽与世界经济生活和社会生活的联系和交往。提高对外开放水平，就是要认真解决开放中遇到的问题，提高对外开放的质量和效益。要防止盲目性，避免重复引进、外资投向不尽合理等等。三是拓宽对外招商引资的新途径、新领域。实施开放带动，要突出一个"引"字，引进资金、技术、人才和先进的管理经验。要采取请进来和走出去相结合的办法，有计划有组织地面向海内外招商引资。特别要抓住香港回归的机遇，充分发挥企业、群团组织、港澳台胞和海外侨胞等方方面面的积极性，形成全方位、多层次的对外开放格局。要努力在吸引大公司、大财团来豫投资和利用外国政府、国际金融组织贷款方面取得更大成效。要正确引导外资投向，把利用外资的重点放到企业"嫁接"改造和基础产业、基础设施的建设上。四是要进一步改善投资的软硬环境。各级政府和有关部门要注重转变作风，简化办事程序，提高工作效率，为外来投资者提供优质服务，要努力形成依法办事、重合同守信誉的良好社会风气。

　　总之，要通过各个方面扎扎实实的工作，努力把我省的对外开放提高到一个新水平，以加快我省国民经济与国际市场接轨的步伐。

# 析 评

# 要重视特色性调研

《对外开放：加快经济发展的一条捷径——济源市招商引资的调查》，被中共河南省委办公厅《综合与交流》刊登后，《河南日报》1997年8月9日在头版头条刊登了这篇调查报告，并配发了论评员文章《把实施开放带动战略引向深入》，在全省推广了济源市的经验。这篇调查报告被评为河南省党委系统1997年度优秀调研报告。这是一篇比较明显的特色性调查报告。

特色性调查报告，反映了不同地方的特点，有利于领导同志及时全面了解和掌握各地、各部门、各方面的情况，对于领导同志总览全局、科学决策具有重要的参考价值。尽管加快经济和社会发展是各地工作的共同目标，但由于各地在区位、资源、基础等方面存在着差异，所以在工作中不可能是同一个模式，所选择发展的突破口也各有不同。就河南而言，豫东地区与豫西地区、豫南地区与豫北地区存在着很大的差别，即使在同一区位，县（市）与县（市）之间也不完全相同。存在的这种差异，决定了各地在抓经济建设上都有各自不同的侧重点，各地有各地的高招，也就是说各自有各自的特色。济源市地处山区，交通不便，但是改革开放以来特别是进入90年代后，该市经济发展很快，财政收入自1994年以来进入了全国百强县（市），1995年和1996年连续两年居全省县（市）第一位。经济上快速发展，固然是各方面工作的综合反映，但是作者通过深入地调查，并经过综合分析，认为济源市委、市政府认真落实省委、省政府制定的开放带动战略，把招商引资作为加快本市经济发展的突破口，大力发展外向型经济，从而弥补了该市缺少基金，缺少先进技术、设备和管理经验等方面的不足，加快了产业和产品结构的调整，从而带动了全市的经济和社会快速发展，进而总结出对外开放是加快经济发展的一条捷径。为了证明这一观点，作者从五个方面介绍了济源市招商引资的做法及效果，显然这些做法既是济源市的得意之作，也对处于内陆地区的各市、县如何加快经济发展具有很好的借鉴作用。

从实践看，特色性调研要围绕"特"字做文章，具体实施时要注意从以下三个方面着手：一是要围绕特色工作开展调研。特色工作既是上级党委、政府非常关注的，也是同级党委、政府经过反复论证所确定的，围绕这方面开展调查研究，很容易引起领导的重视。二是要围绕特色资源开展调研。资源，是一个地方发展经济的基础和优势，有的地方有旅游资源优势，有的地方有矿藏资源优势，有的地方有粮、棉、油资源优势，等等。谁抓住了优势做文章，谁就抓住了发展经济的主动权。反之，谁抓不住本地的特色发展经济，谁就必然会失去优势。各级党委、政府办公室在为领导决策提供材料，反映工作情况时，应特别关注这一点。三是要围绕特色问题开展调研。特色工作、特色资源中有许多突出的问题需要关注和解决，各级党委、政府办公室的文秘人员要善于运用逆向思维的方式，发现和预测优势中蕴藏着的问题，并有针对性地提出防止和解决问题的对策建议，这样的调研报告对领导决策、指导工作有着特殊的作用，也比较容易直接或间接地进入领导的决策。

## 范　例

# 促进农村稳定和发展的重要举措[①]
## ——开封市推行村务公开和民主管理的调查

　　为了了解我省农村贯彻落实《省委办公厅、省政府办公厅关于在全省农村进一步推行村务公开、民主管理的意见》（豫办〔1997〕6号）的情况，最近我们对开封市推行村务公开和民主管理工作情况进行了调查。开封市所辖的5个县、1个郊区，共94个乡镇、2296个村委会1997年以来，根据省委、省政府的总体部署和要求，采取先行试点、由点到面、稳定推行的方法，注重抓好坚决公开、真实公开、持久公开这三个重点环节，逐步规范运行程序，确保了全市村务公开和民主管理工作的顺利进行。截至今年10月底，全市推行村务公开和民主管理的村共2281个，占全市村委会总数的99.3%。经过近两年的努力，已取得初步成效。开封市的实践证明，推行村务公开和民主管理，是促进农村稳定和发展的重要举措。

## 一、开封市推行村务公开和民主管理的主要做法

　　（一）提高对推行村务公开和民主管理重要性的认识，切实加强对这项工作的领导。开封市在推行村务公开和民主管理工作中，坚持做到了"四个到位"。一是思想认识到位。豫办〔1997〕6号文件

------

　　①李立民、苏长青、余章留，载中共河南省委办公厅《工作通报》1998年第58期、《河南日报》1998年11月27日头版头条。

−182−

下发后，开封市委、市政府的领导结合实际进行了认真的学习，分析了本市农村工作形势，大家感到在一些村组，由于干部办事不公、为政不廉，群众普遍关心的财务收支、计划生育、宅基地分配、电费收缴等问题得不到公开，引起了群众的猜疑和不满，有的甚至导致群众越级上访、集体上访，这些问题长期得不到妥善解决，在一定程度上严重影响了农村的稳定和经济的发展。而推进村务公开和民主管理，使农村工作逐步走上规范化和制度化的轨道，能够解决许多长期难以解决的问题，有利于加强农村基层干部和农民群众的相互理解和团结；有利于强化农民群众对基层干部的监督，加强农村基层组织和党风廉政建设，密切党群干群关系；也有利于调动基层干部和农民群众的积极性，促进农村的稳定和发展。必须把推行村务公开和民主管理作为解决全市农村诸多问题的突破口，列入党委、政府的重要议事日程，真抓实干，并长期坚持下去。二是宣传发动到位。市委、市政府联合召开了由县（郊）、乡（镇）两级党政主要负责人参加的动员大会，进行宣传发动。同时利用市、县、乡三级报纸、电台、电视台、广播站等宣传舆论工具大力宣传村务公开和民主管理的意义及方法步骤。据不完全统计，近两年来该市、县、乡、村四级先后召开不同层次、不同类型的会议五千余次，参加人员近三百万人，印发各种宣传材料一万五千余份，编发各类简报608期。通过层层宣传发动，较好地解决了一些干部中存在的不愿公开、不敢公开、不会公开的问题和群众中存在的一些片面认识，为全面铺开村务公开和民主管理奠定了良好的思想基础。三是组织领导到位。市里成立了以市委常务副书记为组长、市委组织部长和市人大、政府、政协各一名副职为副组长的村务公开领导组，各县（郊）、乡（镇）均成立了由书记任组长的领导组。各级领导组下设办公室，对办公室人员配备，市委明确要求必须抽调熟悉农村工作、有事业心、工作能力强的干部，决不准凑数应付。各县委还注重从后备干部中抽调人员，充实到村务公开办公室。市委、市政府主要领导每次下县检查工作，都要听取村务公开汇报，查看公开情况，询问群众对村务公开的意见和建议。为保证村务公开和民主管理深入持久开展，市委、市政府已将村务公开纳入市、县、乡三级目标管理，提出县、乡党委书记是本地村务公开的第一责任人。四是工作队员到位。为加强对这项工作的指导，该市组建了强有力的村务公开工作队，全市分三批下派工作队员 5676 名，做到了每村都有 1 名科级干部带队，2-3 名工作队员，指导实施村务公开和民主管理工作。"四到位"的落实，为该市村务公开和民主管理工作的顺利实施提供了保证。

（二）**坚持高标准起步，规范化运行。**开封市在推行村务公开和民主管理工作中，一开始就坚持高标准、严要求，在规范化上下功夫。一是搞好建章立制。市委、市政府下发了《关于推行农村村务公开的实施细则》、《关于做好农村村务公开巩固工作的意见》等文件，市村务公开领导组也先后下发了一系列相关的配套文件，对这项工作进行具体指导。各县、乡也都建立了村"两委"职责、村务公开领导组工作制度、村务办事制度、村民代表会及村务监督组工作制度、民主议政日制度等，使全市的村务公开和民主管理工作做到有章可循。二是坚持村务公开"五统一"。即"统一公开时间"，规定全市推行村务公开的时间界限为 1997 年 1 月 1 日，以避免纠缠以前说不明白算不清楚的老账；每季度公布一次，每季度下个月的 1—10 日为公开旬，规定公开的八项内容必须上墙公布。"统一公开阵地"，市村务公开办公室设计村务公开栏样表下发，各县、郊对村务公开栏建设标准、防雨棚、意见箱等进行统一要求，村务公开栏一般都设置在村中醒目位置，便于群众监督。"统一公开内容"，各村委会将八项内容逐项整理公开，特别是对财务开支，要求按明细账逐笔公布。

"统一公开程序"，按照八项公开内容，先由村干部提出公开方案，交村务监督组审核把关，盖章签字后，交村民代表会审议通过，才能上墙公布，接受全体村民的监督。"统一公开管理"，建立县、乡、村三级村务公开档案，乡要有村务公开档案柜，村要有村务公开档案盒并由专人保管，按照档案管理的规范要求进行整理，分类归档。县统一印制"一会一组"活动记录本和八项公开内容表册，记录本由村保管，表册由乡、村各保管一份，以便保存和查询。

（三）实施正确引导，严格按有关政策和规定办事。村务公开是一项涉及面广、难度大、政策性很强的工作，开封市在推行这项工作中注意实施正确引导，并坚持严格按有关政策和规定办事，既依靠群众，又依靠基层组织；既鼓励群众行使民主权利，又注意防止极端民主化；既把应公开的内容全部公布，又注意防止纠缠历史旧账和枝节问题；既调动广大农民群众积极参与的热情，又注意保护好农村基层干部的积极性。在全市依法建立了村民代表会和村务监督组，共选出村民代表六万余名，村务监督组成员一万余名。为了使村民代表和监督组成员在村务公开和民主管理工作中坚持依法依制办事，该市以县乡为单位，对全市村民代表和监督组成员分批集中起来进行了培训，学习有关文件和政策。这样既引导农村基层干部自觉接受群众的监督，又引导广大农民群众正确行使民主监督权利，保证了村务公开和民主管理的健康进行。

（四）加大督促检查力度，在狠抓落实上下功夫。开封市委明确提出：村务公开的生命力在于真实，成败在于能否坚持。为保证村务公开取得扎实效果，该市注重加大督查力度。一是建立定期检查制度，严肃检查纪律。谁不搞公开就公开谁，谁搞假公开就真公开谁。每个季度的公开旬，市、县、乡三级都坚持检查，先由乡普查，尔后市、县采取随机抽查的办法，每县抽查3个乡、9个村，并将检查结果进行通报。县对村务公开长期落后的乡镇进行通报批评；乡镇对不公开或假公开的村要调整班子。全市五县一郊及 94 个乡镇都分别在县（郊）委和乡（镇）政府院内醒目位置设立村务公开考评栏，将每季度的考评结果进行公布，这些做法比较好的起到了激励先进、鞭策后进的作用。二是逐步完善监督体系，注重发挥村民代表会和村务监督组的作用。由全体村民选举产生村民代表会，然后由村民代表会推选出 5—7 人组成村务监督小组，行使对村务公开的监督权，负责对村务公开的内容进行审核把关。杞县高阳镇一个村的村干部们因为在村开会超过吃饭时间，花钱买了半箱方便面，该村村务监督组在审核中认为在本村开会可以在家吃饭，因此没有批准报销，由几位村干部把钱兑出来。三是完善民主议政日制度，让广大农民群众监督村务。按照市里统一部署，各县、郊都制定了民主议政日制度，每年的 6 月底和 12 月底，组织村民对村里的各项工作及村干部的德、能、勤、绩进行评议，并将评议中提出的意见集中起来，向村干部反馈，由村干部逐一答复。据统计，自 1997 年 3 月份以来全市各村村民代表会共召开会议 13023 次，讨论通过议案 11747 件，其中议决公开事项 7069 件，否决不合理议案 918 件，使村务工作始终置于广大农民群众的有效监督之下。

（五）尊重广大农民群众意愿，及时将村务公开工作向乡（镇）及村民组扩展延伸。由于村级工作上与乡镇、下与村民组紧密相连，广大农民纷纷要求将公开内容向上向下延伸。通许县四所楼乡根据农民群众的强烈要求，借鉴村务公开的做法和经验，在全县率先实行了包括七所八站在内的乡政务公开。公开的内容包括财务收支、涉农服务项目进展、乡级干部的责任目标等，公开的办法是定期通过有线广播公布及在乡政府大院向群众张榜公布。尉氏县城关镇的村民小组集体经济发展较快，该镇党委、政府根据农民群众的普遍要求，将所属所有村民小组的工作也都实行了公开。开封市委、市政府及时总结推广了通许县、尉氏县将村务公开上伸下延的经验。目前开封市大部分乡镇已将村务公开范围扩大到乡镇本身和经济条件比较好的村民小组，村务公开和民主管理工作正在向纵深发展。

## 二、推行村务公开和民主管理取得的初步效果

**（一）推行村务公开和民主管理，缓解了农村基层干部与群众的矛盾，促进了农村大局的稳定。**推行村务公开前，由于农村基层干部与农民之间缺乏直接的沟通和交流，村干部们在做什么，为什么那样做，农民们不知道，不理解，从而导致猜疑和误解，甚至产生抵触情绪；而村干部们则感到，为了群众的事情辛辛苦苦地工作，却招致无端的怀疑和批评，因而埋怨群众无事生非，产生了急躁情绪，从而引发和激化了许多不应有的矛盾，导致群众上访告状，各项工作处于被动。村务公开后，使这种情况发生了彻底的转变。由于村务公开和民主管理在村干部和农民之间架起了一座相互沟通的桥梁，从而使群众对乡村干部由误解变为理解，由猜疑变为信任，对村干部的工作也支持了；村干部们则卸掉了包袱，轻装上阵，使干部关系日益融洽。在座谈中，许多乡镇干部向我们讲，过去乡干部下村检查工作，农民碰到后是低头转身不搭理，很冷淡。实行村务公开后情况就不同了，农民碰到乡干部都能主动搭话，显得很热情。农村基层干部与农民群众矛盾的缓解，表现在村务公开后同公开前相比，开封市县郊信访量呈大幅度下降趋势。据省信访局统计1997年开封市群众来省集体上访批数比1996年下降了16.7%，人数下降了26.4%；1998年1—9月，开封市群众来省集体上访批数比1997年同期又下降了28.6%，人数下降了34.9%。据开封市统计，实行村务公开后群众反映农村基层干部经济问题的信访量下降了36.4%，反

映农村基层干部以权谋私问题的信访量下降了68%，反映农村基层干部打击报复问题的信访量下降了80%，反映计划生育问题的信访量下降了88%。全市推行村务公开前有不安定因素的村333个，村务公开后消除了315个，占不安定村的94.5%。群众心平气顺，农村的稳定就有了基础，各项工作的开展也就顺利了。杞县高阳镇今年的夏粮收购工作，由于村民代表积极参与做工作，仅用3天就完成了以前需要半个月才能完成的任务。

（二）推行村务公开和民主管理，促进了农村基层干部的作风转变，进一步加强了基层组织的廉政建设。"财务不清，办事不公，作风不实，为政不廉"，这是一些农村基层干部存在的突出问题。推行村务公开，为广大群众监督干部提供了良好的机会和形式。通许县在村务公开工作中，从农民群众反映强烈的个别农村基层干部经济不清、欠账不交、土地承包不公等问题入手，加强村级组织党风廉政建设。1997年全县共收回村干部该交而一直未交的土地承包费××万元。该县玉皇庙镇东陈集村有试验田21亩，几个村委会成员私下以每亩20元的低价承包，引发了群众集体上访。实行村务公开后，村里对这21亩地重新进行了公开招标承包，村委成员按新的中标金额每亩300元补交了承包费。实行村务公开，村里的一切财务开支，只有经村务监督组审核签字后才能报销入账，从而有效遏制了大吃大喝、铺张浪费现象，村级招待费大幅度下降。据开封市统计，全市农村村级1997年招待费比村务公开前的1996年下降了55.7%，1998年1月—10月，又比1997年同期下降了31.8%。如该市通许县1997年村级招待费比村务公开前的1996减少35.7万元，节约非生产性开支55.48万元。同时村干部目标任务的公开，也有效增强了村干部工作的责任心。目前，开封市农村出现了村干部为群众干实事的多了，工作中相互推诿扯皮的少了；为政清廉的多了，贪占集体资财的少了；干部群众相互团结干事创业的多了，闹矛盾、搞内耗的少了。

**（三）推行村务公开和民主管理，理顺了农民群众的情绪，解决了农村一些长期难以解决的老大难问题。** 计划生育、宅基地分配、电费高等问题一直解决不了，解决不好，农民群众意见大。集资办学、集资修路发展经济本来对群众有好处，可是一些群众即使手中有钱但怀疑村干部从中捞取好处，因而就是顶着不办。实行村务公开和民主管理后，加强了对村干部的监督约束，干部群众一个样，好多热点难点问题迎刃而解。过去收缴电费不公开，"人情电"、"权力电"长时期解决不了，有的村电费高达 1.3 元 / 度，农民的电费负担沉重，群众反映强烈。村务公开后，村组干部、电工的用电缴费情况公布于众，使长期困扰农村、加重农民负担的"人情电"、"权力电"失去了存在的条件。尉氏县目前农村电费已由过去平均 1.1 元 / 度下降到 0.80 元 / 度。尉氏县大桥乡大槐树村，村务公开前，由于村干部亲属搞特殊从不参加单月孕检，群众有意见，造成该村每次单月孕检到站率不足 50%，成了全乡计划生育的后进村。村务公开后，村干部家属的孕检情况置于群众的监督之下，使他们不能再搞特殊，该村的单月孕检到站率达到了 90% 以上，摘掉了多年计划生育落后的帽子。推行村务公开和民主管理后，农村基层干部一致反映过去许多想办的好事而又办不成的事现在能够办成了。通许县的长智乡、四楼镇、朱砂镇、玉皇庙镇、大岗李乡的乡间道路较差，硬化乡、村公路的任务多年来没有完成，制约了当地经济的发展。实行村务公开后，乡镇及各村委会在硬化公路这一问题上，充分发挥村民代表会和村务监督组的作用，路怎么修，资金怎么筹措管理，都交给村民代表会讨论。修路中，又请村务监督组成员参与监督和管理。结果，去年 5 个乡镇共修柏油路 257 公里，仅农民群众投资近 1000 万元，但

5 个乡镇无一人因此上访告状。

（四）推行村务公开和民主管理，增强了广大农民群众当家作当的责任感，初步形成了干部群众齐心协力加快发展的好局面。通过村务公开和民主管理这一有效的形式，广大农民群众参政议政的热情被激发出来，他们以高度的主人翁责任感，积极参与民主管理，全市农村逐步形成了干部依靠群众，群众支持干部，齐心协力干事创业的良好局面。杞县高阳镇毛寨村，过去因领导班子涣散无力，八年换了十套班子，越换越乱，群众上访告状不断，经济发展严重滞后，被当地称为"三不通"村（电不通、路不通、水不通）。1996 年 11 月，经过整顿产生的新的党支部、村委会，坚决实行村务公开、民主管理，凡重大问题都提交村民代表会讨论，村级组织的整体功能得到有效发挥。仅仅两年时间，村党支部、村委会在全体农民群众的大力支持下，修了路，架了桥，通了电，实现了"三通"，并很快成为闻名全县的辣椒专业村，一举摘掉了贫穷的帽子，近两年全村无一人再去上访告状了。

## 三、关于巩固和完善村务公开和民主管理的几点建议

（一）要加强和完善组织领导，保证村务公开和民主管理的真实、持久。实行村务公开和民主管理是农村一项长期的建设性工作，能否保证村务公开和民主管理的真实、持久，关键在于切实加强组织领导。目前一些地方的组织领导还不能完全适应这一工作的需要。虽然省、市、县、乡都成立了村务公开领导小组，但牵头单位却各不相同，有的是党委办公室，有的是组织部，有的是纪委。按照豫办〔1997〕6 号文件要求，村务公开和民主管理的日常工作由党委办公室牵头，负责具体协调、组织实施等工作。但最近下发的有关文件，又要求由组织、民政部门牵头。因此，要在组织领导上予以统

一。开封市建议，应将现有村务公开办公室这一临时机构改为由组织部门牵头、民政等有关部门配合的系统管理，并在组织部门内部设立一个科室负责此项工作为好。

**（二）公开的内容和检查的方式要因地制宜，突出重点。**我省明确规定了村务公开的八项内容，如果八项内容均按一季度一公开，则不切合实际。一些项目如征用土地和宅基地使用情况、农民负担情况、救灾款物发放情况、集体经济项目承包经营情况等，周期较长，有的甚至一年尚无一次，若按月或季度公布则流于形式。同时，全省各地情况各异，群众关注的热点、村里的重大问题也不尽相同，因此各地可根据实际情况，突出重点，不搞整齐划一。对必须尽快公开的项目如财务开支、电费收缴、计划生育等，一般一个月或两个月公布一次，至多不得超过三个月。对那些时限较长的事项，可以每完成一个阶段，即公布一次进展情况。不少基层干部反映，目前检查的周期太短、次数太多，耗费了大量不必要的时间和精力，建议适当减少检查次数，并根据不同类别的乡、村，确定检查的次数和办法。

**（三）要推动村务公开和民主管理工作向更高的层次发展。**一是要提高认识层次。现在不少干部对这一制度的认识还停留在"给群众明白，还干部清白"层面上，还没有站在加强基层民主政治建设、巩固政权的高度看待这一制度，对这一制度还缺乏执行的自觉性、主动性。二是要提高主体层次。目前村务公开、民主管理工作的主体还是基层干部，对这一制度的执行重心仍然停留在公开上，我们认为村民代表和群众参与的重点是监督而不是参政。因此，要以推行村务公开为基础，建立健全民主决策、民主管理、民主监督制度，把这一制度的主体转移到群众自觉参政议政上，在实践中把村务公开与民主管理有机统一起来，使之相互促进，以进一步推进农村的民主法制建设。三是要在公开的范围上提高层次。在推行村务公开和民主管理的同时，要积极探索乡镇政务公开的途径，以乡镇政务公开促进村务公开和民主管理的广泛深入开展，同时对有集体经济和财务收入的村民组也要进行公开。开封市将村务公开向乡镇及村民组扩展延伸的做法，得到了基层干部和农民群众的拥护。我们建议省有关部门应及时总结、推广这方面的经验。

（四）要把实行村务公开和民主管理作为加强农村基层组织建设的重要内容强力推进。从开封市推行村务公开和民主管理的情况看，凡推行得好的地方，都有一个好的班子；凡推行不动的村，班子都处于瘫痪、半瘫痪状态。建议各级党委政府要以推行村务公开、民主管理为契机，进一步加强农村基层组织建设，下决心彻底治理目前仍处于瘫痪状态的村基层组织。可先建班子，再推行村务公开和民主管理，使之相辅相成，相互推进。

# 广泛深入推行村务公开和民主管理 ①

## 《河南日报》评论员

　　为了加强基层民主政治建设，实行依法治省，去年我省农村按照省委、省政府的统一部署，普遍推行了村务公开和民主管理。从开封市推行村务公开和民主管理已取得的实际效果来看，搞好这项工作有利于加强农村基层组织和廉政建设，有利于改进农村基层干部的思想作风和工作作风，有利于加强农村基层干部与农民群众的相互理解和相互团结，有利于充分调动广大农民群众建设社会主义现代化的积极性和创造性，有利于促进农村的改革、发展和稳定。对省委、省政府的这项重要举措，各地必须坚定不移地长期开展下去。

　　我国的经济体制改革需要同政治体制改革相互配合、相互促进。实行村务公开和民主管理，是社会主义民主在农村最广泛的实践。因为只有实行村务公开和民主管理，才能扩大农村基层民主，保障农民群众直接行使民主权利。所以，推行村务公开和民主管理，其意义绝不仅仅是给农民群众一个明白，也不仅仅是还农村基层干部一个清白，而是在新的历史条件下实践党的群众观点、群众路线的大问题，是落实农民群众参与基层政权和经济社会事务管理权利的

---

① 《河南日报》1998 年 11 月 27 日刊登此篇调查报告时配发的评论员文章。

主要形式，是推进农村基层民主管理进程、体现农民群众主人翁地位的重要途径。各级领导同志和广大乡村干部，一定要站在这个政治高度去认识问题，更加自觉地把这项工作组织好、落实好。

推行村务公开和民主管理，是一项政策性很强的工作。各地在推行这项工作中既要依靠农民群众，又要依靠基层组织；既要鼓励农民群众行使民主权利，又要注意防止极端民主化；既要调动农民群众参与的热情，又要注意保护农村基层干部的积极性。当前各级党委、政府要结合贯彻落实党的十五届三中全会及省委六届七次全会精神，切实加强对村务公开和民主管理工作的领导，认真总结前一段工作的开展情况，总结和推广先进典型经验，查找和纠正存在的突出问题，特别要注意防止走过场、搞形式主义。各地要进一步加大对这项工作督促检查的力度，建立和完善监督制约机制，以推动村务公开和民主管理工作广泛、深入、持久地开展下去。

# 抓好工作进展情况的督查调研

　　《促进农村稳定和发展的重要举措——开封市推行村务公开和民主管理的调查》被中共河南省委办公厅《工作通报》刊登后，省委一位领导同志作了重要批示。《河南日报》1998 年 11 月 27 日头版头条刊登了此文，并配发了评论员文章《广泛深入推行村务公开和民主管理》，将开封市的经验在全省推广。这篇调研报告被评为河南省党委系统 1998 年度优秀调研报告。

　　督促检查是各级党委、政府办公室的一项重要工作。紧紧围绕党委、政府的工作部署，把督查工作作为"三服务"的重点来抓，才能有力地推动党委、政府有关工作的落实。这就需要各级党委、政府办公室在改革开放的新形势下，不断强化督查工作，努力把督查落实与督查调研紧密结合起来。为了加强基层民主政治建设，实行依法治省，促进两个文明建设，河南省委、省政府于 1997 年 2 月决定在全省农村推行村务公开、民主管理，并对这项工作作出了部署安排。《促进农村稳定和发展的重要举措——开封市推行村务公开和民主管理的调查》一文，对开封市落实省委、省政府这一重要工作部署的进展情况进行了督查调研，既介绍了开封市推行村务公开和民主管理的主要做法、取得的初步效果，也反映了这项工作在实施过程中遇到的新情况、新矛盾。同时对今后如何巩固和完善村务公开、民主管理提出了有针对性的建议，从而为各级领导了解和掌握推行村务公开、民主管理的进展及需要重视研究解决的问题，提供了重要情况。实践证明，督查调研既是督查工作的重要组成部分，也是提高各级办公厅（室）督查水平，协助党委、政府抓好重要工作部署落实的关键环节。

范　例


# 努力建设人民满意的检察院 ①
## ——全省检察系统加强基层检察院建设的调查


我省现有检察院 185 个，其中基层检察院 166 个；检察人员 14719 人，其中基层院人员 11807 人；在全省检察机关受理查办案件的总数中，基层院占 85% 以上，而每年查处的干警违法违纪案件中，基层院占了近 90%。自 1996 年以来，省检察院以"抓基层，打基础，全面提高检察工作水平"为指导思想，按照"努力把基层检察院建设成为司法公正、纪律严明、形象良好、人民满意的检察院"目标要求，坚持以人为本，以法为本，采取切实措施，全面加强基层检察院建设，已理出了一个好思路，呈现出了一个好势头，形成了一个好局面。他们的主要做法是：

## 一、坚持以人为本，着力提高队伍的政治业务素质

一是抓好领导班子建设。为了建设好基层检察院领导班子，省、市检察院主动协助党委考察选拔基层检察院领导干部，选准检察长，配强班子，及时解决领导班子中存在的问题。同时，上级检察院与当地党委一起，对不认真履行职责，违反纪律的基层院领导班子成

---

① 李立民、苏长青、高进学，载中共河南省委办公厅《工作通报》1999 年第 58 期、中共中央办公厅《工作情况交流》2000 年第 1 期、《河南日报》1999 年 12 月 11 日头版、《人民日报》2000 年 2 月 25 日第 4 版。

员及时给予批评教育，该处分的给予处分，该调整工作的调整工作。1996 年以来，全省基层检察院检察长中有 23 人受到纪律处分，有 27 人按法定程序调整了工作岗位。二是加强业务建设，不断提高执法水平。三年来，省检察院、分（市）检察院先后培训了 4305 名基层院检察人员，把学习表现和考试成绩记入档案，作为考察其业务知识水平的重要依据。"两法"修改后，省检察院迅速在各基层院掀起学法热潮，要求广大检察人员努力在学懂、弄通、会用上下功夫，不断探索新形势下同犯罪作斗争的策略、方法。三是以积极有效的创建活动为载体，促进干警综合素质的提高。1996 年在全省开展了树立典型，争先创优和治理越权办案、插手经济纠纷问题的活动；1997 年开展了以整顿思想、整顿作风、整顿纪律和建设文明机关、建设文明队伍、建设文明窗口为内容的"三整顿、三建设"活动；1998 年结合集中教育整顿开展了执法思想大讨论。还在全省基层检察院开展了创建文明单位、"五优检察院"，争当"优秀检察长"以及评选"优秀侦察员"、"优秀公诉人"等活动，努力形成能者有其位、优者有其荣的良好局面。四是加强监督，严肃纪律。全省各基层检察院采取走出去、请进来的办法，向人大代表、社会各界发出加强基层检察院建设的征求意见函、意见卡，广泛征求群众的意见和建议，自觉接受群众监督。同时，对违法违纪的干警决不袒护包庇，而是依法依纪严肃处理。三年来，全省检察机关共严肃查处检察干警违法违纪事件 200 多起，并通报全省，举一反三，教育多数。

## 二、深化改革，规范行为，建立良好的工作运行机制

为增强基层检察院的生机和活力，使检察工作适应新形势和依法治省的需要，省检察院在加强基层检察院建设中重点抓了四项改革。一是推行检务公开。1998 年 10 月以来，全省基层检察院推行了

"检务公开"工作，通过设立检务公开栏、发送检务公开手册、开通热线电话和新闻媒介宣传等形式，把适宜公开的检察机关的工作职责、管辖范围、办案期限、工作纪律等十项内容公开，以自觉接受群众监督。各基层检察院在"检务公开"工作中，不但公开办事制度，还定期公布群众关注的重特大案件的进展情况，公布重大活动和典型案例。实践证明，这项工作对增强干警素质、提高办案水平、规范执法行为、推进检察工作、促进司法公正等方面起到了重要作用。二是推行主诉检察官制度。省检察院制定了《关于实行主诉检察官制度的暂行办法》，各分（市）检察院成立了主诉检察官考评委员会，按照省检察院要求认真做好主诉检察官选拔和主诉检察官制度试行工作。目前这项制度已在全省各基层检察院全面推行。三是加强和改进检察委员会的工作。各基层院按照省检察院制定的《检察委员会工作规则》要求，改善检委会结构，严格议事程序，实行民主议事决策，提高议事水平，健全案件和有关事项的请示制度。四是全面推行人事制度改革。在全省基层检察院推行了竞争上岗、双向选择和轮岗交流。截至1999年10月，全省基层检察院中实行中层领导干部竞争上岗的110个，通过竞争上岗的中层领导干部计2299名；实行一般干部双向交流的121个，有5258名干警经过双向选择确定了工作岗位；实行轮岗交流的126个，其中中层领导干部交流1593人，一般干警轮岗交流2790人。对符合《检察官法》规定辞退条件的人员和双向选择落选后经培训仍不合格的人员，均按规定辞退。通过竞争上岗、双向选择和轮岗交流，实现了人才资源的合理配置，使中层领导干部的年龄、文化结构发生了根本变化，也调动了广大基层干警的工作积极性。在深化上述改革的同时，省检察院及各分（市）检察院还把加强制度建设作为基层院建设的重要目标之一，紧紧围绕形成合理的工作运行机制、竞争激励机制和监督制约机制，制定和完善了各项制度。许多基层检察院还把各项制度汇总起来，人手一册，对规范检察工作和干警执法行为起到了很好的作用。

## 三、实行基层检察院建设领导责任制

1997年8月，省检察院明确提出，加强基层检察院建设，各级检察院检察长是第一责任人，各分（市）院检察长要对省检察院提出的基层检察院建设的目标和任务负责，基层检察院检察长要对分（市）检察院提出的目标要求负责，不能实现目标要求的要分别向上级检察院说明情况。实行责任制后，对于那些发生严重违法违纪问题或在人民群众评议中满意率低的基层检察院，上级检察院检察长都能深入调查，分析原因，及时派工作组进驻指导帮助解决问题。对于在年度考评中被评为不称职的基层检察院检察长或领导班子成员，上级检察院都依据有关规定及时商请党委、人大按法定程序进行组织调整或作出免职处理。实行基层检察院建设领导责任制，分（市）检察院检察长及基层检察院检察长的压力大了，抓基层检察院建设的责任心更强了，不但努力提高自身素质和领导水平，而且都较好地发挥了带头人作用。

## 四、加强指导，搞好协作，推进基层院建设的健康发展

为促进基层检察院建设的健康发展，省检察院于1997年10月在驻马店召开全省检察长会议，明确提出"检察事业要发展，党和人民是靠山"，对引导基层检察院正确处理党的领导与依法独立行使检察权的关系问题，对正确处理专门工作与群众路线相结合问题发挥了很好的作用。1999年6月，省检察院抽调287人组成了72个工作组，深入基层检察院指导和帮助解决工作中遇到的实际问题。省检

察院、分（市）检察院领导成员对抓基层检察院建设还做到有分工、有联系点，进行具体指导和总结推广经验。省、市检察院把帮助后进检察院加快转化作为基层检察院建设的工作重点，选派得力干部到后进基层检察院挂职，并把帮助基层检察院加强建设的情况作为考核下派干部工作实绩的重要方面。在加强基层检察院建设中，省、市检察院重视解决基层检察院工作中的实际困难，对基层检察院查办大案要案有困难的，上级检察院及时派人帮助，对困难大、基层检察院查不动的案件上级检察院提上来办；对一些基层检察院在人、财、物方面遇到的困难和问题，尽可能通过协调和向有关方面反映，积极帮助基层检察院创造解决问题的条件，以保证检察工作的正常进行。

通过三年多的努力，我省在基层检察院建设方面取得了明显的成效：

一是领导班子建设得到了加强。三年来省检察院共培训基层院正副检察长 1600 人次，这些同志的工作水平和领导能力都有了新的提高，领导班子成员的文化结构、专业结构有了较大的改善。目前，全省 794 名基层院正副检察长中，具有法律专业知识的有 743 名，占 93%；166 名基层院检察长平均年龄 44.6 岁，具有法律专业知识的占 91%。经过教育整顿、考核调整，一些原来比较落后的领导班子发生了明显变化，凝聚力、战斗力有了明显提高。1996 年以来，全省有 8 个基层检察院被最高人民检察院荣记一等功，1 个基层检察院被授予"全国模范检察院"称号，有 96 个基层检察院受到省检察院的记功、表彰，有 150 个基层检察院被各级党委、政府授予"文明单位"称号。

二是干警队伍整体素质有了较大的提高。三年来，全省共有 1257 名干部参加初任检察官考试，其中 688 人经考试合格进入检察官序列，650 名未按法定条件、程序任命的检察人员的法律职务被依法免除；46 名不适应、不适合做检察工作的人员被开除、辞退或调离；231 名违法违纪干警被查处。干警文化结构改善，基层院具有大专以上文化程度的检察人员所占比例由 1995 年底的 32.6% 上升到了 59.6%。1996 年以来，我省基层检察院干警有 4 人被授予"全国模范检察干部"称号；淮阳县检察院检察长张明山、原商丘县检察院法纪科科长杨振岭被评为"全国十大杰出检察官"；有 58 名基层检察院干警分别受到最高人民检察院、省委记功或表彰；有 343 名基层检察院干警受到省检察院的记功或表彰。

三是检察工作取得了新的成绩。三年来，全省基层检察院共立案侦查国家工作人员贪污贿赂、渎职等职务犯罪案件 13307 件，占全省各级院立案总数的 87.3%；批捕公安、国家安全机关移送的各类刑事犯罪嫌疑人 118088 人，起诉 96987 人，分别占全省各级院批捕、起诉总数的 99.5% 和 97.1%，为促进党风廉政建设、维护社会稳定发挥了重要作用。通过集中教育整顿，基层检察院干警依法办事、公正司法、文明办案的自觉性进一步增强，办案质量有了明显提高。1998 年全省基层院办理的自侦案件的侦结率、起诉率，分别比 1995 年提高 2.3 个、12.4 个百分点。1988 年以来省检察院收到的检举揭发基层检察人员违法违纪的群众来信明显下降，而表扬基层检察人员公正执法、文明办案的群众来信则明显上升。

四是基层检察院的各项工作初步走上了制度化、规范化的轨道。各基层检察院坚持依法建院，依制度建院，基本形成了合理的工作运行机制、竞争激励机制和监督制约机制。在办案方面，建立健全了案件受理登记制度、备案审查制度、请示汇报制度、错案责任追究制度等；在党的建设、政治工作方面，建立健全了中心组学习制度、民主评议领导干部制度、目标考核制度等；在勤政廉政方面，通过开门整顿，完善了走访人大代表、政协委员听取意见制度、"一牌三卡"制度、案件跟踪监督制度等。各基层检察院在工作中还自上而下层层签订了《严格执法、文明办案责任书》，上至检察长，下至干警，人人都是严格执法、文明办案的责任人，个个头上都有"紧箍咒"，从制度上规范了检察工作和干警的执法行为。

# 切实加强基层政法机关建设 ①

## 《河南日报》评论员

随着依法治省战略的逐步实施和改革开放的不断深入，我省各级政法机关所担负的任务越来越重。基层政法机关及广大基层干警同人民群众接触最直接、最广泛，其整体素质如何，执法是否公正，直接影响和决定着法律能否树立起尊严和权威，关系到党和政府的形象。从总体上看，我省政法队伍是一支政治可靠、战斗力强、全省人民完全可以信赖的队伍。特别是广大基层干警凭着对党、对人民的忠诚和对政法工作的热爱，在政法工作第一线不怕艰苦，顽强拼搏，无私奉献，为我省改革、发展、稳定作出了重要贡献。但是，也要清醒看到，在一切基层政法机关及干警中确实存在着不容忽视的问题，少数基层政法机关领导班子缺乏战斗力，一些基层干警的素质不高，群众观念淡薄，执法不公，特权思想严重，个别干警甚至贪赃枉法、刑讯逼供，严重损害了政法机关的形象，必须引起我们的高度重视。

当前正处在改革的攻坚阶段和发展的关键时期，保持安定团结的政治局面显得尤为重要。这种形势和任务，要求我们必须抓好政法工作，特别是基层政法机关建设。这是因为基层政法机关是政法

---

① 《河南日报》1999 年 12 月 11 日刊登此篇调查报告时配发的评论员文章。

工作的基础，基础固则事业兴。我省检察系统坚持以人为本、以法为本，切实加强基层检察院建设的经验就是很好的注脚。希望全省政法机关能够借鉴检察系统这一做法和经验，按照讲学习、讲政治、讲正气和"严格执法，热情服务"的要求，以人民群众满意不满意为基本标准，继续深入开展"争创人民满意的政法领导干警（单位）"活动，切实抓好基层政法机关的领导班子建设，努力提高基层干警的政治业务素质，使基层政法机关更加充满生机与活力，在维护我省社会稳定、推进依法治省方面发挥更大的作用。

# 政治上敏锐工作中才有悟性

　　《努力建设人民满意的检察院——全省检察系统加强基层检察院建设的调查》被省委办公厅《工作通报》印发后，中共河南省委办公厅又以《河南信息》上报中共中央办公厅，即被中共中央办公厅《工作情况交流》2000年第1期单篇采用，转发各省、市、自治区党委后，省委领导同志作了重要批示。时任省委书记马忠臣的批示是："希望省检察院在现有基础上抓得更深入更扎实。"时任省委常务副书记范钦臣同志的批示是："鼓励办公厅的同志到基层深入调查研究。了解真实情况。给省委当好参谋。"时任省委常委、秘书长王全书的批示是："立民、长青同志的勤奋敬业精神值得称道。应在办公厅机关予以表扬和鼓励。大力弘扬这种精神。使之蔚然成风。"时任省委副秘书长、办公厅主任崔承东的批示是："请厅领导同志传阅。这既是对李立民、苏长青同志工作作风、成绩的肯定，也是对办公厅工作的鼓励。望各厅领导对主管处室、单位也应提出明确要求，进一步转变作风，深入基层，围绕省委中心工作和领导同志关注的热点、难点、重点问题以及一些典型，深入调研，为省委当好参谋和助手。"

　　这篇调查报告先后被《河南日报》《人民日报》刊登，《河南日报》在头版刊登这篇调查报告还配发了评论员文章《切实加强基层政法机关建设》，在全省推广了省检察院坚持以人为本、以法为本，加强基层检察院建设的经验。

　　各级党政机关办公室的文秘人员，如何提高为党委、政府服务的水平和服务的层次，充分发挥参谋助手作用，首要的条件就是在政治上要有敏感性，能够从政治上去研究问题、分析问题，能够从看似平凡的工作中悟出不平凡的道理，这也就是我们常说的文秘人员要有悟性。有了这种悟性，文秘人员在工作中就能克服和防止一般化。当然，这种悟性，要靠对党的方针、政策的认真学习和理解，要靠对党和人民事业高度负责的精神，要靠对工作的深入了解和分析。随着依法治国、依法治省战略的逐步实施和社会主义现代化建设事业的不断发展，各级政法机关所担负的为经济和社会发展服务的任务越来越重。特别是广大基层政法机关干警同人民群众接触最直接，其整体素质如何，执法是否公正，不仅直接影响和决定着国家法律的有效执行，而且也直接关系到国家保持安定团结的政治局面，关系到党和政府在人民群众中的形象。所以，认真抓好基层政法机关建设，努力提高基层广大干警的政治和业务素质，这不仅仅是一个工作问题，而且也是一个实实在在的政治问题。基于这种分析和认识，笔者深入调查和总结了河南省检察院自1996年以来按照"讲学习、讲政治、讲正气"和"严格执法，热情服务"的要求，以人民群众满意不满意为标准，持之以恒抓基层检察院建设，努力提高基层干警的政治业务素质的做法和经验，这是此篇调查报告能够引起中央机关和省委领导同志高度重视的重要原因。

范　例

# "驻村工作队救活了俺常袋村" ①

## ——孟津县房管局驻村工作的调查

常袋村是孟津县常袋乡政府所在地，位于县城西南部浅山丘陵区，有 12 个村民组 2725 口人、3860 亩耕地，是省级贫困村。两年前村里干群关系紧张，"两委"班子基本瘫痪，村风不正，部分群众无政府主义严重，经济发展十分落后。按照省委的部署，驻村工作队到该村帮助工作后，经过一年多的努力，常袋村已由乱到治，各项工作成绩突出，2002 年该村成为省、市、县表彰的先进村。我们在该村与村干部群众座谈时，他们都动情地说："是驻村工作队救活了俺常袋村。"

## 一、一个乱出了名的村

常袋村情况复杂，部分群众法制观念淡漠，动辄闹事上访，是省、市、县挂了号的重点上访村。有些村民上访回来还以要告状费为由，将村集体 56 亩耕地哄抢自种两年之久，村里曾一度想解决这个问题，结果因引起群众械斗而不了了之。全村近 509 口人以种种理由抗缴统筹款。在村里谁敢公开与村干部作对谁就是英雄，邪气压倒了正气。村干部想干事干不成事，有的只好外出打工；全村 12 个

①李立民、姚保松、张世平、刘哲，载《河南日报》2003 年 2 月 13 日头版。

村民组，其中有 4 个存在严重问题、两个组空缺组长达两年之久；村"两委"班子连党员、群众会都开不起来，干部士气低落，过一天算一天，推推动动，拨拨转转。村级组织的阵地基本丧失，"两委"班子办公只有两间租赁的房子，支部 4 年换了 5 任书记。其中一位年仅 39 岁的支书因收正常的提留款竟被村民围攻殴打，有的村民还敲着洗脸盆沿街骂他，竟无人敢问，这个支书受到污辱后气得患病而死，一些群众说支书是被活活气死的。村里有个入党多年的党员因为对村党支部失去信心，声明从此不再参加村里的任何会议。工作队进村后提议召开的第一次党员会，全村 48 名党员仅有 7 人到场。由于该村干部和群众心散了，全村的经济发展基本处于停滞状态，2000 年人均纯收入仅为 780 元。县、乡也曾派人解决该村的问题，但收效甚微。

## 二、村里来了工作队

2001 年 4 月，由孟津县房管局 4 名同志组成的工作队根据上级的安排进驻常袋村。工作队进村之初，该村干部群众对工作队很冷淡，没有安排住的地方。工作队在该村附近租了两间房子住了下来。对受到的冷遇，工作队的同志们并没有埋怨，而是主动深入到田间地头与群众谈心，逐户走访群众听取意见，并捐钱对特困户进行救助。他们以自己的实际行动感动了群众。不久村干部和群众就主动地把工作队接回了村。面对常袋村存在的如此严重的问题，工作队经过认真分析感到，造成常袋村被动局面的原因，有的是因为政策宣传不到位，造成"棚架现象"，群众不了解，生误解；有的是群众民主意识提高了，法治意识却滞后了，造成极端民主，闹无原则纠纷；群众反映的有些问题未引起村干部的重视，认为有问题只有上访才有效。但该村的核心问题是经济滞后，班子软弱，队伍涣散。经过研究，工作队确定了抓班子带队伍、促稳定求发展的工作思路，重点抓了三个方面的工作。

**一是从加强班子建设入手，以创建"五好党支部"为主线，狠抓村级组织和政权建设。** 根据村"两委"班子职数不全、年龄老化、活力不足、合力不强的实际情况，工作队在走访调查、慎重考察、反复征求各方面意见的基础上，建议乡党委调整充实了村支部班子，先后发现选拔了五名表现较好、有群众基础的党员、村民组长作为后备干部培养，并按程序充实到了"两委"班子里。工作队配合党支部进行了建章立制工作，使沉睡多年的点名册、会议记录、好人好事登记簿等真正发挥了作用。在工作队的建议下，该村还成立了两个工作组，一个是稳定工作领导小组，负责排查解决群众反映强烈的热点、难点问题，为发展扫清障碍；一个是发展工作领导小组，负责动员方方面面力量，在调整农业产业结构，发展高效农业上做文章。针对一度出现的村"两委"班子工作不协调问题，工作队组织"两委"班子成员认真学习《党的基层组织工作条例》、《村民委员会组织法》，通过召开支部民主生活会，开展批评与自我批评，统一思想，形成共识，很快形成了支部议大事，抓大事，与村委会团结一致干好本村工作的良好局面。在工作中，工作队发现一些干部在解决不太复杂的问题时，却被群众顶了回来，有的干部在解决问题时甚至被群众问得没话说，还发生村干部集体和群众吵架的现象，工作队就组织他们学习农村政策法规，努力提高村组干部的政策水平和工作能力。在抓班子的同时，工作队配合党支部组织全村党员学习"三个代表"重要思想，学习党章，讨论村里发展大计，人人写心得体会、决心书，还开展了重温入党誓词活动，在庄严的宣誓仪式上，有好几个党员哭了，他们深感村里乱成了这个样子，群众生活还这么苦，作为一个党员没有尽到责任，辜负了党组织的期望。许多党员反映看似简单的仪式，使人心中产生震撼，热血沸腾。通过形势教育、上党课及开展人生观、价值观的大讨论，组织义务劳动，村中党员们比较好地发挥了先锋模范作用，并增强了参政议政意识。工作队配合党支部组织群众选举产生了长期空缺的两个村民组长，建立了民调会、治保会、民主理财会、民主监督会、公民道德议事会。村"两委"班子的凝聚力、战斗力日益增强，各个组织工作有序进行，为各项工作的开展提供了坚强有力的组织保证。

**二是认真解决热点、难点问题，为加快发展打好基础**。常袋村村组账目混乱，七八年未公布账目，群众反映强烈。工作队配合村"两委"班子、民主理财会逐组清理公布，纠正了不合理开支，取消了村民组会计，村里设联队总会计，各组收支均由村主任审批，重大开支召集组群众会议讨论。村里开支500元以上，由村委会班子集体决定，500元以下村委主任审批，每月民主理财会审阅一次，每季度在村务公开栏公布。此举清了集体家底，亮了干部的箱底，明了群众的心底，减轻了农民负担，受到了群众欢迎。在解决部分群众哄抢土地的问题时，工作队逐户走访座谈，召开群众代表会学习有关政策法规，找哄抢土地的领头人一个个进行严肃谈话，做耐心细致的思想工作，使他们认识到了自己的错误，主动退回了所占土地。针对部分群众长期不缴统筹款的问题，驻村工作队与村"两委"班子一起进行具体分析研究，本着实事求是的原则，群众反映什么问题就解决好什么问题，从而理顺了群众情绪，使这一问题得到妥善解决。如该村第六村民组大部分群众抗交统筹款两年多，原因是该组打机井欠外债而出租土地100多亩，违反了国家有关留机动地的政策，群众分的责任田太少，粮食不够吃。工作队主持清理了该组打井账目，多次召开群众会讨论，形成了一致的处理意见，群众主动分摊了所欠外债，组里将出租土地收回分给了群众，这一百多名群众自觉缴清了过去欠下的统筹款。由于工作队对存在的问题进行了逐一排查，从而化解了许多矛盾。在化解矛盾的同时，工作队与乡党委、政府、公安机关一道依法处理了个别地痞寻衅闹事、公开污辱谩骂村干部的事件，有力打击了歪风邪气。2002年是税费改革第一年，全村除九、十两个组牵涉乡直部门占用了他们的土地，乡里正在研究解决外，其余十个组没有一户抗缴，未强征一户。

**三是帮助"两委"班子转变观念，理清发展思路，调整农业结构**。班子强了，村风正了，工作队及时组织村干部党员、村民组长，学习党的有关农村工作的文件，讨论制订常袋村三年发展规划。工作队请农业技术人员来村里办培训班，还组织大家外出学习参观，先逐步达到户户有门路，家家有事做，再结合市场优胜劣汰，形成规模和支柱产业。工作队一次组织外出参观药材种植时，原准备租一个面包车去十几个人，结果村民闻讯赶来，把支书及村主任围住，纷纷要求参加，村支书高兴地又租了两辆"大巴"。在工作队、村"两委"的积极引导下，2001年该村种植的600亩优质小麦2002年大旱之年喜获丰收；种植的加亩金银花长势喜人；2002年又发展白芍30亩；10亩梨枣正在栽培中，同时拟种植花椒50亩。目前全村存栏生猪已有1100多头，奶牛逾百头，肉牛600多头，平菇种植户29户，种菜农户84户。针对该村在乡政府所在地的优势，工作队与村"两委"班子研究开发的4000多平方米商品住宅楼已经竣工；40亩老宅还耕计划正在实施中。该村闹事的人基本没有了，想方设法致富的人多了。

## 三、混乱村变成了先进村

工作队的到来使村里的干部、党员有了靠山，鼓舞了他们干事创业的信心，村"两委"班子密切配合，在工作中形成了合力，在群众中又有了权威。现在只要党支部一声号令，全村党员招之即来，样样工作都能走在群众前头。广大农民群众的认识和觉悟也发生了根本的变化。在村里调查走访中，我们切身感受到，现在干部群众一门心思想的都是如何加快发展，急的、愁的都是如何引进项目、筹措资金，预计2002年该村农民人均纯收入可达到950元。村委主任陈妙、副主任张宝汉说："工作队进村至今，俺村群众的气顺了，干部的劲足了，这样再干上一两年，俺常袋村不愁走不上致富路。"自工作队入村以来没有出现一起群众上访事件，2002年村党支部、村委会换届，均一次选举圆满成功，各项工作在乡里都名列前位。2001年年底，常袋村党支部被孟津县委评为"五好党支部"，2002年"七一"前夕该村党支部又被省委组织部命名为"五好党支部"。最近，省驻村办负责同志杨国文、省驻洛阳市工作队总队长胡宽广、洛阳市委副书记李文慧等先后到常袋村考察驻村工作，都对这个村的驻村工作队取得的成绩给予充分的肯定，他们一直认为这个村的变化也很有典型性。

## 四、常袋村变化的几点启示

（一）**抽调机关干部到贫困村工作，是全面贯彻"三个代表"重要思想、全面建设小康社会的一项重大战略举措**。我省是农业大省，农村经济不发达，农民人均收入低于全国平均水平，要实现党的十六大提出的全面建设小康社会的奋斗目标，任务异常艰巨。而我省农村经济发展缓慢和人均收入水平低，关键是慢在1万多个贫困村、低在1万多个贫困村。今年省委又抽调5万多名机关干部到1万多个贫困村驻村工作，其目的就是加大对贫困村的帮扶力度，使1万多个贫困村的广大农民群众尽快脱贫致富。省委这一决定，完全符合党的十六大精神。常袋村这个过去的乱村、经济落后村，通过驻村工作队的辛勤工作，在短短的一年时间里就变成了一个先进村，开始走上了致富的道路，就是一个生动有力的证明。我们驻村工作已取得的明显成效也充分说明，驻村工作是全面贯彻"三个代表"重要思想、全面建设小康社会的一项重大战略举措。全省各级驻村工作队员一定要从这个高度，进一步提高对驻村工作重大意义的认识，全面理解和把握省委提出的驻村工作四项任务，向孟津县房管局驻村工作队那样，自觉按照"三个代表"的要求，以满腔的热情，为贫困村脱贫致富加大助力，搞好服务，全省的驻村工作就一定会提高到一个新的水平。

（二）紧紧抓住加强村基层组织和政权建设这个关键，驻村工作才能有所作为。能够为所驻的贫困村跑来项目，要来资金，尽可能地改善所驻村群众生活生产条件，是完全必要的，群众当然是欢迎的。但是，对于那些跑不来项目、要不来资金的不管钱不管物单位的工作队，是否就意味着群众不欢迎、驻村工作就无所作为呢？孟津县房管局驻村工作队取得的成绩则给予了明确的回答。据我们了解，孟津县房管局因该县财政比较困难，连工资都不能正常发放，是一个典型的一不管钱二不管物的单位，对常袋村投入的资金一年多来也只有几千元（这些钱大多是局里干部职工捐助的）。但是该局驻村工作队并没有因此而失去工作信心，而是按照省委对驻村工作的要求，扎扎实实抓村"两委"班子建设，所以使所驻村在短短的一年多时间里发生了根本性的变化。从我们第二批进驻村的情况看，村级组织的后进面相对更大一些，存在的突出问题更多一些。驻村工作队即使跑不来项目，要不来资金，只要向孟津县房管局工作队那样，着力抓好所驻村"两委"班子建设、为所驻村留下一支永远不走的工作队，同样会受到贫困村干部群众的欢迎，同样能够为贫困村的发展作出突出的贡献。

（三）**千方百计为所驻村谋发展，才能受到所驻村干部群众的衷心拥护**。贫困村由于受到各方面条件的制约，经济发展缓慢，有的村甚至还没有完全解决温饱。因为缺钱，群众患了病只能忍着受着，有的孩子考上了学校也上不起，他们对脱贫致富有着强烈的愿望。孟津县房管局驻村工作队在抓班子、树正气的同时，帮助群众转变观念，发动干部群众制定村发展规划，请农业技术人员来村里讲实用技术，组织村干部群众外出参观学习，因地制宜搞农业结构调整，种植优质小麦，发展蔬菜、药材种植和养殖业，逐步使户户有了致富门路，人人有事可做，从而激发了广大农民群众求发展的强烈愿望，心往脱贫上想，劲往致富上使，上访闹事的人没有了，村里稳定了，生产增收了，群众收入增长了，对驻村工作队更加信赖了。所以，2002年3月孟津县房管局驻村工作队完成一年驻村任务将要撤离该村时，在干部群众的强烈要求下，经县驻村办批准，该局工作队又在常袋村驻了下来。这充分说明，驻村工作一定要把促进经济发展作为第一要务，才能得到群众的衷心拥护，这也是驻村工作根本目的之所在。

（四）**只有认真解决所驻村的热点、难点问题，才能迅速打开驻村工作的局面**。我省这次下派机关干部进驻的1万个贫困落后村，大都存在这样或那样的矛盾和问题，有些问题是多种矛盾交织、长期积累造成的。如何迅速打开驻村工作的局面，孟津县房管局工作队一年多的驻村工作说明，给钱给物不是打开驻村工作局面的唯一手段。他们从群众反映强烈的热点、难点问题入手，从群众最不满意的问题抓起，从群众最希望的事情做起，按照有什么问题就解决什么问题、什么问题突出就重点解决什么问题的原则，顶住阻力，化解矛盾，扭转村风，理顺民心，深入细致的思想工作，使群众反映强烈的村组账目混乱、部分群众抗交提留款及哄抢公有土地等问题顺利地得到了解决，有效地打击了歪风邪气，为所驻村的发展稳定扫清了障碍。这说明，只要我们的驻村队员切实按照"三个代表"的要求，真心真意地帮助所驻村群众排忧解难，着力解决制约所驻村发展、影响所驻村稳定的突出问题，就能迅速推动驻村工作的开展。

（五）驻村工作队队员要有良好的精神状态，扑下身子，扎实工作，才能赢得所驻村广大干部群众的支持。这些年来，群众对搞形式主义的现象比较反感。所以驻村工作队进村之初，干部群众不大信任，加之农村生活工作条件非常艰苦，机关下来的干部能不能真正住下来为他们办实事，相当一部分群众持怀疑态度。孟津县房管局驻村工作队的同志们，牢记党组织的重托，为了尽快改变常袋村的落后面貌，克服了生活上的种种困难，坚持同群众住在一个村，吃在一个村。常袋村距离县城仅有十公里，且交通十分方便，从队长、副队长到工作队队员忙起来经常40多天不回家，有的队员在工作的关键时期患病了仍坚持工作，他们良好的精神状态赢得了所驻村广大干部群众的支持和信赖。孟津县房管局驻村工作队的事迹充分说明，在较短的时间里，逐一解决贫困村一个又一个棘手的矛盾和问题，就必须以对党的事业高度负责的精神，以对贫困村农民群众深厚的感情，扑下身子，埋头苦干，真心实意为农民办好事、办实事。有了这种良好的精神状态，有了人民群众的大力支持，就一定能够克服驻村工作中遇到的各种困难，圆满完成驻村工作的各项任务。

# 要紧紧围绕党委、政府的
# 中心工作开展调查研究

　　《"驻村工作队救活了俺常袋村"——孟津县房管局驻村工作的调查》，是笔者在第二批驻村工作中担任驻孟津县工作队总队长期间，听取驻该县各个工作队的工作汇报时发现的线索，尔后与省委办公厅驻孟津县工作队成员姚保松、张世平同志一起深入调查后而写成的。时任省委书记陈奎元同志阅后作了批示："孟津县房管局驻村工作队经过一年的工作，帮助一个落后村、'两委'班子瘫痪的村改变了面貌，村支部被省委组织部命名为'五好党支部'，四名工作队员及原单位一无钱二无物，驻村一年多募集的资金只有几千元，大多是局里干部捐助的。这个生动的样板充分说明：只要真正深入群众，找准落后村存在问题和矛盾的症结，敢于发动和依靠党员和人民群众去破解矛盾，帮助群众理出发展的思路、寻找致富的门路，就一定会取得积极的成果，就一定会受到群众由衷的赞赏和拥护。孟津县房管局这几名工作队员一年来取得的成绩很不容易、很有水平，请驻村办将这个调查发至各工作队参阅。明年抽调工作队集训时，介绍常袋村工作的经验。"

　　河南省驻村工作办公室根据省委主要领导同志的批示要求，加按语向全省各驻村工作队转发了这篇调查报告，2003年2月13日，《河南日报》在头版刊登了这篇调查报告。

各级办公厅（室）的一切工作都是围绕党的中心任务而展开，为党委、政府决策及决策的具体落实服务的。这就决定了各级办公厅（室）的调查研究必须符合"围绕中心，服务决策，指导工作"这一指导思想。所以，各级党政办公厅（室）的调查研究，要把为党委、政府的中心工作服务，为领导同志进行决策和指导工作服务作为出发点和落脚点。离开了党委、政府的中心工作，调查研究就会成为"无的放矢"。为了认真贯彻落实"三个代表"重要思想，切实解决农村存在的突出问题，帮助贫困村加快脱贫致富步伐，河南省委、省政府决定从 2001 年起，每年从省、市、县（市、区）、乡（镇）党政机关和事业单位中抽 4 万名干部组成工作队分别进驻到 500 个乡（镇）中相对贫困落后的 1 万个村帮助工作。这是省委、省政府进一步加强和改进新时期农村工作，促进全省农村加快发展的一项重大举措，在当时驻村工作是省委、省政府的一项很重要的中心工作。抽调机关干部人员这么多，驻村时间这么长，驻村范围这么大，这是多年来所没有的。那么，省委、省政府作出这一重大决策后，通过一年多的驻村实践，所取得的效果如何，驻村工作在实际工作中遇到了哪些新的问题，如何加以妥善解决，如何进一步提高对驻村工作重要性的认识，统一思想，把驻村工作做得更扎实、更富有成效以达到省委、省政府的预期目的，等等，这些问题都是省委、省政府特别关注的。笔者带着这些问题，深入到驻村工作队和贫困村，与驻村工作队队员及农村干部、农民群众一起座谈，总结出了孟津县房管局驻村工作队开展驻村工作的做法及其所取得的成效。《"驻村工作队救活了俺常袋村"——孟津县房管局驻村工作的调查》，介绍了孟津县房管局驻村工作队认真实践"三个代表"重要思想，怀着对农民群众的深厚感情，在一无资金二无物资的情况下，紧紧依靠所驻村党员和农民群众，从加强村"两委"班子建设入手，认真解决群众关心的热点、难点问题，帮助村"两委"班子理清发展思路，经过短短一年多时间的辛苦工作，就把一个原来远近闻名的混乱村，变成了受到省、市、县表彰的先进村。孟津县房管局驻村工作队的做法及取得的显著成效，无疑对全省各驻村工作队圆满完成驻村工作任务具有重要参考和借鉴作用，所以引起了省委主要领导同志的重视和肯定。

这篇调查报告被省驻村办印发及《河南日报》刊登后，先后有50多个驻村工作队前往驻常袋村工作队学习、取经，中共洛阳市委、中共孟津县委分别作出了向孟津县房管局驻村工作队学习的决定。2003年，第三批驻村工作队集训时，省驻村办又安排孟津县房管局驻村工作队，向驻村队员介绍了他们做好驻村工作的做法和体会。这篇调查报告，对于全省广大驻村工作队员全面理解和把握省委提出的驻村工作任务，搞好所驻村两个文明建设，把驻村工作引向深入，起到了积极的促进作用。

这篇调查报告所产生的效果给我们的启示是，各级办公厅（室）及广大文秘人员，在自行选定调研题目时，一定要紧密围绕党委、政府的中心工作，一定要使自己所选定的调研题目和所反映的问题与领导正在研究、思考和关注的重大问题合拍。这样调查研究才会有针对性，调查报告才会产生良好的决策效应和指导工作效果。

# 范　例

# 扩大小额贷款促进农民增收 ①
## ——南阳市农村信用联社创建信用村、乡（镇）的调查

南阳市农村信用联社现辖 13 个县级联社、260 个农村信用社、5712 名职工。2000 年来，该社以评选信用户，创建信用村、乡（镇）为载体，加大支持农民增收力度。2001 年以来 3 年累计投放 223.6 亿元，其中小额农贷 157.8 亿元，占 70.6%，有力地促进了农村经济的发展和农民增收。据 2003 年 11 月对全市 30 个信用村、1000 余个信用户的调查，信用村的农民人均收入达 2063 元，比创建信用村前增加 163 元，增幅达 8.58%，高出全市平均增幅 5.88 个百分点；信用户人均收入净增 256 元，增幅较其他农户人均高 9.17 个百分点。全市农村信用社经营效益也不断提高，至 2003 年年底，存、贷款余额已分别达 137.6 亿元和 113.1 亿元，较 2001 年年初增加 34.3% 和 43.8%；存、贷款份额分别占南阳市金融机构实践篇总和的 29.4% 和 29.3%，占全省农村信用社系统的 10.8% 和 11.2%，均居第一位，已连续两年实现整体性盈利。南阳市信用联社先后被人民银行总行授予"全国农村信用社支农先进单位"，被省委、省政府授予"文明单位"称号，被南阳市委、市政府通令嘉奖。

---

① 李立民、许卫平、张敬华，载中共河南省委办公厅《工作情况交流》2004 年第 6 期、《河南日报》2004 年 6 月 19 日头版头条。

## 一、创建信用村、乡（镇）的主要做法

1998年年末，南阳市农户贷款面不足20%，50%以上申请贷款的信用社以现金形式收回的到期贷款本息占到期贷款应收本息的60%以下。为走出"两难"怪圈，支持农民增收，促进自身发展，南阳市农村信用社在1999年开展创建信用户的基础上，于2000年起先后在全市农村广泛深入地开展了创建信用村、乡（镇）活动。创建信用村、乡（镇）活动，实质上是为了解决农村信用社收贷难、农民贷款难、农业信贷投入不足、农村经济发展缓慢等问题而建立的一种由农户自愿参加，政府指导监督，农村信用社提供贷款信用的信贷管理模式，是由乡（镇）政府、农村信用社、村委会和农户在互相信任的基础上，携手合作，共同建立的"四位一体"的社会信用服务体系，旨在促进农民增收，农村信用社增效。

（一）**典型引路，宣传发动**。按照"典型引路，探索实践，总结完善，全面推广"的原则，首先选择在淅川县厚坡镇进行创建信用乡（镇）试点。淅川县是国家级贫困县，厚坡镇处于丘陵地带，人口8.3万，耕地16.4万亩，是南阳市十大乡镇之一，但该镇经济发展多年，位于淅川县的后进位次。厚坡信用社至2000年年底已连续四年亏损。通过创建信用村、乡（镇）后，至2001年年底，在信用社的资金支持下，该镇"一优双高"辣椒示范园和烟叶种植面积分别达12万亩和3000亩，增长30.3%和21.6%；新培育大枣示范园1800亩，种养加专业户新增2451户。该镇羊窝村靠信用社的80万贷款，发展养羊户300多户，养羊3万余只，仅此一项人均增收500元以上。该镇农村信用社各项存款净增1175万元，增幅居全县第一，各项贷款净增970万元，增幅为前三年的总和；不良贷款下降23.6%，实现利润26.96万元。同时，在制定下发创建信用村、镇实施方案后，通过

会议、广播、电视、开展咨询活动等形式，对创建活动广泛深入地宣传，达成了共识，统一了思想。2002年，全市共召开各类创建会议1300余次。

（二）**政信联手，协调配合**。南阳市农村信用联社在创建活动中，得到了南阳市各级政府的大力支持。2001年12月，南阳召开了全市创建信用乡镇工作会议。市政府成立了以常务副市长为组长，公、检、法、税务、工商等单位为成员的领导小组，印发了《关于在全市范围内开展创建信用乡镇工作实施方案的通知》和《关于印发清收盘活农村信用社不良贷款工作方案的通知》，县、乡、村也都成立了创建活动领导小组，切实加强对创建工作的领导，并将创建工作纳入全市各级政府的目标管理，确保创建活动顺利开展。乡镇政府、村委会和农村信用社在达成共识的基础上，分别签订《信用村、镇贷款管理协议》和《信用社贷款管理协议》，明确各自职责。

（三）**评估资信，建档发证**。信用社组织信贷人员深入各村委会，对农户逐户进行调查摸底，建立健全农户经济档案，内容包括家庭成员、财产状况、收入情况及固定资产等，经农户申请再从中评选信用户。截至2003年年底，南阳市为：197.6万户农户建立经济档案，约占全市总农户的80%。成立农户资信评定小组，农户资信评定小组人员由信用社主任、信贷员、村委会主任、村民代表组成，根据农户的社会信誉、经济状况、遵纪守法等情况，按三个等级资信评估，张榜公布。一级信用户授信额度为5000—10000元，二实践篇级信用户为3000—5000元，三级信用户为1000—3000元，有35户信用户联保信贷额度可提高到5万元。信用社按一户一档、一户一证管理。对所评的信用户颁发信用证。信用户在授信额度内贷款不再办理担保、抵押手续。

（四）**检查验收，授匾挂牌**。每年对信用户、信用村、信用乡

（镇）检查验收评定一次。凡信用户在 70% 以上的村，可评为信用村；信用村在 60% 以上的乡（镇）可评为信用乡（镇）。被评定为信用村、信用乡（镇）的，召开表彰大会授牌，被评为信用户的发给信用证并挂信用户门牌。采取激励措施，对信用户实行"贷款优先，利率优惠，期限放宽"的政策。对信用村、信用乡（镇）盘活的贷款全部用于扶持本村、乡（镇）的支柱产业发展。信用社还对信用户、信用村、信用乡（镇）实行科技扶持，免费为其提供关于种、养、加工等方面的科技资料。

**（五）多方结合，为民谋富。**南阳市信用联社在创建活动中，牢牢把握为农服务这个中心，注意搞好三个结合：一是与农村产业结构调整结合。在南阳市第一批试点的 13 个信用村，3 个信用乡（镇）中，全部是农业结构调整步伐较快的村、乡（镇）。2001 年，农村信用社就向这 16 个信用村、信用乡（镇）累计投放信贷资金 4200 余万元。2003 年全市农村信用社信贷投向突出了中药材种植、无公害蔬菜种植和畜牧养殖三个重点，农户小额贷款和农户联保贷款增加 16.1 亿元，占贷款增量的 106.7%。二是与推行农村信用社客户经理制结合。每位客户经理深入农村田间地头和农户，上门为农民办理存款、贷款、结算、咨询等金融业务。三是与农村信用社"一联三送两促进"活动结合。要求每年每位客户经理要向自己所联系的 100 个农户，上门送资金、送科技、送信息，促进农民增收、促进农民按期还贷。三年来全市信用社已先后免费为农户送科技书籍 20 万册，送科技光盘 4280 套，送信息万余条。截至 2003 年年底，南阳市已累计评选信用户 57.2 万户，占该市农户总数的 28.9%；评选信用村 2391 个，占该市行政村总数的 26.7%；评选信用乡镇 42 个，占该市乡镇总数的 14.8%。

## 二、创建信用村、乡（镇）取得了明显效果

经过几年的实施，创建信用户、村、乡（镇）活动实现了"四个满意"：经济发展有保障，政府满意；农村工作有活力，干部满意；脱贫致富有靠山，农民满意；搞活业务有源头，信用社满意。

（一）**较好地解决了贷款收贷"两难"的问题**。南阳市信用社都设立了农户贷款专柜，信用户凭本人贷款证和身份证即可随时到柜台办理贷款，使贷款难问题迎刃而解。该市农村信用社将当年 80% 以上的贷款贷给了信用户、信用村。目前，全市信用村中 70% 以上的农户与农村信用社有信贷关系。创建信用户、村、乡（镇），促使广大基层干部和农民自觉营造"守信光荣、毁信可耻"和"人人守信用、户户忙致富"的良好环境。谁不守信按时还贷，不仅影响个人今后贷款和生产收入，而且直接影响本人所在"信用村"的声誉，会受到全村群众的指责。因此，个别农民如果因特殊情况到期还不上贷款，就向亲戚朋友借钱也要按时还贷，实现了"要我还钱"到"我应还钱"的转变。至 2003 年年底，南阳市农村信用社贷款到期后主动归还的比例已接近 80%，目前当年新放贷款收回率在 98% 以上。许多信用社出现了农户主动排队还贷的喜人景象。

（二）**农民的收入大幅度提高**。通过创建活动，广大农民及时贷到小额贷款，用于发展周期短、收益快的种植、养殖业，收入大幅度提高。南召县是地处伏牛山腹地的国家级贫困县，该县 80% 的农户被评为信用户后，通过信用社 1.86 亿元的小额农贷支持促进了农民增收，2003 年全县农民人均纯收入达到 1620 元，比 2001 年净增 154 元。淅川县厚坡镇张楼村农民程存良原来是村上有名的特困户，两个儿子到了结婚的年龄还没人提亲。2001 年被评为信用户后，在信用社贷款 2 万元发展养羊，年收入 6.5 万元，成为当地有名的脱贫

示范户，2002年3月同一天娶来了两个儿媳妇，在当地传为佳话。

**（三）农业结构调整步伐加快。** 在创建活动中，农村信用社以信用户、信用村为基础，大力支持各地建设农产品基地、具有区域特色和传统优势的主导产业、农副产品批发市场、高科技农业以及为农业服务的社会化服务体系。地处豫西南山区的西峡县在信用社信贷支持下，至2003年年底已建成猕猴桃基地8.5万亩，袋料香菇4000多万袋，山区中药材39万余亩，培育了130余个专业村、特色经济带。产业结构的调整使这里的农民年人均收入增加5%以上。镇平县王岗乡地处丘陵地带，16个行政村中8个是省级贫困村，2002年以来改变传统的粮棉种植，对有意发展林果业的优先贷款，林果种植户由30户迅速发展到297户，引进日本、美国的金太阳杏、黑宝石李子及大枣等10多个品种，平均每亩黑宝石李子比过去每年种粮净增3000余元。该乡林果种植已形成了规模化、区域化，相关的冷藏、包装、运输、深加工等产业也发展起来。

**（四）地方财政实力明显增强。** 南阳市已命名的信用乡（镇）财政收入都有较大幅度的增加。有了启动资金，广大农村迅速形成了一大批专业户、专业村，随着产业链条的拉长，相关产业和服务业也发展起来，地方财政随之大幅提高。淅川县厚坡镇是国家级贫困县中最穷的一个镇，2001年被评为信用镇后，由于得到了信用社资金的大力支持，在农业遭受多年不遇的旱灾的情况下，镇财政收入仍达750万元，实现了历史性的跨越。方城县清河乡草场坡村是2001年年初开展创建活动的，当年农民人均收入达2200元，并为该乡财政增收108万元。

**（五）农村信用社的经营效益显著提高。** 由于南阳市各级农村信用社支持农民发展生产，各级地方政府及广大农民也全力支持信用社业务的发展。截至2003年年底，南阳市信用联社存、贷款余额分别较 2001 年年初增加 34.3% 和 43.8%；不良贷款余额为 32.6 亿元，3 年下降了 22 个百分点，降幅为 43%，当年新放贷款收回率由 2000 年的 56.6% 提高到目前的 98%，已连续 4 年被省信合办评为业务经营先进单位。新野县城郊信用社。1999 年为该县信用社亏损第一大户。2000 年开展创建活动，至 2002 年年末该社存、贷款余额分别达 8879 万元和 7400 万元，较 1999 年增加 2720 万元和 2480 万元，实现利润 95 万元，居全市信用社系统第一。南阳市各级信用社效益的提高也使员工的收入大幅增加，目前信用联社系统员工人均收入达到 1100 元。

**（六）进一步密切了党群干群关系**。在开展创建活动中，南阳市各级党政干部按照"三个代表"重要思想的要求，主动为广大农民贷款牵线搭桥，配合信用社给农民送资金、送项目、送科技、送信息，实实在在为农民发展生产提供服务，农民打心眼儿里感激党和政府。社旗县桥头镇党委、政府在创建活动中，免费组织 300 多个信用户到山东省高科技农业示范园区参观学习，开展技术培训，还为信用户提供良种、技术、信息、销售等服务，使每个信用户都有了致富项目。该镇小河流村 100 余户农民经过政府和信用社的帮助，种植大棚蔬菜，户年均收入 1.5 万元；20 户信用户利用坑塘养鸭，户年均收入 4.5 万元左右。

# 调查研究要以解决实际问题
# 作为出发点和落脚点

　　《扩大小额贷款促进农民增收——南阳市农村信用联社创建信用村、乡（镇）的调查》，是笔者从 2004 年 2 月 18 日《河南日报》刊登的《南阳市信用联社多策并举促进农民增收》这篇短新闻稿中获得的线索，随后与省委办公厅的许卫平、张敬华同志一起前往南阳市深入县（市）、乡（镇）调查而撰写成的。这篇调查报告被省委办公厅《工作情况交流》刊登后，时任省委常委、省政府副省长王明义同志作了批示："这个调查报告题目抓得很好。调查报告材料详尽，五条做法、六方面成效，讲得实实在在，四点启示很有针对性。请金融办、银监局可考虑用适当方式予以转发。让农村金融部门能借鉴南阳农信社的做法，在支持'三农'方面把工作做得更实更好。"省金融办、银监局以及省农业综合开发办（扶贫办）先后分别向本系统有关部门转发了这篇调查报告；《河南日报》于 2004 年 6 月 19 日在头版头条加编者按语刊登了这篇调查报告，其编者按是："农村信用社如何大力发展农户小额贷款促进农民增收，充分发挥农村金融主力军作用，是当前乃至今后需要认真研究和解决的一个重要问题。从我省农村现实情况看，当前调整农业结构，提高农民收入，仅靠上级的扶持资金是解决不了问题的，其根本出路在于充分发挥广大农民调整种植结构，发展周期短、见效快的小种植业、小养殖业的内在作用。而关键的问题是农民缺少起步资金，这个问题的症结又在于信用社担心贷出去收不回来不敢贷给农民，而急需小额贷款的广大农民想贷款又贷不成。针对这个问题，南阳市农村信用联社在地方政府的大力支持下，扎扎实实开展创建信用户、信用村、信用乡（镇）活动，较好地解决了信用社收贷难、农民贷款难的问题，实现了农富社兴'双赢'。其做法和经验值得全省各地农村金融部门借鉴。"河南省政府于2004年12月上旬，在南阳市农村信用联社召开了全省农村信用社工作现场会，推广了该社支持"三农"的做法和经验。

2004年年初，中共中央、国务院下发了《关于促进农民增加收入若干政策的意见》（即中央一号文件），充分反映了党中央、国务院对广大农民的关怀，并就如何增加农民收入作出了安排和部署。河南是一个农业大省，农村经济不发达，农民人均收入较低，要实现建设小康社会的奋斗目标，任务异常艰巨，重点难点在农村。现实情况是，制约农民增加收入的关键问题是缺少起步资金。长期以来，在农村资金投入渠道单一的情况下，农村信用社小额贷款对广大农民增加收入的支持作用并没有发挥出来。问题的症结在于：农村信用社即使有钱也担心贷出去收不回来，从而不敢贷给农民，而急需小额贷款发展小种植、小养殖业的广大农民想贷又贷不成。二者相互作用，互为因果，形成一个恶性循环的"怪圈"，严重影响了农民增收和农村信用社的自身发展。如何妥善解决这个长期困扰农村经济发展的问题？这篇调查报告所总结介绍的南阳市农村信用联社以建立农户经济档案为基础，以发放"农户信贷守信卡"为载体，在全市广大农村深入开展创建"信用户"、"信用村"、"信用乡（镇）"活动，较好地解决了长期以来存在的信用社放贷难、农民贷款难的问题，实现了农富社兴"双赢"，无疑对全省广大农村落实中央一号文件、增加农民收入，具有重要推广价值。

毛泽东同志有句名言，"调查研究就像'十月怀胎'，解决问题就像'一朝分娩'"。他用一个生动形象的比喻说明了调查研究与解决问题的关系。调查研究是手段、是过程，解决问题是目的、是结果；调查研究是为了解决问题，而要解决问题必须搞好调查研究。也正是从这个意义上讲，检验调查研究搞得好不好的标准，不应只看是否下基层搞了调查研究、是否写了调查报告，而主要应看是否了解了真实情况，是否提出了解决问题的有效办法从而推动了工作。办公厅（室）的调查研究，是为领导同志决策和指导工作服务的，因此办公厅（室）的调查研究一定要站在党委、政府及领导同志的角度，把研究解决当前改革、发展、稳定工作中的实际问题作为出发点和落脚点，想领导所想，急领导所急，既要及时反映改革、发展、稳定遇到的问题，又要就如何解决这些问题向领导同志提出有见地的建议。

范　例

# 着力构建循环经济产业链
# 促进经济社会可持续发展[①]
## ——鹤壁市发展循环经济的调查

　　最近，我们对鹤壁市发展循环经济的情况进行了调研。其间，先后与鹤壁市委、市政府的领导同志，市发改委等 4 个市直部门及鹤煤集团等 5 家企业的负责同志进行了座谈讨论，实地察看了鹤煤四矿、万和发电、维恩克镁基材料、同力水泥、大用、云梦山生物有机肥料公司等企业，对鹤壁市循环经济发展情况有了一个客观的了解。鹤壁市是一座因煤而建、以煤而兴的资源型工业城市。2002年以来，该市积极探索产业转型和资源型城市转型，实现可持续发展的新途径，累计投资 115 亿元，新上 35 个工业循环经济项目，其中一些项目相继建成投产，经济和社会效益都取得了初步成效。2004 年，该市被省政府确定为全省省辖市中唯一的循环经济试点市，目前正在积极争取国家循环经济试点市。

## 一、鹤壁市循环经济发展情况

　　鹤壁市矿产资源丰富，已探明的矿藏主要有煤炭、水泥灰岩、白云岩、耐火黏土等 30 多种。依托丰富的自然资源，经过几十年的

---

　　①李立民、张世平、杨留晓，载中共河南省委办公厅《调查与建议》2005 年第 5 期、《工作情况交流》2005 年第 22 期、《河南日报》2005 年 8 月 7 日头版头条。

发展，该市形成了门类较为齐全的工业基础，其中资源型工业、先进制造业、食品加工业成为工业经济的三大支柱产业。煤炭、电力、水泥、金属镁等资源型工业占全市工业 GDP 的 49.4% 以上、利税的 60% 以上。但是，长期以来由于产业发展结构不合理，资源综合利用率不高，大量生产、大量消耗、大量废弃的粗放型经济增长方式给经济社会发展和生态环境建设带来了沉重压力。截至目前，全市煤炭行业存放煤矸石 1500 万吨，占地 670 多亩，每年仍以 50 万吨的数量递增，年排放矿井水 3160 万立方米、瓦斯气 4541 万立方米；金属镁行业积累废渣 120 万吨，每年仍以 1∶12 的比例递增；电力行业年产生粉煤灰 36 万吨以上，电厂三期建成后年用水 4384 万吨，年排放粉煤灰 142 万吨、废气 164 亿立方米以上；水泥行业年排放废气 95.5 亿立方米以上，同力水泥三期建成后年排放废气 200 亿立方米；畜牧加工业年产生废水 300 万吨、废气 100 万立方米、废物 44 万吨。化工、造纸等行业废气、废水的排放也没有得到有效的利用和根本治理。

面对日益严峻的环境容量形势、日益恶化的生态环境和日益突出的资源供需矛盾，鹤壁市委、市政府认识到，如果沿用粗放型经济增长模式，资源存量和环境承载力将不能支持经济持续快速发展，并且将进一步加大对生态和环境的破坏，贻害子孙后代。而大力发展循环经济，不仅能够提高资源利用率和经济效益，减少废弃物排放，改善生态环境质量，而且还能够培育新的经济增长点，转变经济增长方式，实现经济社会可持续发展。因此，鹤壁市 2004 年在市委六届九次全会上正式把发展循环经济作为走新型工业化道路、实现工业强市的重要战略，进一步突出煤炭、电力、水泥、金属镁和畜牧业生产加工等循环经济产业链，加速构建资源——产品——再生资源经济发展模式。

## 二、抓住经济发展转型机遇，努力构建五个循环经济产业链

（一）以鹤煤集团为核心，构建煤炭开采及综合利用产业链。近年来，鹤壁市积极探索煤矸石、矿井水、瓦斯（煤层气）综合利用的途径和方式，规划和开工建设了一批综合利用项目。如：2003年12月鹤煤集团开工建设的2×13.5万千瓦综合利用热电联产项目，2006年6月建成后年可消耗煤矸石、煤泥、劣质煤112万吨，替代分散运行的46台小锅炉向新城区集中供热。2004年10月，鹤煤四矿在全省率先安装投入运营2×500千瓦瓦斯发电机组，年抽采瓦斯气90万立方米/台，下一步将在其他6个矿推广安装20台，全部建成后年可发电6600万度，既有效利用了废气、降低了大气朽染，又节约了资源、提高了煤矿安全生产水平。2004年7月，鹤煤与澳大利亚森源公司签订合作建设1万千瓦废煤/废气混合燃烧电厂协议，2006年年底建成后年可发电5000万度，节约标准煤1.5万吨，减排二氧化硫405吨。该集团年产1.8亿块煤矸石烧结砖项目正在前期准备，2006年下半年建成后年消耗煤矸石40万吨，可全部消耗掉本企业全年产生的煤矸石。国家发改委综合利用示范项目——鹤煤矿井水综合利用项目2005年6月底开工，2006年6月建成后年处理矿井水2620万吨，可供工业生产再使用。鹤煤计划3年内使单位产品的能耗、物耗、水耗和污染物排放量达到国际或国内清洁生产先进水平。

（二）以万和发电公司为核心，构建电力生产及废弃物转化产业链。万和电厂二期2×30万千瓦第一台机组于2005年5月底并网发电，第二台8月份投入运营；三期2×60万千瓦项目正在加快建设。二、三期投产后，全市电力装机容量超过250万千瓦，届时基本上可以全部转化本地煤。一期脱硫设施建设和电除尘器改造项目正在准

备实施；二、三期同步设计了脱硫系统，脱硫后伴生的硫酸钙和亚硫酸钙，一部分用于生产水泥，一部分用于生产高品质石膏。1997 年，万和发电公司投资 650 万元建成年产 1000 万块粉煤灰灰渣蒸养制砖厂，综合利用灰渣 4 万吨 / 年；2004 年又投资 2000 多万元建成粉煤灰分选装置，处理量 25 吨 / 时，粉煤灰综合利用率在 95% 以上。

**（三）以同力水泥公司为核心，构建水泥余热—发电和粉煤灰—水泥产业链。**2005 年年底前，同力水泥开工建设 2 × 0.6 万千瓦纯低温余热发电项目，利用煅烧熟料时排放的大量废气余热回收发电，2006 年下半年建成后年可发电 7560 万度，节约标准煤 3.3 万吨。利用电厂排放的粉煤灰和工业废渣作为配料生产水泥，年消耗粉煤灰 19 万吨、废渣 15 万吨，使原材料占水泥总成本的比重降为 20%；三期 7 月份建成后日产熟料 1 万吨，可全部转化本市的粉煤灰，同时还可消化部分外地粉煤灰，仅此一项，每年可节约 80 万吨黏土。至 2007 年，在本市和安阳、濮阳、郑州等地，利用工业废渣，分阶段建设水泥粉磨站和混凝土搅拌站，延长水泥产业链，提高水泥产品的附加值。

**（四）以维恩克公司为核心，构建金属镁—废渣—建材产业链。**维恩克 2004 年投资建设的 1.2 万吨硅热法金属镁冶炼项目，采用洁净化能源水煤浆（煤基流体燃料）替代原煤技术，同年 11 月建成第一条水煤浆生产线，吨镁煤耗从过去的 10 吨减少到 5 吨—7 吨，燃烧效率由原来的。70% 提高到 98%，减少了烟尘排放，实现了清洁生产。2005 年年底前计划开工建设利用废渣（每生产 1 吨镁约有 9 吨矿石变成废渣）和余热蒸压加气制备 15 万立方米砌块砖项目，2006 年年底建成后年可消耗废渣 10 万吨，提高资源利用率 20% 以上，实现销售收入 1500 万元。规划建设废气制备纯碱项目（生产 1 吨镁排放 4.5 吨以上废气，1 吨废气可制成 1.8 吨纯碱），每生产 1 吨镁可以制备 8 吨纯碱。规划建设 2×0.75 万千瓦高温烟气余热和废渣余热发电项目，供公司生产用电，提高热利用率。规划建设维恩克年产 5 万吨镁及镁合金、年产 200 万只镁合金汽车轮毂压铸件等深加工项目，加快镁合金板材及铸件开发，推广镁合金在汽车零部件和航空板材方面的应用。

（五）以大用、永达、柳江等加工企业为龙头，构建畜产品加工及其废物回收利用产业链。以大用、永达、柳江公司等猪、鸡、牛、羊养殖加工企业为龙头，形成种植——养殖——食品加工——污水和废物回收利用等产业链，向上延伸带动玉米、大豆和饲草种植，玉米、大豆分别向饲料和食品工业转化，饲草、秸秆、玉米心分别向饲料和化工原料转化；向下延伸带动畜禽精细加工程度不断提高，实现向分割制品、熟肉制品、含肉食品转化，拉长养殖加工链条。综合利用秸秆、动物血、骨、脏器、畜禽粪便、羽毛和废水，打造畜牧养殖加工——粪便——有机肥——优质无公害蔬菜和秸秆青贮——畜禽养殖加工——畜禽粪便——沼气与渣——肥料还田循环链。全市现有猪鸡粪便专业化处理加工厂 10 余家，90% 以上规模饲养场户建有猪鸡粪便处理池和处理场所。淇县与中国农科院合作建设的云梦山生物有机肥料公司，利用鸡猪牛粪、秸秆等原料生产有机复合肥，年处理粪便 20 万吨，可生产有机肥料 5.8 万吨，实现销售额 6400 多万元，产品供不应求，市场前景可观。大用公司精深加工鸡血，变废为宝，将羽毛深加工成饲料添加剂，利用价值不大的鸡肠等副产品加工成饲料用来养殖鲇鱼等。浚县 23 家动物源性饲料加工企业年可加工利用羽毛、血、骨等废弃物 8 万吨，其中立世集团蛋白质饲料厂利用畜禽下角料及杂骨、碎皮、羽毛年产 3 万吨动物性浓缩饲料和 2 万多吨生物益生素，2004 年实现销售收入 7000 多万元，创汇 50 万美元。正道秸秆科技公司研制的玉米联合作业机，收割玉米时能同时完成 12 种作业，分离出的叶片通过烘干、灭菌、脱水、制成干燥叶片砖，可作为牛羊饲料；秆皮、秆心可分别作为造纸原料和提取低聚木糖的化工原料。目前，已完成主功能试验，10 月份可确型定产。该市常年种植玉米 90 万亩，全部采用此技术后年可实现综合循环经济产值 19 亿元。

## 三、鹤壁市发展循环经济的几点启示

鹤壁市努力构建五大循环经济产业链，发展循环经济所取得的初步效果，可给我们以下四点启示：

**（一）要抓住经济增长方式转变的机遇，把发展循环经济摆在更加突出的重要位置**。当前，国家从战略和全局的高度，把建设节约型社会和发展循环经济摆在更加突出的重要位置，继续实行限制高耗能、高耗材、高污染的产业政策，对推进矿产资源、工业废物的综合利用和再生资源的回收利用出台了一系列鼓励扶持政策；同时就企业本身来看，出于对环保、资源压力和成本的考虑，实现资源的高效和循环利用、提高资源的产出效益、减少污染排放，企业均有了一定的内在要求；在具有一定规模、管理比较规范的企业，特别是高消耗、高污染、高排放的企业中，降低消耗、加快产业结构调整，发展循环经济的内在动力已经形成。各级党委、政府一定要抓住机遇，准确把握经济增长方式转变的趋势，按照落实科学发展观和走新型工业化道路的要求，把发展循环经济摆在更加突出的重要位置，把加快发展循环经济列入经济、社会发展中长期总体规划，及早动手，通盘考虑，以资源的高效和循环利用促进本地经济、社会的可持续发展。

**（二）要综合运用多种手段措施，为循环经济发展创造政策环境与市场环境**。发展循环经济必须坚持市场运作与政府指导相结合的原则，综合运用经济、法律、行政、科技和教育等手段，采取政策拉动、政府推动和市场运作等措施。第一，要给予政策扶持。各级政府要运用财政、税收、投资、信贷、价格等政策手段，调动各方面积极性，为循环经济的项目建设、投融资、生产销售等创造有利的环境。如，鹤壁万和发电公司1997年建设了粉煤灰制砖厂，利用年发电产生的4万吨灰渣生产高强度墙砖和广场砖1000万块，但由于每块砖的成本高于当地黏土砖2分钱，灰渣砖经营处于亏损状态。公司对这种状况，以及二、三期发电工程投产后将产生的加万吨灰渣的处理问题非常忧虑，迫切希望政府制定和落实有关政策予以扶持，如通过加大禁止使用黏土砖及切实落实已有的征收"墙改费"政策的力度等，提高黏土砖价格，使灰渣砖取得同等或更为优惠的价格优势。第二，要搞好服务协调。由于循环经济是一种新的发展模式，在推进过程的初期阶段，必然会遇到诸多新的情况和问题。如，鹤煤集团四矿以发展循环经济的理念，在我省矿区第一个建起了两台500千瓦的瓦斯发电机组，发电量可满足机关、家属院日常工作和生活用电，其产生的热水可满足几百名矿工每天的洗澡用水，既从根本上消除了瓦斯爆炸这个安全隐患，也取得了可观的经济效益，同时又减少了污染排放，是个一举多得的好事情，而有关部门却认为该矿超范围经营。再如，万和公司在得知市直某单位的建设项目信息后，公司负责人亲自上门推销灰渣砖。这些问题都表明，在发展循环经济的过程中，各级政府要着力为企业利用废弃资源搞好服务和协调，帮助企业解决实际问题，以调动企业发展、促进循环经济的积极性。而上废弃资源利用项目、发展循环经济，往往仅一两个政府主管部门是解决不了、解决不好问题的。为此建议，各省辖市可成立由发改委、环保、科技、财政、工商、税务、农业、建设、土地等部门组成协调机构，服务本地区循环经济的发展。第三，要进行资源整合。鹤壁市发电、金属镁冶炼等行业产生的粉煤灰、灰渣、废渣等数量巨大，存放与环保的代价很高。然而，若由企业各自建立制砖厂予以消化，均受资金、人才、技术等因素的制约，废弃资源利用很难形成规模，规模上不去，经济效益必然受影响，因此上述企业急切盼望由政府对同废弃资源进行整合，对全市企业的粉煤灰、灰渣、废渣统一处理，在本市城乡取代黏土砖，在废物循环利用的同时也保护了宝贵的土地资源。因此，各级政府应采取有效措施，切实加强对循环经济资源的优化配置，发挥规模效益，避免各自为战和重复建设。

**（三）发展循环经济，必须紧紧依靠科技进步**。从鹤壁市循环经济的项目和构建的五大产业链来看，无不是先进技术的运用成果，其中相当一部分是与国内知名科研院所或大型企业合作研发而成。然而，由于目前我省的企业科技基础相对薄弱，技术自主开发能力较差，发展循环经济的技术"瓶颈"制约问题比较突出。如，大用公司多年来发展肉鸡产业化中堆积了大量的孵化后的蛋壳，蝇虫滋生、腥臭扑鼻，严重污染了周边环境，群众对此意见很大。这些蛋壳中富含钙质，具有很高的利用价值，但是由于没有这方面的专业知识和人才，没有掌握先进实用的技术，至今尚未得到开发利用。要加快节能技术服务体系建设，加大循环经济技术开发和推广应用的力度，借助现代高新技术，重点组织开发有普遍推广意义的资源节约和替代技术、能量梯级利用技术、延长产业链和相关产业链接技术、"零排放"技术以及降低再利用成本的技术等，努力突破制约循环经济发展的技术"瓶颈"。一方面，积极支持建立循环经济信息系统和技术咨询服务体系，搭建循环经济信息交流平台，广泛收集国内外技术情报尤其是前沿科技情报，及时向社会发布有关的技术、管理和政策等方面的信息，开展信息咨询。另一方面，要组织开展废弃资源利用科技攻关，争取使更多的循环经济技术项目纳入各级科技攻关计划。对已经掌握的成熟技术，做好宣传培训，加快推广应用。

**（四）要重视和加强试点工作，充分发挥龙头带动作用。**鹤壁市在发展循环经济中，重视总结和培养典型经验，坚持以点带面，先后总结和推广了煤层气和煤矸石发电、水煤浆替代原煤、生物有机肥等循环经济的技术和项目，都发挥了很好的示范带动效应。在发展循环经济的初始阶段，各级政府应从本地实际出发，有计划地抓好试点工作，在不同类型的行业和企业中扶持培育出一批典型，用实实在在的经济和社会效益促进循环经济加快发展。

# 问题和矛盾产生在基层　解决问题和矛盾的办法也蕴藏在基层

　　《着力构建循环经济产业链促进经济社会可持续发展——鹤壁市发展循环经济的调查》，是笔者与省委办公厅的张世平、杨留晓同志一起，在深入鹤壁市实地考察并与市委、市政府领导同志，市政府有关部门、有关企业负责人座谈的基础上撰写出来的，被中共河南省委办公厅《调查与建议》刊发后，时任省委书记徐光春同志阅后作了批示："鹤壁市发展循环经济的探索和取得的成效十分可喜，要宣传和推广鹤壁的做法，在全省大力提倡发展循环经济，更好地落实科学发展观，推进节约型社会的建设。请树平、全书、柏拴、明义、济春同志阅。"时任省委副书记支树平同志批示："请办公厅向下转发这份调查报告，印发光春书记的批示。"时任省委副书记王全书同志批示："请省委宣传部组织省新闻媒体（包括有关中央媒体驻河南记者站），按照徐书记批示的要求，大力宣传和推介鹤壁的成功做法，为发展循环经济、建设节约型社会营造良好的氛围。"时任省委常委、秘书长李柏拴同志批示："请将光春、树平、全书同志的批示印《领导同志批示》，增发省直有关单位。请省委办公厅将《鹤壁市发展循环经济的调查》在《工作情况交流》上刊发。"时任省委常委、省政府副省长王明义同志批示："鹤壁市结合当地资源及产业优势，按照科学发展观的要求，发展循环经济，在优化配置综合利用资源、拉长产业链条等方面取得了较好成效。请发改委等有关方面认真学习光春书记等领导同志批示，认真研究借鉴鹤壁的经验，以促进循环经济的发展。"省委办公厅《工作情况交流》加按语向各省辖市、省直各单位印发了这篇调查报告，按语是："这篇调查报告总结了鹤壁市发展循环经济的主要做法及初步成效，反映了当前建设节约型社会、发展循环经济遇到的新情况、新问题。鹤壁市的探索和取得的成效十分可喜，根据省委主要领导同志的意见，现予以刊发，供各地各部门学习借鉴，以更好地落实科学发展观，推进节约型社会的建设。"《河南日报》2005 年 8 月 7 日头版头条刊登了此文，河南电视台、河南人民广播电台等主要新闻媒体，分别组织记者前往鹤壁市进行深入采访，河南电视台、河南人民广播电台在新闻节目、《中原焦点》栏目中，连续报道了鹤壁市发展循环经济的做法和取得的效果，在全省范围内大力宣传和推介鹤壁市的经验。

随着我国工业化、城镇化和现代化建设的推进，资源需求将持续大幅度增加，资源供需矛盾日益突出，环境压力越来越大。因此，党中央、国务院从战略和全局的高度，要求把建设节约型社会和发展循环经济摆在更加突出的重要位置，进一步转变经济增长方式，以资源的高效和循环利用，促进经济、社会的可持续发展。河南省原材料工业比重大，对资源、能源的消耗高，一方面资源、能源紧张，另一方面要加快发展；一方面要加快工业化进程，另一方面一些企业的生产又给环境造成了很大的压力。要实现经济、社会可持续发展，必须解决以上所面临的矛盾和问题。那么如何从根本上改变高耗能、高耗材、高污染的被动局面，实现从粗放型经济向效益型经济增长方式的转变？这是省委、省政府领导同志特别关注的带有战略性、全局性的重大问题。《着力构建循环经济产业链促进经济社会可持续发展——鹤壁市发展循环经济的调查》，介绍了鹤壁市近年来抓住经济增长方式转变的机遇，积极探索产业转型和资源型城市转型，着力构建循环经济产业链的做法及其取得的明显成效，因此引起了省委领导同志的关注，并对鹤壁市的做法给予了充分的肯定。

这篇调查报告所产生的作用可给我们以下启示：一是在改革开放和现代化建设的进程中，问题和矛盾产生在群众的实践之中，而解决问题和矛盾的办法也蕴藏在群众的实践之中。人民群众是历史的创造者，作为实践主体的人民群众，对改造客观世界的认识最直接、最具体，对改造客观世界最有发言权。人民群众作为改革开放和现代化建设的主体，在党的领导下，勇于探索，勇于创造，顽强拼搏，克服了前进道路上的各种艰难险阻，夺取了一个又一个伟大的胜利。但是，建设中国特色社会主义是前无古人的事业，前进的道路不可能是平坦的，改革开放和现代化建设必然会遇到一些新情况、新矛盾和新问题，这些问题和矛盾产生在基层，产生在人民群众进行现代化建设的实践之中，而解决这些问题和矛盾的办法就蕴藏在基层，蕴藏在人民群众的实践之中。改革开放和现代化建设的实践已经证明，我们在办公室里冥思苦想、百思不得其解的问题，往往在人民群众的实践中已经有了现成的答案。关键的问题是需要我们深入基层、深入群众，去加以认真地研究和总结。二是各级办公厅（室）的调查研究必须紧扣领导决策需要。紧扣领导决策需要，积极主动地搞调查研究，为领导决策和指导工作提供高质量、有参考价值的调查报告，是各级办公厅（室）及文秘人员的基本功。因此，各级办公厅（室）一定要高度重视调查研究工作，要深入基层、深入群众，努力发现和总结对面上工作具有重要推广价值的典型经验，善于发现和反映需要及时加以纠正对面上工作具有重要影响的倾向性问题，这既是各级办公厅（室）提高服务层次、服务水平的重要标志，也是各级办公厅（室）发挥参谋助手作用的重要手段。

范 例

# 关于我省供销社系统靠改革走出
# 困境以促发展的调查 ①

我省供销社系统现有省辖市和县级供销社 151 个，基层供销社1912 个，社属法人企业 3604 个，干部职工 46.31 万人，其中退休人员 8.38 万人。在由计划经济向市场经济转轨过程中，由于多种原因，供销社的经营一度陷入了困境。2001 年末，全省供销社系统积存的政策性和经营性亏损账达 222.5 亿元，社员股金余额最多时达 43.8 亿元；连续十多年经营亏损，年亏损额最多达 9 亿多元，经济效益在全国供销系统处于倒数第二位，先后有 11.78 万职工下岗。干部职工悲观失望、人心涣散，职工上访不断，重大安全责任事故、坑农害农事件接连发生。2002 年以来，省供销总社新的领导班子坚持把改革创新作为解决深层次矛盾和问题的治本之策，在体制改革中求生存，在机制创新中谋发展，在服务"三农"中创佳绩，使全系统在较短的时间内走出了困境并焕发出新的生机。2004 年全系统完成购销总额691 亿元，实现利润 1.53 亿元，上缴税费 2.96 亿元；今年前 7 个月全系统实现利润比上年同期增长 50.7%。社员股金余额由 43.8 亿元下降到 12.1 亿元。目前，全省供销社系统干部职工思想稳定，正一心一意地投入到各项改革发展的工作当中。省供销总社自 2002 年以来连

---

① 李立民、张谦、张世平，载中共河南省委办公厅《调研与建议》2005 年第13 期、《河南日报》2005 年 11 月 24 日头版头条。

年被省政府评为目标管理先进单位，被全国总社评为经营绩效考核优胜单位一等奖、特等奖。全国总社多次推广我省供销社改革发展的经验，仅去年以来就有浙江、吉林、重庆等 20 多个省市的 7000 多人次来我省考察学习。我省供销社系统为什么能在较短的 3 年时间里走出困境并取得较快发展？最近我们到省供销社系统进行了调研，感到主要利益于深化改革。其做法有以下五个方面：

## 一、努力开启思想观念这个总阀门，激发干部职工改革意识、增强走出困境加快发展的信心

省社领导班子在认真分析面临的困难和机遇后认识到，在新的形势下供销社系统只有进一步解放思想、更新观念，以深化改革为动力，大胆革除体制和机制中的弊端、增强活力，才能走出困境、实现振兴。一是统一思想，增强进取意识。采取多种措施努力把干部职工的思想统一到对形势的客观判断上来，引导大家摆脱计划经济的思想桎梏，消除无所作为的思想，把供销社工作放在全省工作的大局中来思考，放到发展"三农"的高度来谋划，为政府分忧，为农民谋利，从而增强了广大干部职工求发展的责任感。二是围绕供销社未来的路如何走、供销社离市场有多远、离农民有多近、扁担精神的红旗还要不要扛等主题，在全系统开展大讨论。通过讨论，使广大干部职工认识到"千难万难不改革更困难"，只要铁了心搞改革，就一定能走出困境并焕发新的生机。三是把加强学习作为解放思想、更新观念的重要措施，以市场经济理论、现代科技知识和供销社业务知识为重点，组织干部职工进行理论和业务学习，同时分批组织总社机关干部，市、县供销社主任，社属企业经营管理人员1000 余人到省外学习考察；举办了发展农村合作经济组织、现代产权制度、网络经营等专题培训班 120 余期。这些做法有效地提高了

干部职工在市场经济条件下开创供销合作事业新局面的信心和能力。在此基础上，提出开展"二次创业"，把为农服务作为根本方向，把抓核心（理思路、抓班子、带队伍）、促中心（抓改革、谋发展、强实力）、聚民心（扬正气、严管理、树形象）作为全系统走出困境、加快发展总的指导思想。

## 二、着力搞好"四项改革"，加快推进供销合作体制和机制创新

在保障农业生产资料供应、搞好农产品流通的基础上，及时把工作重点转向改造基层社、社有企业、联合社和经营网络，不断增强各级供销社的活力，走一条具有河南特色的深化供销合作社改革的路子。

**一是参与农业产业化经营改造基层社。**围绕把基层供销社真正办成农民合作经济组织的目标，积极与农民联合兴办专业合作社，改造旧的、建设新的、培育强的，加快基层社改造步伐，增加了农民收入，增强了基层社实力，成为我省农业产业化的重要基础。目前，全省共改造基层社 1380 个，占基层社总数的 68.4%。南阳市供销社实行网点收缩组建 32 个中心社，优化重组社有资产 8750 万元。方城县供销社将基层社有效资产折价控股，实行职正参股、农民入股的方式，改造组建 16 年农资、工业品、香菇专业合作社，为农服务的实力得到加强。

**二是实行产权多元化改造社有企业。**以股份制为主对社属棉花、农资和农业产业化龙头企业等进行改造；其它企业采取租赁、兼并、承包等形式放开搞活；促进企业建立现代企业制度。切实处理好改革与稳定的关系，因企制宜、分类指导、平稳推进改革，把改不改、怎么改等问题交给职工广泛讨论后决定，而不是简单地出售企业或

把职工推向社会。目前，全省社属企业完成改制 893 家，占总数的 62.5%；通过招商引资盘活资产发展农业产业化龙头企业 76 个。省社金鹭公司以"公司＋农户"模式建成亚洲最大的鸵鸟养殖基地，带动了当地农民增收和农村富余劳动力就业。周口市供销社引资 4.8 亿元创办益海粮油工业公司，去年加工大豆 40 万吨，产值 14.6 亿元。

**三是实行开放办社改造联合社**。发挥省市县级供销社的指导、监督、协调和服务职能，积极组织和引导发展农村合作经济组织。2004 年起，在省市县三级供销社开展领办农村合作经济组织、提高农民进入市场组织化程度试点工作。目前，全省供销社共领办各类农村合作经济组织 4.04 万个，其中专业合作社 2300 个，行业协会 357 个，村级综合服务社 3.72 万个（占全省行政村总数的 77%），吸收和带动农户 247 万户，年推销、加工转化农产品总值达 60 亿元。中牟县供销社成立农产品营销协会，组织职工带领 1.6 万名经纪人队伍为当地瓜农服务，仅今年上半年就销售西瓜 25 万吨，助农增收 3 亿元。

**四是发展现代流通改造经营网络**。结合实施"万村千乡"工程，加大经营服务设施和网络的改造，构建农资、日用消费品、棉花、烟花爆竹和再生资源等五大网络。同时，走一业为主、多业并举的路子，改变一买一卖的传统经营模式，把经营服务领域拓展到农民群众生产、生活的方方面面。目前，全系统发展各类专业市场 524 个，超市、连锁店、加盟店、配送中心 7602 个，新型业态年实现商品销售额 25 亿元，供销社在农村商品流通中的主渠道作用得到发挥，服务功能进一步增强。2004 年全系统累计销售化肥 770 万吨，占现有社会收购量的 70% 左右；累计收购棉花 18.8 万吨，占社会收购量的 50%。林州市供销社发挥 600 个村级服务网点的优势，扩大经营服务范围，从化肥、农膜、生活资料的供应，拓展到农村财产保险、计生用药具、邮电、通信、粮油及群众红白事代理、婚介服务、养老院等，方便了农民的生活、生产和文化需要。

## 三、下决心改革旧的管理方式，提高管理水平和经济效益

紧紧围绕服务"三农"，适应市场经济规律的要求，大力改革计划经济时期形成的经营管理模式，进一步增强活力、提高效益。

**一是改革政务管理方式，实施"阳光工程"。**在省社机关和直属单位推行了党务、社务、企务、校务公开，把改革发展的知情权、参与权和决策权真正交给广大干部职工，提高科学、民主决策和管理的水平。2003 年初，省社经干部职工推荐成立了由财务处、办公室、纪检组和直属单位代表参加的理财小组，加强对机关和直属单位的财务监督。理财小组每季度在机关办公区和家属区张榜公布大家普遍关注的重大财务事项等。两年多来，共审核单据 7 万余张金额7200 余万元，剔除不准列支费用 41 万元；审结 7 个基建、装修工程项目，审减工程费用 465 万元。同时，实行了机关和直属单位办公物品、大宗商品公开采购制度和建设项目招投标制度。

**二是改革资产管理方式，实现保值增值。**通过盘活存量、管好流量、控制总量，强化社有资产监管。2003 年，省社聘请社会中介机构对直属企业进行清产核资，成立社有资产管理办公室，建立起管资产、管人与管事相结合的社有资产管理体制，近年来社有资产每年都以 1000 千万元以上的速度递增。要求全系统各经营单位严把资金进出关口，进货前做好市场分析，进货后谨慎结算货款，勤进快销。3 年多来，省社直属单位没有发生一笔有问题的资金，没有形成一笔呆、坏账。

**三是改革经营管理方式，加强诚信建设。**在日益激烈的市场竞争环境下，根据自身商品流通行业的特点，通过开展诚信经营，努

力变被动经营为主动经营。制定了行业诚信体系建设、行业自律等方面的管理办法，在全系统进行诚信经营宣传教育，推广了辉县市供销社等一批诚信经营的典型；对化肥等物资经营实行公开承诺，给农民造成损失的进行包赔；春耕、"三夏"、"双节"期间，坚持对农资、食品等重要商品的质量和经营情况开展检查。诚信经营维护了广大农民群众和消费者的权益，有效提高了市场竞争力和经营效益。一些企业在银行的信用等级得到提升，贷款保证金被取消，融资效率大大提高；不少供货商出于信任给予先供货后付款等便利，提高了企业的资金周转率。

## 四、实施干部选用方式改革，切实加强省社机关干部队伍建设

实施"人才兴社"战略，针对省社机关多年来存在的干部文化、业务素质较低的问题，大胆改革干部选拔、储备、任用和调整方式，努力建设一支适应新时期供销社业务发展的干部队伍。

**一是公开选拔，吸纳人才**。2003年，省社邀请省组织、人事、纪检监察、新闻等单位参与，通过笔试、面试、答辩、综合考核等程序，为机关及直属单位公开选拔、充实了17名干部。去年和今年又面向全省公开选拔14名直属单位领导人员。为了保证公选工作的质量，邀请省人大、省纪委、省委组织部、省人事厅的有关专业人员，通过听介绍、查资料、核结果，对公选复核结果作出最终认定，而后由省社党组以票决形式确定和任命。

**二是公开选调，优化队伍**。为了解决高学历、高素质干部比例偏低，干部队伍结构不合理的问题，2004年，通过面试、体检、考察和省社党组票决等程序，公开选调了8名省下派基层锻炼的大学毕业生，充实机关专业岗位并放手使用，使他们很快成为各个岗位的

工作骨干。

**三是公开举荐，合理储备**。先后在机关和直属单位中广泛开展了群众举荐后备干部活动，逐步建立起以优秀年轻干部为主的后备干部人才库。同时，建立健全后备干部培养责任人制度、工作评议制度、谈话提醒制度，建立了后备干部管理信息库。

**四是公开交流，科学使用**。今年 5 月，通过机关全体人员及直属单位领导班子成员填写机关处室职位编制表，推荐拟任处级干部，以此为主要依据对 102 名干部（其中 63 名机关处级干部和直属单位班子成员）进行了轮岗交流，其中 4 名处级干部被降职使用。整个轮岗交流工作平衡进行，在由机关全体干部、直属单位班子成员及部分离退休老同志 161 人参加的对这次轮岗交流结果测评中，被评为"满意"的占 96.9%；"基本满意"占 3.1%。

## 五、真抓实干，以良好的作风促进改革措施落实

**一是发挥领导班子的表率作用**。调查中干部职工普遍反映，近年来省供销总社之所以发生这么大的变化，关键是有一个好的领导班子。省社领导班子切实抓好自身建设，真正把民主集中制落到实处，以团结、务实、廉洁、奋进的精神面貌和实际行动，带领广大干部职工开拓进取、狠抓落实。3 年多来，省社领导同志带队深入基层、深入农村的明察暗访和调研活动达 40 余次，及时掌握改革进展情况，先后协调解决了股金兑付、债务清理、下岗职工安置及落实老干部待遇等问题上百个。树立"严管是对干部最大爱护"的理念，自觉做到严以律己、严以律家、严以律人。3 年多来，省社领导没有在直属单位或基层报销过一分钱、没有在系统内私自安排过一个人、没有介绍过一个工程招标项目。省总社主要负责同志还先后拿出全国总社奖励的资金及稿费 4.3 万元，资助困难职工和改善老干部文化

生活。

**二是狠抓责任制度的落实**。每年的工作计划确定后，及时将各项目标任务、重点工作逐级分解，落实到各有关部门。特别是发展合作经济组织、打造经营网络等改革任务，都明确具体责任人，一级抓一级，层层抓落实；实行重大问题领导包干责任制、首问负责制、责任追究制，确保工作责任落实到位。

**三是增强干部职工的凝聚力**。省社领导班子注重调动包括离退休老同志、困难职工在内的各方面的力量，形成了系统上下心齐、气顺、劲足，合力促进改革发展的好局面。开展帮扶排忧解难活动，建立帮扶困难职工的长效机制。省社筹措 230 万元资金成立了困难职工救助中心，通过救助活动周、重大疾病爱心行动等，解决职工遇到的实际困难，使每位下岗职工和困难职工的基本生活、子女就学、治病就医得到保障。注意发挥他省社离退休老同志们的作用，在关心他们思想和生活的同时，主动征求他们对改革发展的意见、建议，请他们监督省社的各项工作，使老同志成为改革发展稳定的一支重要力量。

## 六、几点启示

我省供销合作社系统依靠改革，在短短的 3 年时间就走出困境，并实现了快速发展，由全面亏损到全系统整体盈利；由过去的各项工作后进单位，到连续 3 年被省政府评为目标管理先进单位；由过去全国供销合作社系统经营绩效排名倒数第二位，到荣获全国供销总社评为全国供销社系统经营绩效特等奖；由过去外省取经，到去年以来 20 多个省市的 7000 多人到我省考察学习，从中可以得到以下启示：

**（一）坚持改革创新，是解决深层次矛盾和问题的治本之策，也是增强自我发展能力的唯一出路**。我省供销社系统之所以能够在较短的时间里解决了一系列积累长达 20 多年的问题和矛盾，并增强了自我发展的能力，除了省委、省政府的关心支持外，归根结底靠的是改革创新。面对全系统长期亏损、大量职工下岗的困难局面，省社新一届领导班子带领全系统干部职工，努力开启思想观念这个总阀门，解放了思想，更新了观念。广大干部职工从过去沉痛的教训中认识到了"千难万难不改革更困难"。广大干部职工由于激发了要求改革的内在动力，对省社出台的一系列改革措施，顾全大局，理解和支持改革，并积极投身到改革的实践中去，从而形成了上上下下抓改革、上上下下谋发展的良好局面。目前，我省仍有一些系统、一些行业、一些企业经营形势比较困难，有的虽经努力至今仍未走出困境。这固然有多方面的原因，但缺乏改革的力度、缺乏改革的深度是其根本原因。只要像我省供销社系统那样，把改革创新作为解放和发展生产力的唯一出路，把改革创新作为解决深层次矛盾和问题的治本之策，在改革上下功夫，在创新上做文章，以改革促发展，向创新要效益，就一定能够克服各种困难，走出困境，加快发展。

（二）**改革既要整体推进，又要突出重点**。我省供销社系统在改革过程中，按照建立社会主义市场经济体制的要求，着力解决旧的经济体制下形成的诸多问题，既坚持在用人、管理、经营等各个方面全面进行改革，又突出基层社、社有企业、联合社和经营网络改造这四个重点，实现了点面结合、整体推进。因此在短时间里取得了明显成效。改革是一场革命，改革是一个涉及广大群众切身利益的系统工程，不能顾此失彼，既要全面推进，又要突出重点。各个系统、各个行业、各个企业和部门，都有各自不同的情况，在深化改革的过程中，一定要按照建立社会主义市场经济体制的总要求，改革一切不适应市场经济体制的旧的体制和机制，但同时又必须像省供销社那样，紧密结合本系统、本行业、本单位的具体情况，突出改革重点，这样改革才能达到预期的目的和效果。

**（三）深化改革要求领导班子必须具有强烈的改革创新意识。** 2002 年以前，因我省供销社系统没有跟上改革步伐，思想上、工作上仍停留在计划经济的模式上，所以出现了全系统经营亏损，许多基层社和企业资不抵债，大批职工下岗，人心不稳。甚至对新形势下供销合作事业要不要存在都失去了信心。自 2002 年起，省社新一届领导班子下决心从改革入手，坚定不移地推进供销合作体制创新、机制创新，以创新推动发展，这是我省供销社系统能够走出困境的关键。正如省社离退休老干部、原省社副主任朱法勤、敬彬在座谈会所说："前些年看到全省供销社系统那么困难心里都很着急，曾认为供销社无路可走了。可是这几年，在省社新一届领导班子的领导下，坚持大刀阔斧搞改革，形势很快就给扭转过来了，而且又发展了。真可谓是起死回生、翻天覆地。这一届省社领导班子比我们在任时干得好，感谢省委给我们配备了一个好的领导班子。"这充分说明，要达到改革目的，领导班子是关键。只有各级领导班子具有强烈的改革创新意识及务实的作风，才能带领广大干部群众开创改革发展的新局面。

# 要善于发现和总结典型经验

　　《关于我省供销社系统靠改革走出困境以改革促发展的调查》，被中共河南省委办公厅 2005 年 10 月《调研与建议》加按语刊发。按语是：我省供销合作社系统依靠改革，在较短的时间内走出困境并实现了快速发展，由全面亏损到整体盈利，由过去的后进单位到连续三年被省政府评为目标管理先进单位，由过去全国供销合作社系统经营绩效排名倒数第二位到荣获全国供销社系统经营绩效特等奖。他们的做法和经验值得各地各部门借鉴，现予刊发供参阅。

　　《河南日报》2005 年 11 月 24 日在头版头条并加按语刊登了此文。《河南日报》编者按是：刚刚结束的省委七届十次全会强调指出，"改革开放是促进我省经济社会发展的强大动力"。我省供销社系统为的实践生动说明，改革创新是解决深层次矛盾和问题的治本之策，是增强自我发展能力的唯一出路。改革要整体推进，要按照建立社会主义市场经济体制的总要求，改进一切不适应市场经济体制的旧体制和机制，同时又必须紧密结合本系统、本行业、本单位的具体情况，突出改革重点。深化改革，要求领导班子必须具有强烈的改革创新意识。只有各级领导班子具有强烈的改革创新意识及务实的作风，才能带领广大干部群众开创改革发展的新局面。省供销社系统改革创新的做法和经验，值得各地认真学习、借鉴。《河南日报》刊发后，在全国引起了强烈反响，并形成了"河南供销现象"。河南供销社系统改革的经验，引起了全国供销总社和其他省区市领导的高度关注，时任全国政协副主席、中华全国供销合作总社理事会主任白立忱，时任中共中央委员、中华全国供销合作总社党组书记、理事会常务副主任周声涛给予了充分肯定和高度评价，并要求全国供销合作总社办公厅将河南供销社系统的做法和经验印发各省、市、自治区供销社系统学习借鉴。河南省供销社党组书记、理事会主任孙立坤在中华全国供销合作总社第四届理事会第二次全体会议上作了典型发言。会后，《中华合作时报》以《河南模式、河南经验》为题，刊发了河南省供销社系统改革发展做法和经验，在全国供销社系统中掀起了学习河南经验的热潮。内蒙古、吉林、广西、陕西、山西、浙江、甘肃等省市区分别由党政领导同志带领供销社系统的负责同志，先后前来河南考察学习。截至 2006 年 3 月，全国共有 20 多个省区市 8000 多人来河南学习考察，部分省市区借鉴河南做法，制定了推进本地供销社改革发展的意见，为推进本地供销社改革发展起到了很大作用。海南省委书记汪啸风在海南省委办公厅信息处收集整理的《河南省供销合作社系统改革发展经验引起全国关注》一文上作出批示：“我省供销社系统要认真学习河南省供销社系统积极与农民联合兴办专业合作社、以产权多元化改造社有企业以及开放办社改造联社的经验和做法。”湖北省供销社根据湖北省委省政府的要求，专门组织全省供销社系统负责同志前往邻近的河南省南阳市参观考察该市供销社改革发展稳定的情况，并在南阳市召开了湖北省供销社系统工作会议。广东、江苏、河北等 7 个省还借鉴河南省供销社改革发展的做法，结合本省实际研究出台了文件。

　　发现和总结基层改革发展稳定中的典型经验，是各级党政办公厅（室）为领导决策服务发挥作用的重要手段。发现并总结出一条对全局有普遍指导意义、有推广价值的经验，可以产生良好的决策效应。供销社系统是由计划经济向市场经济转轨过程中，受到冲击最大的行业之一。由于体制机制等原因，作为点多面广的供销社系统，生产经营遇到了严重的困难。河南供销社系统连续十多年经营亏损，十几万干部职工下岗，人心涣散，上访不断。作为曾为"三农"服务作出巨大贡献的供销社系统，如何在社会主义市场经济体制条件下尽快走出困境，这是从中央到地方各级党委、政府和领导同志都在思考和关注的重大问题。《关于我省供销社系统靠改革走出困境以改革促发展的调查》，详细总结和介绍了全省供销社系统坚持把改革创新作为解决深层次矛盾和问题的治本之策，在体制改革中求生存，在机制创新中谋发展，在服务"三农"中创佳绩，使全系统在较短的时间内走出了困境，并焕发出了新的生机的做法和经验，不但对我省各地各部门如何努力开创改革发展的新局面，乃至对全国供销社系统走出困境、加快发展，都具有重要的指导和借鉴意义，所以受到了中央有关部门和有关省区市领导同志高度重视。

范　例

# 关于当前我省高校稳定工作情况的调查 [①]

　　为了解当前我省高校稳定工作情况，9 月 27 日，我们分别对郑州大学、河南农业大学、河南师范大学、河南工业大学、河南科技大学、河南财经学院、新乡医学院、洛阳师范学院、洛阳理工学院、河南科技学院等 10 所高校进行调研，从座谈和了解的情况看，各高校党委都高度重视维护学校稳定工作，始终坚持把维护学校稳定作为"一把手"工程，列入重要议事日程，精心组织，周密部署，形成了重视安全稳定工作的良好氛围。目前学校局势总体稳定，广大师生思想情绪积极健康向上，教学、工作、生活秩序良好。各高校负责人明确表示，请省委、省政府领导放心，一定保证校园稳定，以实际行动迎接党的十七大胜利召开。

　　现将有关情况报告如下：

## 一、当前高校稳定工作基本情况

　　（一）加强领导，完善措施，确保高校持续稳定。各高校党委对维护稳定工作十分重视，把稳定工作作为学校工作的头等大事来抓，经常召开专题会议研究安排学校稳定工作。在思想上牢固树立了"安全第一、稳定压倒一切、责任重于泰山"的观念，进一步增强政治

---

　　① 李立民、张延俊、吴海燕、郭书山等，载中共河南省委办公厅《每日汇报（专报）》2007 年第 172 期。

意识、大局意识和责任意识。都分别成立了维护稳定工作领导小组，并设立专门办公室，由专人负责安全稳定日常工作，同时成立安全督导组，对学校安全稳定工作进行督导和检查。一是建立健全安全稳定各项制度。各高校都建立了安全和稳定工作责任制和责任追究制，制定了《关于实行维护稳定领导责任制的规定》《领导接待日制度》《突发公共事件应急预案》《维护稳定工作预案》等制度。与本校各下属单位签订了安全稳定工作责任书、综合治理责任书，各单位一把手为第一责任人，按照"谁主管、谁负责"原则，一级抓一级，一级带一级，层层抓落实，使高校安全稳定工作基本走上了规范化、制度化、经常化轨道。二是针对师生关注的热点问题，加大对师生的思想教育引导力度。针对近段时期以来，由于市场副食品价格持续上扬，学校食堂饭菜价格受到影响问题，各学校党委多次组织召开专题会议，认真贯彻落实上级精神，保证做到"四不"，即"饭菜价格不提高，饭菜质量不下降，饭菜分量不减少，服务质量不放松"。

**（二）加强管理，强化教育，确保工作扎实有效**。一是各高校注重加大教育宣传力度，加强对师生思想政治和法制教育。充分发挥校报、校园网、广播台、阅报栏等宣传舆论阵地的作用，坚持正确的舆论导向，营造良好的舆论氛围。深入开展"师德建设工程""素质教育工程"活动。利用普法宣传月、"12·4"普法宣传日，坚持不懈地对全校教职工和大学生进行法制教育。二是加强舆论引导和校园网信息安全管理工作。各高校成立了网络安全领导小组，对校园网信息实行 24 小时监控制度，组建了网络管理员、评论员队伍，及时发现、封堵、删除各种不良信息，积极宣传党和政府的有关政策，引导学生的认知感、认同感，营造积极健康的网络环境。三是结合学生实际，抓好学生的心理健康教育和心理咨询工作。各高校普遍设立心理咨询中心，帮助学生解决因多种原因造成的心理障碍，帮助广大学生树立正确的世界观、人生观和价值观，有效防止学生因思想或心理问题出现意外事件，促进学生健康成长。

**（三）突出重点，全面排查，积极化解矛盾**。一是近期各高校针对食品价格普遍上涨问题，认真贯彻落实教育部〔2007〕17号、教育厅教财〔2007〕539号、642号等文件精神，牢固树立"学生食堂无小事、确保学校稳定、办师生满意伙食"的思想。采取监督措施，加强对饭菜质量的监控。对食堂加工、销售、质量、价格进行过程跟踪检查，不定期地检查各食堂的价格、质量情况，并及时下发质检通报，发现问题及时解决。二是加大对学生食堂的支持和经费补贴力度。如河南农业大学从今年开始已对学生食堂运行的水、电、暖、气等成本补贴60万元，并投入30万元购买洗碗机、冰柜等大型设备，充实饮食服务中心的硬件设施。三是加强学生食堂进货和制作环节的管理。郑州大学为降低学生食堂经营成本，减少中间环节不必要的损耗，把蔬菜采购车开到了周口的淮阳进行规模采购。河南农业大学为确保家庭经济困难的学生能够吃到价格低廉的饭菜，合理调整菜品结构，保证一定数量的低价菜供应，规定早上有1元钱以下的菜，中午、晚上有1.5元以下的菜品供应。四是建立完善深入学生食堂就餐制度。各高校领导干部经常深入学生食堂和广大学生一起就餐，通过这种形式，及时了解掌握学生食堂的饭菜质量、卫生状况、价格水平、就餐环境及服务质量等具体情况，了解学生的思想状况、学习生活情况以及学生对学校管理工作尤其是后勤服务等方面工作的意见与建议。

**（四）加大对贫困生的补助和帮扶力度**。各高校充分利用国家对困难学生的"奖、助、勤、贷"政策，抓紧做好国家助学金的评审工作、国家助学贷款的申请工作，做到了应贷尽贷。普遍建立了以

"奖、助、贷、勤、减、免、缓"为主要内容的困难学生资助体系。同时，积极引导、安排家庭困难学生参加勤工助学活动，切实解决贫困学生的基本生活困难，确保困难学生不因家庭困难而辍学。一是开辟"绿色通道"，确保被录取的家庭经济困难学生直接入学。通过"绿色通道"，河南农业大学、河南工业大学今年分别有 640 名、610 名特困新生入校学习。二是积极对接国家助学贷款申请工作。2007 年国家助学贷款申请工作已经全面展开，各高校前期准备工作已基本就绪。三是针对今年物价波动较大，影响到家庭经济困难学生生活的实际情况，提前发放助学金，接济贫困生。河南工业大学提前为 1200 多名特困生发放临时生活补贴 20 多万元；郑州大学拿出5 万元，对 900 多名生活困难学生给予经济补贴。四是开展为家庭经济困难新生赠送物品活动。河南农业大学为 100 多名来自灾区的贫困新生捐助近 5 万元购买生活必需品，减缓他们的经济压力；河南工业大学中秋节为家庭经济困难新生发放生活补贴 2.5 万余元，使新生在入学之初就感受到学校的温暖。

## 二、当前影响高校稳定工作的主要问题

（一）**高校食堂饭菜价格问题**。近期各高校为控制饭菜价格上涨，稳定学生思想，保障学校大局稳定，大部分食堂处于贴钱运转，但主副食原料上涨的情况近期不会改变，学校由于经费紧张对食堂的补贴难以持续，学校食堂长期保持饭菜价格稳定面临诸多困难，各高校均反映饭菜价格问题在今后一个时期仍然是影响高校稳定的一个大问题。如河南师范大学学校食堂一直处于贴钱运转，目前学校已贴入六七十万元；新乡医学院今年 1-7 月份，食堂实行零利经营甚至负利经营，学生每买 1 个馒头学校贴补 4 分钱；河南科技大学今年1-8 月份，食堂经营亏损 105 万元；洛阳师范学院以今年 5 月份为例，

主、副食等原材料成本、水电费、液化石油气、一线员工工资分别占营业额70%、4%、3%、13%，蒸汽费现在由学校负担，暂不计入成本，仅用营业额的10%支付管理人员等二线人员工资、办公费用、食堂部分炊具购置及维修费用等是远远不够的。

（二）**校园周边环境问题**。一是学校周边网吧较多、且管理不规范；二是有的高校分校地处偏僻地区，周边环境复杂，治安秩序不是太好，一些不良、不法分子侵入校园，殴打抢劫学生，时有学生财物被盗情况发生，对于学校正常的教学秩序和学生安全有很大影响，学生对此反响较为强烈。

（三）**互联网上不良信息等对学生的影响问题**。据反映，近一个时期，一些社会公共网站、论坛的"高校版块"中，出现大量无中生有、夸大其词，甚至造谣诽谤的帖子，严重扰乱学校教职员工和学生的思想。互联网上散布的不良信息易造成学生思想不稳定，也是高校管理面临的新问题。个别学校不时发现有关于"法轮功"的传单和电话。

（四）**个别地方没有落实国家"高校用管道燃气统一按照居民用气价格执行"的政策规定，对高校食堂没有执行民用燃气价格**。河南工业大学新校区食堂天然气价格1.8元/立方米，比市区居民用气高0.2元；河师大反映若按居民用气价格给学校食堂供气，每月可节约26100元的燃气费。

（五）**设有独立学院的高校，没有按照教育部《中外合作办学条例》规定建立管委会**。由独立学院所属高校和独立学院两家共同完成对独立学院的管理，独立学院人、财、物自己作主，一旦出现安全稳定方面的问题，责任却由独立学院所在的高校负责，管理体制不顺，责任不明，在一定程度上影响了稳定工作的开展。

## 三、关于进一步做好当前高校稳定工作的几点建议

在座谈中，各高校负责同志普遍建议：

（一）省委、省政府有关部门研究出台针对高校学生食堂伙食补贴的政策意见，对学生食堂的水电气费用等进行财政补贴，补贴幅度应与当期物价上涨幅度相适应，使广大学生不因物价上涨过大而影响生活和学习。

（二）省委、省政府有关部门组成联合检查组，对高校用管道燃气是否执行国家规定的居民用气价格进行统一检查，对检查中发现的问题及时研究解决。

（三）省委、省政府协调有关部门或单位，对设有独立学院的高校，尽快落实国家中外合作办学条例精神，理顺管理体制，由各高校和其下设的独立学院联合建立管委会，共同行使对独立学院的管理权，为高校的长期稳定提供可靠制度保障。

（四）省委、省政府组织省直有关部门加大对高校周边环境的治理力度，为学生健康成长创造良好外部环境。

（五）有关部门或单位加强对高校公共网站的监管，保持对"法轮功"等非法宗教组织的高压态势，有效遏制不良信息宣传对在校大学生的影响或渗透，坚持对大学生进行正确的舆论宣传引导，以稳定大学生的思想。

# 应迅速地反映社情动态

2007 年 5 月起，河南粮油、猪肉等生活必需品市场价格普遍上涨，给学校食堂经营带来困难。作者在网上发现一些高校学生对饭菜价格过高意见较大，随即分别到省内部分高校进行调研。所撰写的《关于当前我省高校稳定工作情况的调查》被中共河南省委办公厅《每日汇报（专报）》刊发后，时任省委书记徐光春作出批示："请冬松、菊梅并笃运同志阅。高校总体是稳定的，但不稳定的因素还不少，在这样的情况下，日常的思想工作要加强，学生的利益问题要注意解决，尤其是不要引发学历、证书方面的敏感问题。请认真研究。"省委副书记陈全国批示："调查很重要，请冬松、菊梅同志阅研。"省委常委、组织部长、省委高校工委书记叶冬松批示："请菊梅省长阅批。请排查一下不稳定因素，分析原因，认真研究，抓紧提出意见，使出措施，切实将徐书记批示落到实处。"副省长王菊梅先后两次作出批示："此调查报告及时且有很高的指导意义。请教育厅认真研究借鉴。省政府要在国庆节后专门召开有关方面的会议，逐一解决调研报告所建议的问题。""笃运同志：请遵照徐书记、叶部长批示精神，排查不稳定因素，做好师生思想政治工作，不要引发敏感问题。关于就餐价格问题，节后专题研究。"

2007 年 11 月 8 日，时任河南省省长李成玉主持召开省政府常务会议，研究对大中专院校学生发放临时补助问题。会议决定，为减少因主要副食品价格上涨给大中专院校学生生活带来的影响，维护学校稳定，对大中专院校给予5个月一次性补助，用于稳定学生食堂饭菜价格。除省政府给予专项补贴外，省政府要求各地各单位对学校和学生生活用电、用水、用气价格，按居民使用价格执行。《河南日报》于2007年10月11日以《我省近亿元资金补贴学生饭碗》为题进行了专题报道。2008年2月，省政府又决定，在2007年秋季开学后，对学生食堂连续补助5个月的基础上，春季开学后继续对全省大中专院校学生食堂给予专项补贴。《河南日报》于2008年2月26日以《两亿补贴确保河南学生吃饱吃好》为题进行了报道。河南省委、省政府这一重大决策，受到了全省大中专院校和社会各界的普遍称道，省外媒体分别作了报道。

领导同志能否对不断变化的客观情况作出迅速的反应，并适时作出正确的决策，关键的一点是掌握情况是否及时。对于领导同志关注的问题，调查研究所提供的情况越及时，调查报告的价值就越大。毛泽东同志指出，正确的部署来源于正确的决心，正确的决心来源于正确的判断，正确的判断来源于周到的和必要的侦察，和对于各种材料的连贯起来的思索。在改革开放的新形势下，党政办公厅（室）的调查研究要迅速地反映各方面的工作情况，尤其是要迅速地反映重要社情动态和一个时期的热点、难点问题，有助于领导及时了解和掌握情况，在为领导作出正确的判断和实施决策中更好地发挥参谋作用。对于领导急于了解的情况和问题，实施调查要快，撰写调查报告要快，审批上报要快，争取以最快的速度将情况反馈给领导同志。这篇调查报道由于迅速地反映了重要社情动态，所以引起了省委、省政府领导同志的高度重视，产生了很好的决策效应和社会效果。

范　例

# 关于我省扩大部分县（市）
# 管理权限政策落实情况的调查 ①

2004 年 5 月，我省下发了《关于扩大部分县（市）管理权限的意见》（豫政〔2004〕32 号），分两个层次选择 35 个县（市）扩大管理权限，后增加到 47 个县（市）。最近，召开了部分扩权县（市）领导座谈会，并先后到渑池县对扩权政策落实情况进行了专题调研，并通过党委内网调查固始、通许、淇县、西平、伊川、新郑、汝州、辉县、鹿邑、林州、南召等 11 个扩权县（市），政策落实情况。总的来看，大部分县（市）扩权政策得到较好落实，城乡居民收入得到较快增长，促进了县域经济发展。据统计，2007 年一季度，全省扩权县（市）中，农民人均现金收入增幅在 20% 以上的县（市）有 20 个，有 30 个县（市）农民人均现金收入高于全省平均水平；城镇居民人均可支配收入增幅在 20% 以上的县（市）有 28 个，比去年同期多 23 个。

## 一、扩权政策落实的基本情况

在被调查的 12 个县（市）中，固始县属于第一层次，按照扩权政策应享有 10 大项 80 小项经济管理权限和部分社会管理权限，目前

---

①李立民、张世平、祁日忠、关红利、吴海燕、郭书山，载中共河南省委办公厅《每日汇报（专报）》2007 年第 86 期。

仅有 2 小项未落实，其他均已落实。通许等 11 个县（市）属于第二层次，应享有 69 项经济管理权限，从报抽调的 11 个县（市）扩权政策落实情况来看，有 10 个县（市）落实过半，达到 40 项以上；有 1 个县大部分未落实，仅落实 6 项。落实较好的有：通许县落实 65 项，未落实 4 项；渑池县落实 54 项，未落实 15 项。落实较差的有：南召县 63 项未落实，仅落实 6 项。分系统看，有关地税、发改委、工商等方面的扩权政策落实较好，有关商务、水利、药监等方面落实情况相对较差。

## 二、扩权政策执行中存在的问题

扩权政策涉及省、市、县工作权限的调整，涉及近 30 个政府部门工作方式的转变，政策执行过程中还存在一些需要解决的问题。

**一是对扩权政策认识不到位，落实不积极。**受相关利益驱使，有的省直部门没有制定扩权政策的具体实施办法，使扩权县（市）及相关部门执行扩权政策缺乏可操作性；有的省直部门扩权意识不浓，仍沿用老套路安排工作。部分省辖市有关部门落实扩权政策不积极执行扩权政策不彻底，一些应该下放到县（市）的管理审批权限没有下放，仍需到省辖市办理。有的扩权县（市）不能充分发挥主观能动性，对应享有的扩权政策研究不深、不透，存在等、靠思想，与省直部门的沟通不够积极主动，没有用足用活用好扩权政策。

**二是部分扩权政策没有实质意义。**有的扩权政策被省直部门收回，如省环保局要求执行 2005 年 89 号政府令关于环境影响评价文件分级审批规定，扩权县（市）应享有的有关政策未能落实。又如国家加强宏观调控，省国土资源厅专门召开扩权县会议，表明豫政〔2004〕32 号文件规定的关于国土资源的政策不再执行，具体规定仍按扩权前的程序办理。有的扩权政策因县（市）没有开展相关工作暂不涉及，有的因技术人才或设备受限制，无力直接受理承办，仍需到省辖市有关部门协调办理。

**三是扩权县（市）对执行政策存有顾虑**。由于下放的权力大多涉及省辖市有关职能部门，而行政管辖、干部管理等诸多因素使许多扩权县（市）对执行扩权政策心存疑虑；有的担心直接对省后得不到所属省辖市职能部门的支持，在落实扩权政策上缩手缩脚，不积极争取。由于扩权县（市）人事权还在省辖市，扩权县（市）感到有了两个婆婆，原来的一头协调变成了两头协调，增加了协调难度。

**四是缺乏考核和监督机制**。由于缺乏强有力的牵头单位来推进落实，所以难以形成落实扩权政策的合力。扩权政策制定时没有提出对各级各部门政策执行情况进行考核的方式方法，使得对政策执行情况的监督检查力度不大。

## 三、几点建议

**一是明确强有力的牵头单位，统一管理和协调扩权工作**。明确强有力的牵头单位，便于指导监督各地各部门扩权政策落实情况，协调解决政策落实中遇到的困难和问题。应建立健全扩权政策落实情况考核体系，明确省、市、县在政策执行中的操作程序和责任，定期考评，奖优罚劣，定期召开会议，加强沟通和交流，确保扩权政策贯彻执行。

**二是进一步完善扩权意见，加大放权力度**。首先，省有关部门应尽快制定与扩权相关的实施细则和办法，细化扩权内容、范围、办事程序等，使政策更具操作性；另外，对国家已收回的扩权政策要进行解释说明；其次，加大扩权政策工作力度，建议新密等第二层次的 41 个扩权县（市）享有与巩义等 6 县（市）相同的扩权政策；再次，考虑增加扩权县（市）试点范围，特别是增加"弱县扩权"工作试点，探索经济欠发达地区县域经济发展模式。

　　**三是进一步理顺省、市、县有关职能部门的工作关系**。省直部门要进一步统一思想，树立正确的权力观，增强大局观念，把该放的权限真正放到县（市）去；省辖市要严格执行扩权政策，切实转变政府职能，建立服务型政府，为县域经济发展营造良好环境；扩权县（市）要充分发挥主观能动性，深入研究应享有的权限，积极与省直部门沟通协调，用足用活用好扩权政策。

# 抓好政策落实过程中的跟踪调研

　　《关于我省扩大部分县（市）管理权限政策落实情况的调查》，是一篇政策落实情况的反馈型调查报告，被中共河南省委办公厅《每日汇报（专报）》刊发后，时任中共河南省委副书记、河南省人民政府省长李成玉作出批示："请省政府办公厅召集有关部门专门研究省直部门向扩权县下放权力的问题。必须执行省委、省政府的文件规定。"根据李成玉省长的批示要求，河南省政府办公厅于 2007 年 7 月 18 日召集省政府 23 个职能部门的主要负责同志，专题研究有关扩权政策落实问题。2007 年 9 月 28 日，河南省人民政府办公厅下发了《关于进一步落实扩权县（市）政策的通知》。这篇调查报告，对于省委、省政府领导同志了解和掌握有关扩大部分县（市）管理权限的政策落实情况，推动省委、省政府关于扩大部分县（市）管理权限政策的落实，促进县域经济的发展，起到了重要作用。

　　中央的方针政策及上级重要工作部署，在贯彻落实的过程中，进展情况如何？存在哪些问题？出现了哪些新的矛盾？有什么好的经验做法？各级党政办公厅（室）都应进行跟踪调研。这种跟踪调研，既是抓好政策、决策落实的需要，也是对原定政策、决策的检验、补充完善的需要。这是因为，人们对客观事物的认识，不可能一次完成，而且客观事物又总是在不断地发展变化。跟踪调研，可以掌握工作的动态情况，哪些落实了，进展怎么样？哪些还没有落实，其原因是什么？特别是上级的政策、决策在执行过程中，哪些方面与客观实际不相符合？从而为党委、政府修订和完善政策提供重要参考依据。《关于我省扩大部分县（市）管理权限政策落实情况的调查》一文，对扩权县（市）政策落实情况进行了跟踪调查，首先充分肯定了实行这一政策对于促进县域经济的发展起到了重要作用，受到了基层干部群众的拥护，同时又明确指出了落实这一重大政策，存在的主要问题，并针对存在的问题，提出了进一步抓好落实的意见建议，因此为领导同志、领导机关了解和掌握扩权政策实行后的总体情况及需要进一步研究解决的问题，提供了重要信息。有关政策执行过程中的跟踪调研，对于党委、政府和领导同志进一步抓好政策落实、及时修订完善政策至关重要。

范　例

# 关于漯河市沙澧河开发建设"和谐拆迁"的调查报告 ①

　　最近，根据省委主要领导同志意见，我们就漯河市沙澧河开发建设拆迁情况进行了调研。总体感到，漯河市委、市政府在这次拆迁工作中，坚持把以人为本、科学发展和构建和谐社会作为指导思想，坚持把为了群众、相信群众、依靠群众作为根本出发点和落脚点，保证了拆迁工作平稳和谐推进，破解了城镇化过程中的拆迁难题。其经验值得在全省推广，值得各地学习借鉴。

## 一、基本情况

　　漯河市依水而建，沙河和澧河在市中心交汇。近些年，该市沿河不少都市村庄房子越盖越密，越盖越乱，成了整个城市脏乱差较集中的区域，不仅影响市容市貌，而且已严重影响到沙澧河两岸的交通和防汛。为了加快漯河发展，建设中国食品工业名城和中原生态宜居名城，市委、市政府经过充分调研和科学论证，决定高标准推进沙澧河综合开发。整个沙澧河开发建设工程分三期进行，十年完成。首期拆迁涉及三区 7 乡镇（办事处）18 村 5699 户 19946 人，120 家

---

　　①李立民、吴祖明、吴海燕、张敬华、李文斌，载中共河南省委办公厅《调研与建议》2008 年 1 月第 1 期、《河南日报》2008 年 1 月 7 日头版头题、《求是》杂志 2008 年第 6 期。

企事业单位，长达31.16公里，总拆迁面积136万平方米。2007年7月16日拆迁工作启动，原计划4个月完成的任务，1个月大头落地，2个月全部结束。没有发生一起强行拆迁事件，没有引发一起治安和刑事案件，没有一户群众赴省进京上访，整个拆迁过程中全市始终保持大局稳定和社会和谐，取得了"和谐拆迁"的良好效果。

## 二、主要做法

（一）**制定政策，惠民利民**。该市坚持以人为本、宽待群众、让利于民，以市场为导向，以法律法规为依托，制定了公正合理优惠的拆迁补偿安置政策。一是合理计算被拆迁房屋面积。针对沿河房屋密集的实际，适当提高容积率，对违法建筑按1:1.6的容积率认定，对没有非法建筑及迅速搬迁的被拆迁户给予1000—10000元的奖励，调动了被拆迁户的搬迁积极性。对人均建筑面积不足30平方米的按30平方米给予补偿或安置，不结算差价，充分照顾弱势群众利益。二是合理确定货币补偿标准。充分尊重评估机构对拆迁房屋的评估结果，本着就高不就低的原则，每平方米补偿均价760元，是该市历年来拆迁补偿最高的，也高于周边市，体现了最大宽容性。住宅底层作为商用并正在合法经营的按被拆迁房屋评估价的200%补偿，被认定的违法建筑按期拆迁的按每平方260元补偿，同时对房屋附属物、临时结构房、装修等也给予了合理补偿，每户还发放搬迁补助费、水电费800元，使被拆迁群众不受任何损失。三是合理进行搬迁安置。就近新建安置房，本着"拆一还一"的原则安置。按照环境优美、设施完善的要求，选定位置较好的地段规划建设6个安置小区，并减免安置房建设的有关税费，最大限度地降低成本，新安置房价格仅相当于市场价的一半。四是合理补偿过渡期租房补助费。过渡期限内给予每户每月240元或280元的租房补助费，比市场房租价格高出几十元。五是合理安排被拆迁群众生活。安置房设计建筑面积为60、90、120、150平方米，鼓励被拆迁户选择多个小套，除用于个人居住外可用于出租增加收入。开展技能培训，对被拆迁户中的下岗失业人员、失地农民，在安置小区物业岗位优先安排。开发改造市场，安排被拆迁户进驻经营。劳动保障、教育、卫生、民政等部门也及时出台政策，解决被拆迁户就学、就医、低保等实际困难。这些政策措施最大限度地维护了被拆迁群众的合法利益，也解除了被拆迁群众的后顾之忧，为"和谐拆迁"打下了坚实基础。

（二）**群众参与，阳光操作**。坚持依法、公平、公正、公开的原则，让被拆迁群众参与拆迁全过程，保障了被拆迁群众的知情权、参与权和监督权。一是群众参与制定拆迁政策。政策出台前，召开由被拆迁群众代表参加的座谈会13次，反复征求意见，使政策充分体现民意。二是广泛宣传让群众知情。举行新闻发布会，公布有关沙澧河综合开发的政策；通过新闻媒体广泛宣传有关拆迁安置的法律法规、政策、补偿安置标准、工作程序等；市领导还在电台、电视台与群众直接交流，解疑释惑；2000多名拆迁工作队员进村入户，做政策宣传解释工作。三是实施阳光操作。在房屋拆迁估价机构选定、房屋丈量、违法建筑的认定、补偿数额及资金兑付、安置地点、安置后生活保障等情况，都向社会公示，接受群众监督。被拆迁群众民主投票，从34家合乎资质的房屋评估机构中选定3家参加评估，充分行使了民主权利。严肃工作纪律，对开发建设人员及资金使用情况进行监督。市纪委监察局牵头组成工作组，对已结算和安置的群众进行随机抽查，抽查率不低于总户数的10%，及时发现问题、杜绝漏洞，妥善解决群众投诉和举报。在安置小区建设中，组织被拆迁群众代表组成义务监督小组，参与安置房建筑质量的监管。

（三）**健全机制，组织严密**。一是加强组织领导。成立由市委书记任组长的开发建设领导小组和市长任指挥长的开发建设指挥部，抽调76名优秀干部和专业技术人员负责拆迁征地、规划设计、政策法规咨询等工作。各区分别成立了相应机构，建立健全与市开发建设领导机构相衔接的组织体系和工作机制。二是完善工作制度。研究制定了拆迁行政许可听证、公示制度，多次召开由被拆迁户参加的行政许可听证会，行政许可的各项要件在听证现场进行公示；建立信访接待服务制度，成立了专门的信访工作组，实行首问负责制；建立投诉举报制度，拆迁指挥机构和拆迁现场都设立了举报箱、举报电话，并指定专人负责，对每个举报事项都认真办理并给予明确答复；建立监督检查制度，实行台账工作法，每天21时前上报工作进度，发现问题及时解决；实行限时办结制度，对群众的合理要求和反映的问题，做到大事小事不过夜，棘手问题现场办公；实行一站式服务制度，从丈量、认定到补偿资金的结算和兑付，都在拆迁现场进行。三是建立联动机制。建立了市、区、乡（镇、办事处）、村（居委会）、工作人员五级上下联动的工作机制，一级包一级，层层抓落实。各级政法、信访等单位全力做好引导和矛盾化解工作，人大、政协和各相关部门广泛参与，密切配合，形成强大工作合力。科学的机制和制度，保障了拆迁工作有序、平稳、快速推进。

（四）真情服务，亲情拆迁。各级拆迁工作队员充分理解被拆迁群众为城市发展所做出的牺牲和贡献，做到亲情拆迁、和谐拆迁，确保每户群众自愿拆迁，不搞一户强制拆迁。一是做深入细致的思想工作。拆迁开始后，全市拆迁工作队员登门入户做工作，实现了"三个百分之百"，即入户率100%、见面率100%、争取理解率100%。不少被拆迁群众由最初的抵触，变为积极主动支持搬迁、参与建设。二是实行文明拆迁。工作队员通过采取交友法、算账法（算补偿面积账、算补偿价格账、算环境改善账、算生活质量账）、一线工作法等，有效地解除了被拆迁群众的疑虑，营造了广大被拆迁群众积极配合、主动参与的良好局面。三是注重解决实际问题。市、县（区）、乡（镇）、村（居委会）各级都为被拆迁群众全方位提供拆迁服务。设立房源咨询中心，在政府网站、电视台、拆迁集中地发布房源信息，并在党员干部中开展"为被拆迁户寻找房源做贡献"活动，千方百计提供待租待售房源，方便被拆迁户选购选租。有的党政机关腾出办公房临时安置被拆迁群众。针对孤老、残疾、智障、重病患者等弱势群体的实际困难，工作人员实行上门服务，帮助联系周转房、组织义务搬家、代办拆迁安置手续等。整个拆迁中，市里累计提供住房信息8700多条，帮助租房3500多间，安排再就业1700多人，慰问困难群众1300多人。被拆迁群众安置后，还广泛开展亲情回访活动，市、县（区）主要领导带队看望慰问，仔细询问群众的生产生活情况，认真倾听群众呼声，及时解决就医就学、水电交通等突出问题，切实保障了被拆迁群众的正常生产生活。

## 三、几点启示

漯河市沙澧河开发建设一期工程拆迁规模大、人数多，由于工作到位，实现了和谐拆迁，探索出了一条城市建设拆迁的新路子。可给我们以下启示：

**第一，牢固树立以人为本的指导思想，是实现和谐拆迁的根本。**漯河市沙澧河开发建设项目旨在提升城市品位、改善人居环境、提高人民群众生活质量，为全市人民期盼多年。为了把好事办好，该市在开发建设决策中，广泛征求群众意见，使决策充分反映全市人民的意愿。城市建设拆迁是一项政策性很强的工作，必须牢牢坚持以人为本的指导思想，切实把为人民谋福祉、提高群众生活质量作为工作的出发点和落脚点，真心实意地把拆迁安置作为造福百姓的解困工程和民心工程，从而赢得群众的理解和支持，形成和谐稳定的局面。

第二，**最大限度地维护群众利益，是实现和谐拆迁的核心**。漯河市在拆迁安置中始终把群众利益放在首位，坚持利民惠民的原则，从政策措施的制定、具体拆迁的实施，到被拆迁群众的安置，处处为群众考虑、让群众满意，使人民群众充分享受发展成果。拆迁不仅没有使群众受到损失，而且得到了更多的实惠。实践表明，只要各级党委、政府本着最大限度维护群众利益的立场去想问题、办事情，合理补偿他们因拆迁而受到的损失，认真解决他们在拆迁中遇到的困难，保障他们的合法权益，再棘手的难题也能破解，再复杂的矛盾也能解决，再难的事情也能办好。

第三，**理解群众、相信群众、依靠群众，是实现和谐拆迁的关键**。漯河市在拆迁中强化群众观念，深入做好群众工作，引导被拆迁群众树立全局意识，自觉服从城市建设发展规划，最终由"要我拆"变为"我要拆"，由"要我搬"变为"我要搬"。群众是城市建设的主体和直接受益者。做好拆迁安置工作，必须坚持群众路线，充分相信群众，依靠群众，把道理说明白，把政策讲清楚，把思想理顺畅，把工作做细致，拆迁工作就一定会得到群众的理解、支持和拥护。

第四，**依法行政、规范运作，是实现和谐拆迁的保证**。漯河市严格遵守相关法律法规，充分维护被拆迁群众权益。从拆迁决策、政策制定及建章立制到工作落实，从拆迁全过程到各个环节，始终贯彻公开、公平、公正原则，做到依法依规、阳光透明、合理规范，确保了被拆迁群众的合法权益。实践证明，在大力推进依法治省、构建和谐中原的过程中，各地各部门必须进一步推进各项工作向依法决策、依法管理、依法运行转变，做到有法可依、有法必依、执法必严、违法必究，严格按市场规律办事，规范约束行政权力，切实做到执政为民。

　　**第五，真心实意为群众服务，是实现和谐拆迁的基础**。漯河市在拆迁中坚持亲情拆迁，充分考虑群众意愿，想群众之所想，急群众之所急，办群众之所需，为群众提供全方位的服务。拆迁工作队员与被拆迁群众交朋友，把拆迁群众当成亲人，视群众的困难为自己的困难，热情关爱、热心帮助、热诚打动，从而化解了矛盾、拉近了距离、消除了对立，营造了和谐感人的拆迁局面。实践证明，立党为公、执政为民，必须实实在在地落实到各项具体工作中，只要怀着对人民群众的深厚感情，真正为人民群众谋利益，诸如城市建设拆迁、土地征用等矛盾多、困难大的工作，都能得到群众的充分理解和支持，确保在发展中始终保持和谐稳定的局面。

# 工作中的难点就是调查研究的重点

《关于漯河市沙澧河开发建设"和谐拆迁"的调查报告》，被中共河南省委办公厅《调研与建议》刊发后，时任中共河南省委书记徐光春作出重要批示："城乡要发展，免不了要拆迁；要拆迁，难免要触及方方面面的利益。现在，'拆迁难'、'拆迁闹'已成为目前经济社会发展中一个带有普遍性的问题，也成为实现科学发展、和谐发展的一大难题。面对这一问题，党委、政府叫难，干部群众叫苦，始终困扰着大家。漯河市沙澧河开发建设工程实现'和谐拆迁'的做法和经验，给我们提供了解决这一难题的有效途径。我认真读了省委办公厅调研组《关于漯河市沙澧河开发建设'和谐拆迁'的调查报告》，并当面听取了漯河市委书记靳克文、市长祁金立的情况汇报，我有几点启示：第一，'拆迁难''拆迁闹'的实质是利益之争的集中反映；第二，处理利益矛盾，必须兼顾国家、集体、个人三者的关系，三方的利益都要合理处置、有效维护；第三，国家、集体利益不是抽象的，而是具体的，要具体体现在人民利益中，因此，国家、集体、个人的利益，本质上都属于人民利益的范畴；第四，要体现和维护人民的利益，关键是要全面贯彻落实科学发展观，即在工程建设中必须坚持以人为本，全面协调可持续发展，统筹兼顾各个方面；第五，漯河市沙澧河开发建设工程之所以实现'和谐拆迁'，根本原因是市委、市政府坚定不移地全面贯彻落实科学发展观，做到用科学发展观指导建设，用科学发展观教育干部，用科学发展观处理问题，用科学发展观引导舆论，用科学发展观造福群众，因而得到广大干部群众的拥护和支持，使工程建设顺利推进。我想，全省各级党委、政府都要学习和借鉴漯河的做法。"

2008年1月4日，中共河南省委办公厅、河南省人民政府办公厅以豫办〔2008〕1号文件的形式，转发了《关于漯河市沙澧河开发建设"和谐拆迁"的调查报告》，要求各省辖市委和人民政府，省委各部委，省直机关各单位，省管各企业和高等院校，各人民团体结合实际，认真学习借鉴这篇调查报告总结的漯河市和谐拆迁的做法和经验。2008年1月7日，《河南日报》在头版头条刊发了徐光春书记的批示及此调查报告，将漯河市和谐拆迁的经验在全省推广。《求是》杂志于2008年第6期以《从"要我搬迁"到"我要搬迁"——漯河市沙澧河和谐拆迁的调查》为题，刊发了这篇调查报告。

随着经济的快速发展，城乡要进行拆迁征地，为确保拆迁征地过程中最大限度地维护广大群众的合法权益，确保拆迁征地的顺利进行，省政府和有关部门制定出台了一系列政策和规定，各级党委、政府对此也高度重视。但在拆迁征地的实际工作中，由于各种原因，一些地方经常发生拆迁群众集体上访甚至群体性事件，"拆迁访"、"拆迁闹"已成为影响社会稳定的重要因素。作者通过有关渠道，了解到漯河市在沙澧河开发建设中，坚持以科学发展观为指导，统筹各方面利益，涉及拆迁群众5000多户，没有发生一起强行拆迁及一起群众上访。漯河市是如何实现和谐拆迁的？其主要做法和经验对全省各地有何借鉴意义？带着这些问题，作者到漯河市分别召开市、区有关领导干部，市、区有关机关及部分村组干部、部分拆迁群众代表座谈会，并到拆迁现场及拆迁群众安置点进行实地考察。通过深入调查、挖掘，总结出了该市和谐拆迁的做法和经验，引起了省委、省政府领导同志的高度重视，并形成了省委、省政府文件，对各地有效解决拆迁难的问题，促进经济发展，维护社会稳定起到了重要指导作用。

各级党政办公厅（室）平时接触的信息、资料比较多。只要做到有心，就会从某一条信息、某一个资料中发现重大调研线索，再下功夫进行深入的挖掘，往往会有意想不到的收获。

# 范　例

## 农村基层组织和民主政治建设的有益探索和实践 [①]

### ——河南省邓州市推行"四议两公开"工作法的调查

随着农村经济社会的发展，农村社会组织形式深刻变化，利益格局深刻调整，如何进一步推进决策的民主化，充分尊重和保障农村基层党员和广大群众的民主权利，成为新形势下加强和改进农村基层组织建设和民主政治建设的新课题。2004 年以来，邓州市委、市政府坚持以邓小平理论和"三个代表"重要思想为指导，深入贯彻落实科学发展观，积极探索推行"四议两公开"工作法，即所有村级重大事项的决策由村党支部在广泛征求党员和村民意见的基础上提议，再由村"两委"会商议、党员大会审议，村民代表会议或村民会议决议，决议和实施结果分别向全体村民公开。实践证明，"四议两公开"工作法在内容上明确了农村村级重大事项的议事决策程序，范围上涵盖了农村村级的各项工作，实践上体现了推进村级决策科学化、制度化、规范化的要求，效果上达到了加强党的领导、充分发扬民主、严格依法办事的有机统一，从体制机制和方式方法上破解了农村基层党组织在推动改革发展中遇到的新问题，探索了加强农

---

①李立民、关红利、李绍良、温轲，载中共河南省委办公厅《每日汇报（专报）》2009 年第 102 期、《求是》杂志 2010 年第 1 期、《河南日报》2010 年 1 月 6 日头版。

村基层组织建设和民主政治建设的新路子。2009年5月，河南省委、省政府作出决定，在全省范围内推广这一做法。

## 一、"四议两公开"工作法产生的背景及主要内容

（一）"四议两公开"工作法产生的背景。邓州市地处河南省西南部，国土面积2369平方公里，辖28个乡镇（办、区）、578个行政村，156万人、244万亩耕地，是一个典型的县级农业大市，共有基层党组织1552个，党员40866人，其中农民党员21051人。近年来，随着农村经济社会的发展，农村基层党组织的领导机制、领导方法和基层干部的工作理念、工作作风出现不少不适应新形势、新任务的情况，直接影响了农村改革、发展、稳定。一是在市场经济条件下，一些农村干部仍习惯于行政推动，工作理念和工作作风滞后于形势发展需要，"老办法不管用、新办法不会用、硬办法不敢用、软办法不顶用"，发展无思路、工作无抓手、服务无载体，一些党员干部威信下降，迫切需要新机制规范农村干部行为，促进作风转变，推动工作开展。二是长期以来，一些村党支部在农村工作运行中定位把握不准，村"两委"班子合力不强。2004年，邓州市有近15%的行政村"两委"存在严重分歧，"好事争着干、难事推着办、麻烦事都不管"，班子不协调，作用难发挥，削弱了党在农村的执政基础，迫切需要用新思路来处理好村党组织和村委会的关系，着力构建在村党组织领导下，目标同向、优势互补、密切配合的工作新机制。三是由于缺乏规范的操作程序，一些村的民主管理大而化之、流于形式，《党章》赋予党员的民主权利和《村民委员会组织法》赋予群众的参与权、管理权、表决权和监督权难以行使，广大党员、群众"想参与没渠道，想管理没资格，想表达没人听，想监督没手段"，迫切需要从制度上确定实现民主的途径和操作程序，确保党员、群众的民主

权利，推动农村基层民主政治建设进程。四是农村基础建设和公益事业发展困难。邓州市大部分村的集体经济相对薄弱，特别税费改革后，许多村几乎没有经济来源，推进新农村建设进程中，发展与稳定、速度与效益的矛盾更加突出，农村不稳定、不和谐因素增多，迫切需要以决策的科学化、民主化调动广大群众参与新农村建设的积极性，推动农村又好又快发展。创新体制机制，构筑与目前农村发展阶段相适应的乡村治理新机制，从体制机制上破解农村改革、发展、稳定中遇到的重大难题，已成为各级党委、政府面临的重大课题。

2004 年，邓州市裴营乡房营村在修桥过程中，村"两委"主动征求党员和村民代表意见，成立了"修桥协会"，把群众的捐款全部交给协会管理，工程完成后，协会把剩余的钱款全部退还群众，赢得了群众的信任和支持。这一做法引起了邓州市委的重视，开始尝试把村务公开和民主管理工作与农村党支部的创新实践相结合，要求所有村在重大事项的决策、管理中，必须由党支部提议后，广泛征求党员和村民代表的意见和建议。2004 年上半年开始进行探索试点，2005 年开始在全市全面推行"四议两公开"工作法。

（二）"四议两公开"工作法的主要内容。"四议两公开"工作法就是所有村级重大事项都在村党支部的领导下，按照"四议两公开"的程序决策实施。

四议，即：一是村党支部会提议。对村内重大事项，村党支部在广泛听取意见、认真调查论证的基础上，集体研究提出初步意见和方案，使提议符合中央和省、市、县的要求，符合本村发展实际，符合群众意愿。二是村"两委"会商议。根据村党支部的初步意见，组织"两委"班子成员充分讨论，发表意见。对意见分歧比较大的事项根据不同情况，可采取口头、举手、无记名投票等方式进行表决，按照少数服从多数的原则形成商议意见。三是党员大会审议。对村"两委"商定的重大事项，提交党员大会讨论审议。召开党员大会审议前，须把方案送交全体党员，在党员中充分酝酿并征求村民意见；党员大会审议时，到会党员人数须占党员总数的 2/3 以上，审议事项经应到会党员 2/3 以上同意方可提交村民代表会议或村民会议表决；党员大会审议后，村"两委"要认真吸纳党员的意见建议，对方案进行修订完善，同时组织党员深入农户做好方案的宣传解释工作。四是村民代表会议或村民会议决议。党员大会通过的事项，依照有关法律法规规定，在村党支部的领导下，由村委会主持，召集村民代表会议或村民会议进行讨论表决。参加会议人数必须符合法律规定，讨论事项必须经全体村民代表或到会村民半数以上同意方可决议通过。

"两公开"，即：一是决议公开。经村民代表会议或村民会议决议通过的事项，一律在村级活动场所和各村民小组村务公示栏公告，公告时间原则上不少于 7 天。目的是使全体村民知情，并接受监督；二是实施结果公开。决议事项在村党支部领导下由村委会组织实施，实施结果及时向全体村民公布，接受党员和广大群众的评议监督。目的是确保党员干部的管理权和监督权落到实处，确保决策得到执行，重大事项得到办理。

## 二、邓州市推行"四议两公开"工作法的主要措施

（一）加强组织领导，完善工作机制。邓州市把"四议两公开"工作法纳入党建工作整体布局，摆上突出位置，作为"三级联创"考评的主要内容，实行目标管理，严格考核奖惩；成立了"四议两公开"工作法领导小组和办公室，建立了联席会议制度，所有副县级以上领导干部和乡镇党委、市直涉农单位主要负责同志经常深入联系点，

调查研究，具体指导"四议两公开"工作。市、乡、村分别成立指导组、督导组，深入各行政村督促检查"四议两公开"工作法落实情况。市里还成立 30 多人的农村信访工作队，专门受理群众举报，对凡不按"四议两公开"工作法程序决策的村，工作队进村指导，促使村干部按照规定程序落实"四议两公开"工作法。

（二）**强化宣传引导，营造良好舆论氛围**。邓州市利用广播、电视、简报、标语、宣传车等形式，广泛宣传推行"四议两公开"工作法的重大意义，宣传工作推进过程中的好做法、好经验、好典型。在电视台开辟"走进 4+2"专栏，采取访谈和经验介绍的形式，广泛宣传"四议两公开"工作法。2005 年以来，共播放关于"四议两公开"工作法的新闻和专栏节目 470 余期；宣传和文化部门还把"四议两公开"工作法编成群众喜爱的豫剧、曲剧、说唱、小品节目，通过送戏下乡，组织广场文化演出等形式进行宣传，在全市上下形成了学习宣传"四议两公开"工作法的浓厚舆论氛围。

（三）**提高人员素质，夯实工作基础**。邓州市采取两推一选、公推直选、面向社会公开选拔等方式，把政治素质高、愿意为农村服务的种植养殖大户、经济能人、企业家培养成党员，选拔为村干部；在推选村民代表时，把素质好、威信高、重声誉、懂村务的人选为村民代表，让他们真正成为群众的代言人、管理人，成为村"两委"班子的智囊团、监督员。该市利用农村党员干部培训基地、乡村两级农民学校、远程教育等阵地和党员活动日等载体，建立起市委培训村"两委"主职、乡镇党委培训一般村干部、村"两委"培训党员和村民代表的三级培训体系。从市直单位抽调人员组成讲师团，深入党员群众中进行面对面授课辅导。每年对所有村党支部书记轮训1—2 遍。今年该市从党校、组织部、民政局挑选优秀教员，以乡镇为单位对全市 3000 余名村干部、2.1 万余名党员、2.8 万余名村民代表进行了"全覆盖"式培训。

（四）**坚持实践原则，提高运用水平**。邓州市始终坚持"四议两公开"工作法形成于实践、应用于实践、发展于实践的原则，确立在实践中不断发展完善的指导思想，要求各乡镇及各行政村在工作中要紧密结合村级工作实际，坚持实施"四议两公开"工作法，坚决防止只审议小事而对重大问题避而不谈、私下独断，确保"四议两公开"工作法发挥最大效应、产生最好效果。几年来，凡是农村有重要工作，如"村村通"公路建设、村庄整治、新型农村合作医疗、种粮直补、农村低保等，市委、市政府要求村级组织必须利用"四议两公开"工作法来推进。2005年以来，先后8次抽调干部组成工作队，分包全市578个行政村，总结经验，具体指导，让基层干部在具体工作中反复实践直至熟练运用。在今年的南水北调中线工程丹江口库区移民安置工作中，该市接受安置移民1.1万人，共需征用、调整土地1.93万亩，虽然政策性很强、工作难度很大，但是由于坚持运用"四议两公开"工作法，确保了全部按时完成安置任务，没有发生一件集体、越级上访事件，实现了和谐移民的目标。

（五）**注重探索创新，促进深化完善**。邓州市坚持每季度召开一次乡镇干部或村干部座谈会，了解"四议两公开"工作法推进过程中遇到的新情况、新问题，探讨解决的新办法；每年组织部分市直相关单位主要负责同志、乡镇党委书记以及党校、纪委等单位的人员召开一次理论研讨会，就"四议两公开"工作法进行深入研究，在理论上不断丰富完善"四议两公开"工作法的内涵。市委、市政府先后出台《关于规范和完善"四议两公开"工作法的意见》和《邓州市"四议两公开"工作法实施细则》，对"四议两公开"工作法的适用范围、程序、注意事项和有关单位的职责做了详细规定，健全完善了党内重大决策征求意见、村民代表推选、村务公开监督等10项制度；新建了党员联系户、村民代表联系户等制度，逐步建立了落实"四议两公开"工作法的制度体系。

## 三、邓州市推行"四议两公开"工作法取得的主要成效

"四议两公开"工作法融决策、管理、监督、落实为一体，进一步加强了新形势下党对农村工作的领导，充分发挥了农村基层党组织的领导核心作用、村民代表会议和村委会的自治作用，更好地实现了党的领导机制、"两委"协调机制、党内基层民主机制和村民自治机制的有机融合，有力地推动了农村各项事业发展。

**（一）推动了党内基层民主建设，提高了基层党组织的战斗力。**推行"四议两公开"工作法，重大事项都要经全体党员讨论，从而保障了党员的民主权利，推动了党内基层民主建设。同时，基层党组织在工作实践中也找到了领导发展、服务群众、构建和谐的好方法，凝聚力、战斗力全面增强。近几年来，邓州市先后有 46 个"瘫、散、软"的村党支部，通过推行"四议两公开"工作法，改变了落后面貌，各项工作走到了全市前列。该市罗庄镇冯坡村是远近闻名的"瘫痪村"。推行"四议两公开"工作法后，村"两委"关系逐渐理顺，各种矛盾得到化解，现已成为全市新农村建设的示范村，连续两年获得"红旗支部"称号。目前，全市一类村党支部达到 95%，二类村党支部降至 5%，基层党组织的战斗力明显提高。

**（二）维护了农民的合法权益，调动了农民的积极性。**"四议两公开"工作法把村里的重大事务和涉及农民切身利益的事情，交由农民通过规范的程序自己议、自己定，尊重了农民在新农村建设中的主人翁地位，使农民有了表达合法权益的正常渠道，建设社会主义新农村的主动性和创造性得到了充分调动，一些长期困扰农村公益事业建设的"老大难"问题得到了妥善解决。2007—2008 年，该市总投

资3.91亿元，修筑"村村通"公路2300公里，578个行政村全部实现了通油路或水泥路，其中群众自筹资金1.6亿元。同时，群众还自愿捐资投劳折合约3亿元，开展村庄整治，修路架桥、整治坑塘、修建游园、发展沼气。目前，已有1853个自然村完成了村庄整治，占总数的87.8%，农村生产生活条件明显改善。

（三）**密切了党群干群关系，促进了农村社会和谐稳定**。"四议两公开"工作法的推行，使党员干部在工作中自觉讲方法、讲程序、讲协商，主动问政于民、问需于民、问计于民，实现了党组织的意图和群众的意愿相统一，党群干群关系更加密切、更加融洽，党在农村的执政基础更加巩固。同时，"四议两公开"工作法使权力从封闭操作转向公开运行，有效预防了权力滥用和腐败现象的滋生，促进了疑难事务和复杂矛盾的解决，使广大农村基层干部做到了想干事、会干事、干好事、不出事。邓州市自推广"四议两公开"工作法以来，共解决涉及土地、宅基地、低保对象确定、道路修建、林木纠纷等热点难点问题1万多个，2006年以来，全市农村信访量下降了74%，集体访、越级访下降了95%，村干部、党员违纪违法案件下降了95%，由一个信访问题、治安问题比较突出的县转变成为全省综合治理先进县、平安建设工作先进县，农村社会的和谐稳定局面达到改革开放以来的最好水平。

（四）**推动了科学决策，实现了经济社会又好又快发展**。"四议两公开"工作法把干部、党员、群众的智慧汇聚在一起，减少了盲目决策、浪费资源、急功近利等违背科学发展的问题，有效避免了决策失误。该市腰店乡燕店村引资建设粘土砖瓦窑的意见，在推行"四议两公开"工作法中被否决后，通过集思广益确立了建设村级工业集聚区、发展粮油加工业的新思路。目前，该村已建成了入驻企业31家、年产值2.9亿元的村级工业园区。推行"四议两公开"工作法后，全市干群心齐气顺，干劲倍增，经济社会实现了又好又快发展，由一个比较落后的农业县发展成为全省重要的经济大县，2008 年农民人均纯收入 5089 元，高出全省平均水平 635 元。

## 四、邓州市推行"四议两公开"工作法的几点启示

邓州市推行的"四议两公开"工作法，把党的领导、村民自治、党内基层民主和农民主人翁地位融为一体，是基层建设的制度创新之举，是党领导的村级民主自治机制的有效实践形式。如何保证"四议两公开"工作法顺利推行，邓州市的做法给我们以下启示：

**（一）推进"四议两公开"工作法的顺利实施，必须确保农村基层党组织发挥主导作用**。党的基层组织是党执政的组织基础，是党的全部工作和战斗力的基础。农村基层党组织作为党的最终端组织和战斗堡垒，是贯彻落实党的农村政策的最直接依托，是发挥党的领导作用、巩固党的执政地位不可缺少的重要环节。邓州市在推进"四议两公开"工作法的过程中，始终注重把村党支部提议放在各项程序的首位，要求所有村级重大事项，必须由村党支部在广泛征求意见的基础上提出初步意见，然后提交党员大会审议、村民代表会议或村民会议决议，使村党支部既是决策程序的启动者，又是"四议两公开"工作法具体流程的组织者和形成决策的推动者，从根本上保证了村党支部在领导本村工作中的主导地位。实践证明，保证村级党组织的主导地位，充分发挥其主导作用，是"四议两公开"工作法顺利实施的根本组织保证。

**（二）推进"四议两公开"工作法的顺利实施，必须保障党员和群众的民主权利**。党的十七届四中全会强调，要以保障党员民主权利为根本，以加强党内基层民主建设为基础，切实推进党内民主，以党内民主带动人民民主。邓州市在推进"四议两公开"工作法的

过程中，明确规定村党支部的提议事项必须经过党员大会民主审议、村民代表会议或村民会议决议这两个程序，才能最后出台并实施，这就保障了党员的民主权利，保证了人民群众依法直接行使民主权利，既营造了和谐的决策环境，又为重大事项的实施赢得了广大党员和群众的支持。为了提高民主决策的质量和效率，邓州市高度重视对农村党员和广大群众的教育培训，组织他们学习党的方针政策及国家有关法律法规，努力提高村民、特别是党员、村民代表的民主素质和议事能力。实践证明，在实施"四议两公开"工作法的过程中，必须切实保障党员的民主权利，鼓励和保护党员讲真话、讲心里话，充分营造党内民主讨论、民主监督的环境；同时，要不折不扣地落实好农民群众对重大事情的知情权、参与权、表达权、监督权，充分听取群众的意见，真正把党组织的意图和村委会的想法通过审议和决议变为群众的自觉行动，这是保证"四议两公开"工作法得以顺利实施的关键环节。

（三）推进"四议两公开"工作法的顺利实施，必须确保严格按照规定程序决策。按规定程序决策是依法决策、科学决策、民主决策的基础和前提。邓州市推行的"四议两公开"工作法，实质上是给村级事务决策规定了一个议事程序、议事规则。对于村里的重大事项，村党支部必须在广泛征求意见、认真调查论证的基础上作出提议，然后再提交村"两委"会商议，村"两委"会商定通过后，提交党员大会讨论审议，最后才能提交村民代表会议或村民会议决议，并对决议内容和实施结果分别向全体党员干部和广大群众公开。这六个环节安排严密、环环相扣，形成了一个有机统一的完整程序体系。通过这个程序，既确保了决策的科学性，又宣传了村党支部的工作思路，集中了民智，加强了村党支部与党员、群众之间的相互沟通和了解，进一步密切了党群、干群关系。实践证明，严格按照规定程序决策，是保证"四议两公开"工作法顺利实施的重要途径。

（四）推进"四议两公开"工作法的顺利实施，必须努力提高农村基层党员干部领导科学发展、构建和谐社会的能力和水平。推行"四议两公开"工作法，对农村基层党员干部领导科学发展、构建和谐社会的能力和水平都提出了新的更高的要求。邓州市在推进"四议两公开"工作法的过程中，注重加强农村党员干部队伍建设，严格把关，选好配齐村"两委"班子。同时，健全培训机制，充分利用各级党校和其他培训阵地，通过多种形式抓好对村党支部书记、"两委"班子成员的培训工作，引导他们学习政治理论、学习政策法规、学习管理知识和技能，不断提高思想政策水平，丰富科学文化知识，增强民主管理、民主决策的能力。实践证明，提高农村基层党员干部领导科学发展、构建和谐社会的能力和水平，是保证"四议两公开"工作法顺利实施的坚实基础。

# 农村基层组织建设情况是
# 调研工作的永恒课题

　　《农村基层组织和民主政治建设的有益探索——河南省邓州市推行"四议两公开"工作法的调查》，被中共河南省委办公厅以信息专报上报后，时任省委书记徐光春批示："很好。请河南日报全文刊发。"《河南日报》于 2010 年 1 月 6 日在头版全文刊登了这篇调查报告，在全省介绍和推广邓州市在农村推行的"四议两公开"工作法，《求是》杂志 2010 年第一期以《"四议两公开"：农村基层组织建设的新探索》为题，刊登了这篇调查报告。

　　党的十七大报告指出，要把发展基层民主、保障人民享有更多、更切实的民主权利，作为一项重大任务，作为发展社会主义民主政治建设的基础性工程重点推进。随着农村经济社会的发展，如何进一步推进决策的民主化，充分尊重和保障农村基层党员和广大群众的民主权利，成为新形势下加强和改进农村基层组织建设和民主法治建设的新课题。

　　我国是一个农业大国，农村人口多、比重大，农村的改革发展直接关系到全国改革发展大局。"基础不牢，地动山摇。"农村基层组织建设，直接关系到农村的发展和大局稳定，各级党政机关办公厅（室）要始终把农村组织建设作为调查研究的重中之重，特别是要始终关注各地加强农村基层组织建设的新探索、新经验。这篇调查报告所总结的"四议两公开"工作法，创新了基层民主的形式，健全了基层党组织领导下的充满活力的基层决策机制，是在当前农村村级组织架构下，从制度和机制层面上对村组干部权力进行分权和监督的有效模式，也是发展基层民主、推进社会主义民主政治建设的重大探索，对于加强和改进当前农村基层组织建设，具有很强的借鉴意义。这篇调查报告被《求是》杂志和《河南日报》刊发后，在全国产生了较大影响，各地纷纷组团赴邓州进行学习考察，并结合本地实际予以推广"四议两公开"工作法。

范　例

# 只要制度落实到位，责任事故可防可控 [①]
## ——关于义煤集团以抓安全生产促进跨越发展的调查

　　近日，省委第三巡视组在义马煤业集团股份有限公司（以下简称义煤集团）开展巡视工作时了解到，近年来，义煤集团牢固树立抓安全就是抓发展的理念，通过消除"物"的不安全状态和"人"的不安全行为，基本实现了职工上标准岗、干标准活的目标，在实现原煤产量从去年的 2000 万吨到今年 3000 万吨跨越的同时，百万吨死亡率由 0.22% 降至 0.05%，达到国际先进的煤矿安全生产"双零"指标标准。最近，省委办公厅抽调有关人员与省委第三巡视组联合对义煤集团抓好安全生产、促进跨越发展的做法进行了专题调研。期间，调研组通过下矿井实地查看职工作业环境，到部分矿区参观安全生产监控硬件和软件建设，与集团领导班子、各矿矿长和采煤一线区、队长座谈交流，我们感到，在当前我省煤矿安全生产形势比较严峻的情况下，义煤集团抓安全生产的做法值得在全省煤炭企业，尤其是兼并重组后的大型煤炭企业中推广，其经验值得各地和各企业借鉴。

## 一、义煤集团基本情况

　　义煤集团前身为义马矿务局，建于 1958 年，2008 年底改制为

---

　　①李立民、刘天亮、张世平、关红利、温轲等，载中共河南省委办公厅《河南信息》2010 年第 284 期、《河南日报》2010 年 10 月 15 日头版。

集团股份有限公司，现有职工 5.6 万人，生产矿井分布河南、青海、新疆、山西 4 个省区，煤炭资源保有储量 50 亿吨，现有生产矿井 22 对，年生产能力 3000 万吨以上（不包括近期整合的 80 余个小煤矿）。省内 17 对各类矿井中，水、火、瓦斯、煤与瓦斯突出、煤尘、顶板、冲击地压、地温等 8 大煤矿自然灾害均有体现，且部分发生较为严重，成为威胁职工生命安全，制约企业安全发展的首要难题。近年来，义煤集团以科学发展观为指导，围绕安全发展的目标，从集团领导到一线职工严格落实安全生产主体责任，通过系统提升安全技术装备水平，全面强化各生产环节安全基础管理，在将安全生产责任事故降低到最低程度同时，实现了企业的产量和产值大幅度增长，整个企业呈现出健康、质量、和谐、平安发展态势。2009 年，企业经营总额达到 141.6 亿元，比 2006 年增长 100%，在岗职工人均收入 3.56 万元，比 2006 年增长 63%，企业综合实力在中国企业 500 强排名比上年上升 46 位。2009 年，集团安全生产责任事故造成 4 人死亡，今年至 8 月底仅死亡 1 人。同时，去年生产原煤 2260 万吨，今年截至 8 月底生产原煤 2013 万吨，全年原煤产量预计达到 3200 万吨，仅用两年时间将实现原煤产量从 2000 万吨到 3000 万吨的跨越。义煤集团先后被评为河南省改革开放 30 年卓越贡献国有企业、河南省利税百强企业、中国文化管理典范单位，荣获河南省工业突出贡献奖和全国"五一"劳动奖状。

## 二、义煤集团抓好安全生产的主要做法

（一）牢固树立"只有安全生产才能科学发展"的理念。2006 年之前，义煤集团领导班子不团结，企业管理较为混乱，集团公司对各矿生产行为缺乏约束，一些矿区将安全生产与经营效益对立考虑，各自为政、自产自销现象普遍，安全生产存在较多隐患，安全生产

事故多发给企业经营发展带来了严重冲击。鉴于此种情况，2006年底省委、省政府对该集团领导班子进行了调整，新一届领导班子坚持以科学发展观为指导，牢固树立抓安全就是抓发展、抓安全就是抓效益、抓安全就是贯彻落实科学发展观具体体现的理念，始终把安全工作放在企业发展的第一位，明确提出"零"安全事故目标，实行安全一票否决，全体干部职工安全认识明显转变，责任意识显著增强，从上到下形成了一切事故都可以预防、一切事故都可以避免、一切事故都可以控制的共识。同时，集团领导班子研究确立了采掘大断面、瓦斯零超限、煤层深孔注水等一系列安全管理理念，企业安全生产标准不断升级。如瓦斯超限在多数煤炭生产企业发生严重，国家将超限浓度明确规定为1%，义煤集团将井下作业面瓦斯超限浓度降为0.8%，并提出瓦斯超限就是事故，必须按事故责任进行处理。治理后各矿井瓦斯超限次数大幅下降，2006年全公司超限28710次，2007年下降到217次，2008年为63次，2009年为15次，今年截至目前完全杜绝了瓦斯超限现象，实现了集团公司瓦斯零超限。

**（二）以铁的纪律保证制度措施落实。**近年来，该集团实行了上"标准岗"、干"标准活"，并以铁的纪律保证各项安全生产制度措施的落实。将每一项制度措施量化到生产的每一个环节、每一个岗位、每一个职工，并根据规章制度执行情况进行重奖重罚。

一是全面实行安全生产24小时监控制度。集团公司安全生产监察局和各生产矿区成立安全信息监控站和安全生产调度室，通过监控设备联网全天候对各作业点的瓦斯及一氧化碳浓度、通风风量及风速等安全指标进行监控，出现安全指标数值超限情况，及时报警、断电，停止生产。

二是严格落实领导下井带班制度。集团公司领导包矿下井，要求每人每月下矿井不少于8次。矿井领导与工人同上下、同劳动，保证井下24小时有带班、跟班矿、队领导，真正达到了"工人三班倒、班班见领导"的要求。同时，安全生产监察局派出6人，每天在易发事故的零点和四点时段，不定单位对各矿带班、跟班情况进行检查，凡跟班领导推迟下井或提前升井的，每人每10分钟处罚2000元，3年来共查处执行带班、跟班制度不到位的矿处级领导72人次，科队级473人次。

三是坚持执行岗位安全精细化管理制度。今年以来，该集团具体细化规定每个生产岗位的操作标准和安全职责，向每个下井职工发放安全生产表格，作业职工对生产现场存在的安全隐患逐一记录，升井后由矿区集中归纳，每周召开安全办公会，及时制订措施限期消除。至目前，已累计整改消除重大安全隐患380余条。

四是创新实行安全生产责任互保联保制度。在向每个生产工作面派驻安检员、瓦斯监测员的基础上，对每个井下区队和班组成员进行编号，在安全帽中安装芯片定位跟踪，实行安全生产互相监督、互相负责的方式，如一人出现违反安全生产规定的情况，区队和班组其他成员都要同时被追究责任，有效激发了职工井下标准化生产的自觉性和消除安全隐患主动性。

（三）舍得花本钱改善安全生产条件。近年来，义煤集团加大资金投入，加强各类设施建设，提升安全生产保障能力。2007年以来，共投入40多亿元，用于提高装备水平，改善安全生产作业环境。

一是进一步优化通风系统。新建和改造8个风井，更换主通风机12台，通风系统改造工程达3万余米，井下风量总计每分钟提高了9500立方米，矿井通风系统更合理可靠，满足了矿井安全生产需要，提高了矿井防灾抗灾能力。

二是不断完善防灭火技术装备。先后为易自燃发火矿井购买制氮机10台，注浆（胶）泵178台、多种型号钻机156台，更新注浆管路 2 万余米，实现了防灭火工作由以往"防灭并举、综合治理"向"超前预防、以防为主"转变，有效杜绝了井下火灾事故发生。

三是扎实打牢水害防治基础。投资 6000 多万元，对西部四矿的排水系统进行改造，单井排水能力由每小时 500 立方米提高到每小时 1800 立方米，解决了西部矿井排水能力小、抗水灾能力不足问题，做到了矿井日常发生水害不影响生产、不影响安全。

四是强力推行大断面支护。两年来，共新掘大断面巷道近两万米，扩修巷道 1.2 万多米，使矿井巷道断面由 8-10 平方米扩大到 16-24 平方米，不仅解决了巷道压力大、行人运输困难等问题，也大大增强了矿井防灾抗灾能力。

五是切实改善职工上下井安全环境。义煤集团在 46 个上下井巷道全部安装供职工乘坐的小型缆车和电力机车，达到全公司下井和升井轨道运输地铁化标准，在全省实现所有矿井"职工只走上下巷"，不仅降低了职工体能消耗，提高了工作效率，而且避免了上下班途中职工踩踏、蹬扒等的不安全行为。

**（四）着力开展重点灾害防治技术攻关**。近年来，义煤集团加大科技攻关力度，先后成立了瓦斯、矿压、地质、防灭火、机电装备等 8 个研究所，设立了博士后工作站，在站博士达 8 人。2007 年以来，引进各类专业技术人才 1600 多人，与高等院校共同培养采煤、机电、通风安全专业中层干部 1823 人，为有效预防各类自然灾害提供了技术力量和科技支撑。

一是快速提升瓦斯综合治理水平。新建 8 座地面和 25 处井下移动瓦斯抽放泵站，瓦斯抽采量提高到现在的 5500 万立方米，为 2006 年 3 倍多。实施开采解放层等区域防突措施，开展水力压裂技术研究，瓦斯综合治理水平快速提升，4 对矿井获得全国瓦斯综合治理示范化矿井称号。

二是推广使用新的采掘技术。之前井下职工采煤主要依靠简单的采掘设备，工作效率低，采掘难度大，事故发生率高。2007年以来，义煤集团从国内外引进自动化程度较高的采运一体化采掘设备，事故发生率大幅下降，日均采煤量成倍增长。同时，为进一步降低采掘工作强度，该集团全面推广使用了煤层注水技术，先后为各矿井配备了钻机、注水泵等设备，在所有作业头面大力实施煤体深孔注水，不仅有效预防了煤尘、煤与瓦斯突出、冲击地压、煤炭自燃，而且实现了快速揭煤、快速掘进。

三是超前研究预防冲击地压灾害。井下冲击地压发生原理和危害程度与地震灾害相当，随着井下采掘不断延深，冲击地压灾害近年发生较为频繁，目前有效防治技术在国际上尚未攻克。2008年以来，义煤集团投入近亿元资金，针对冲击地压的不可预测性和高危害性，按照防范胜于救灾的指导思想进行防治研究，实现了冲击地压尽量少发生、有计划诱导发生和即使发生也不伤人的目标。如×月×日，该集团千秋煤矿发生的2.9级冲击地压灾害未造成任何人员伤亡。今年初，国家科研项目鉴定会认定义煤集团底板型冲击地压研究技术达到国际领先水平。

**（五）培育以人为本的企业安全生产文化**。近年来，义煤集团以"处处有文化、事事有管理"为目标，通过建设引领体系、标准体系，实施精细化、准军事化管理等措施，把安全文化因子引入到生产管理中，形成了育心与规行相结合的管理新模式。

一是对企业员工实施准军事化管理。义煤集团大力开展全员准军事化训练，按照军队的礼仪标准培养职工的文明行为，按照军队令行禁止的要求强化职工的思想作风。如在日常工作中开展"两述"活动，要求每个职工都能随时准确地描述所在岗位的职责和使用设备的操作规程，时刻紧绷安全生产这根弦，让每个职工按规定标准操作生产成为一种行为习惯。

二是开展以安全为主题的各类教育活动。为加强企业员工安全培训，集团建立了1个国家二级和2个三级煤矿安全培训基地，所有矿井建立了四级煤矿安全技术培训中心，2007年以来先后培训8.4万人次，其中特殊工种3.3万人、一般工种4.6万人，一线职工持证上岗率达100%。集团工会在做好日常职工维权的同时，加强职工亲情安全教育，定期举办职工家属参加的亲情座谈会，将每个职工全家福照片粘贴于生活区和生产区，时刻警示职工只有安全生产才能家庭幸福。针对一线职工工作相对单一枯燥和思想压力大的特点，由专业人员定期对其进行心理疏导，及时调节不良情绪，使其在井下快乐工作。

三是营造安全生产的文化氛围。2007年以来，组织开展了以"安全无事故、工效上十吨、特级标准化、科技有创新、矿区文明化"为主要内容的"五优"矿井创建活动，在人力、物力、资金方面给予大力支持，并每月进行考核奖罚，确保活动扎实有效开展。至今年，先后有9对矿井被命名为"五优"矿井。坚持每年开展安全生产标兵评选活动，对评选出的标兵给予一定的物质奖励，将其作为后备干部重点培育，并将其主要事迹印制成宣传牌，在矿区街道悬挂，营造全体职工学先进、争先进、当先进的安全文化氛围。

## 三、几点启示

煤炭企业在长期生产实际中已经形成一套较为完整科学的安全生产制度，杜绝安全生产责任事故发生，做到企业持续健康发展，关键在于领导抓安全生产的作风扎实不扎实，关键在于科技投入到位不到位，关键在于安全制度落实不落实。当前我省煤矿安全生产形势依然严峻，今年在对6家省骨干煤炭企业年中绩效考核和安全生产执法检查中，随机抽查的 11 对矿井查出各类问题和隐患 156 条，领导干部不按规定跟班带班下井，煤矿超能力、超强度、超定员组织生产，煤与瓦斯突出矿井区域防突措施落实不到位等问题均在国有大矿中有所体现。特别是全省开展煤炭企业兼并重组工作以来，一些小煤矿在停产期间仍存在违规生产问题。据义煤集团负责安全生产的副总经理反映，一些重组的小煤矿是白天停产、夜晚偷产，有的县驻矿监督员不但发挥不了监管作用，反而为其非法生产实施掩护。如何按照省委、省政府的要求，切实抓好我省煤炭企业的安全生产，义煤集团的做法可给我们以下启示。

（一）牢固树立抓安全就是抓发展的理念是确保煤矿安全生产的根本。义煤集团坚持以科学发展观为指导，把安全生产作为落实科学发展观的具体措施，贯穿于企业发展的全过程，在实践中从理念植入、体系完善、硬件改善、软件优化等多方面、多层次、全方位的加强安全工作，安全基础不断巩固，安全形势持续好转，发展的理念已真正扎根于领导干部、企业员工思想中，体现到企业每个生产岗位、生产环节上，从上到下共同形成了不安全不生产、不除隐患不生产、质量不达标不生产、安全没把握不生产的责任意识。实践证明，煤炭企业科学发展的核心就是要抓好安全生产，煤炭企业要实现健康发展，必须坚持安全生产，只有牢固树立这样的理念，才能保障企业的稳定和谐和快速发展，才能保证千千万万家庭的幸福和群众的切身利益。

（二）严格落实安全生产的各项制度并实施责任追究是保障煤矿安全生产的核心。义煤集团把安全管理重心下移，把日常安全生产管理回归生产现场和基层区队，并对每一起生产管理制度落实不到位的行为，都严格按照规定标准进行追查处理，上至集团及各矿领导、下至一线职工，都因此受到过责任追究。2007 年以来，由集团公司直接处理因违反安全生产规定相关责任人达767人，逐步构建了以局部保整体、以个人保班组、以班组保区队、以区队保全矿的安全长效机制，形成了完善的安全防范体系。煤矿企业如何保障安全生产，关键在于能否将每项制度落实到每个工作岗位、每个生产环节和每个个人，去年9月8日平顶山新华四矿发生的91名矿工死伤的重大瓦斯爆炸事故，就是由于不按规定安设瓦斯探头，人为将探头置于风筒新鲜风流中造成。实践证明，煤炭企业只要各项安全生产管理制度能够真正落实到位，就可以避免和杜绝煤炭企业安全生产责任事故的发生。

（三）加大科技投入是保障安全生产的关键。煤矿企业安全生产的最大威胁就是设备的陈旧老化和科技手段的不足，要预防各类灾害发生，必须舍得加大资金投入，彻底改变煤矿生产的条件和环境。义煤集团坚持不以牺牲安全生产为代价来实现企业的产值和利润，加大安全设备和科技投入后，在生产每吨原煤只有100多元利润的条件下，集团领导班子仍坚决提升装备水平，加大科技投入，实行标准化生产，最终得到了广大干部职工的理解和支持，一线采煤的效率更高了，产量均有大幅度提高。实践证明，煤炭企业只有正确处理安全与生产、安全与效益之间的关系，全面提升科技、完善装备，工作才会主动，措施才会到位，煤炭企业的安全工作才能得到不断巩固和加强。只有安全生产了，才能充分调动广大煤矿职工的生产积极性。

（四）提升企业职工素质是保障安全生产的基础。近年来，义煤集团建立了职工安全培训基地和中心，构建了公司、矿区两级职工安全培训网络，保持安全技术培训长年不断线，同时积极推行劳动用工预备制度，对符合招工条件的个人在上岗前提前分阶段进行安全知识和技术培训，实现了"变招工为招生"。实践证明，煤矿企业的安全生产必须培育素质高、意识强、业务精、责任强的职工，必须不断加大职工安全培训教育力度，全面提高职工的整体素质，使职工做到上标准岗、干标准活，不断增强全体职工的自保互保能力，推进安全工作持续稳定发展。

# 针对问题找经验

　　《只要制度措施落实到位，责任事故可防可控——关于义煤集团以抓安全生产促进跨越发展的调查》，被中共河南省委办公厅《河南信息》采用并上报中央办公厅后，中央领导同志作出批示："河南义煤集团全面加强安全生产的经验很宝贵，要认真总结，在全国推广。"国家安全生产监督管理总局局长骆琳批示："请铁锤并黄毅同志统筹组织，认真贯彻落实中央领导同志重要批示。"国家煤矿安全监察局局长赵铁锤以及河南省领导积极落实中央领导同志的批示精神，相继作出批示，国家安全监管总局、国家煤矿安全监察局组成调研组，深入到义煤集团进行调研，撰写了《构建六大防控体系实现义煤安全发展——河南义煤集团安全生产管理基本经验》的调查报告。2010 年 11 月 28 日，国家安全生产监管总局、国家煤矿安全监察局下发了《关于印发河南省义马煤业集团公司安全生产管理经验材料的通知》。2010 年 12 月 6 日，《中国煤炭报》头版头条介绍了义煤集团抓安全、促生产的做法和经验并配发了评论员文章。2010 年 12 月 3 日，国家煤矿安全监察局召开座谈会，总结煤矿安全生产经验，河南义煤集团在会上做了典型经验介绍。2010 年 11 月 15 日，《河南日报》在头版加按语全文刊登这篇调查报告，其按语是："作为高危行业的煤矿企业，义煤集团在推进企业跨越发展的过程中，牢固树立'只有安全生产才能科学发展'的理念，创造出了以抓安全生产促进跨越发展的成功经验。其成功经验的关键所在，就是制度的落实到位，扎扎实实把制度落实到每个关口、每个责任人。义煤集团的做法，对各地、各企业全面加强安全生产工作，保持安全生产的良好态势，实现经济社会的又好又快发展，具有很强的借鉴意义。本报今日刊发此调研报告，在全省介绍、推广义煤集团的经验。"

　　在我国经济快速发展的过程中，由于思想观念及管理等方面的问题，生产责任事故特别是煤矿安全生产责任事故时有发生，给国家和人民生命财产造成了严重损失。安全生产难，特别是煤矿安全生产更难。作为生产企业特别是煤矿生产企业，如何在快速发展中实现安全生产，这是党和国家及各级党委、政府非常关注的重大问题。本文作者针对煤矿企业安全生产难的问题，深入义煤集团进行调研，总结出的坚持以零事故奋斗目标为引领，以治理重大灾害为中心，着力构建理念引领、管理科学、技术支撑、投入强基、文化固本、救援有力的六大防控体系，全面提升煤矿安全生产保障能力，努力实现企业安全与生产的良性发展的做法和经验，对于解决煤矿企业安全生产难的问题，具有很强的针对性和可操作性，所以受到了中央领导同志和中央领导机关的高度重视，调查报告所总结的义煤集团安全生产的经验得以在全国推广。

范　例

# 关于巩固拓展脱贫攻坚成果的建议 ①

　　河南省委、省政府坚持以习近平新时代中国特色社会主义思想为指导，按照党中央、国务院的统一部署，团结带领全省人民奋力发起脱贫攻坚之战，实现了53个贫困县全部摘帽脱贫。在贫困村里，我们亲身感受到群众在脱贫摘帽后的喜悦感激之情，作为贫困人口大省的河南，取得如此脱贫成果实属不易，我们应该倍加珍惜。脱贫攻坚收官后，如何巩固拓展脱贫攻坚成果，加快乡村振兴？我们带着这个问题，于2020年12月中下旬先后到安阳、焦作、濮阳等市及所属的贫困县、乡、村实地考察调研，并与分管脱贫工作的市、县领导及有关部门进行了深入座谈。根据调研，我们提出以下四条建议：

## 一、要重视解决脱贫攻坚战收官后存在的厌战和松劲情绪，牢固树立长期扶贫致富的思想

　　2015年11月《中共中央、国务院关于打赢脱贫攻坚战的决定》发布之后，按照党中央的统一部署，河南省脱贫攻坚战全面拉开，从组织领导，到投入大量人力、财力、物力，经过艰苦奋战，到2020年底终于赢得了脱贫攻坚战役的胜利。在这五年中，河南

---

　　①李立民、刘京州、武中宪，载中共河南省委咨询组《咨询与建议》2021年第4期、《河南日报》2021年4月21日理论版。

省各级党委、政府把打赢脱贫攻坚战作为一项重要任务进行研究部署，省市领导指挥靠前，各级干部奋战在脱贫攻坚第一线，特别是千千万万驻村扶贫干部吃住在村里，与村干部和广大群众彻夜苦战，涌现出许多可歌可泣的感人事迹，受到贫困村干部群众的一致好评和高度赞扬。驻村扶贫工作队员很动情地向我们说，我们这些长年战斗在脱贫第一线的驻村干部，每天再忙，都要坚持收看中央及河南电视新闻，每当看到省、市领导在工作那么忙的情况下，不顾酷暑盛夏、天寒地冻，长年奔波在脱贫攻坚第一线，使我们倍受鼓舞，更加感到自己肩负任务的艰巨与光荣，扶贫工作远没有结束，贫困村群众脱贫后致富的路还很长，组织安排我们再干多长时间，我们就干多长时间。这些事例，充分反映出驻村扶贫干部的责任担当与精神风貌。

但是，由于长期攻坚作战，当宣布脱贫攻坚战收官后，一部分党政机关部门及部分驻村干部也产生了厌战和松劲情绪。有的认为收官了就该收兵回机关了，脱贫攻坚战打赢了也该休息了。参加座谈会的同志们说，从脱贫摘帽后贫困地区和贫困村现实情况看，生产力水平还比较低，群众的生产生活条件还比较差，特别是巩固拓展脱贫攻坚成果的基础还不牢，总的情况是脱贫难，巩固拓展脱贫攻坚成果更不易。各级党委、政府要坚持党中央关于扶贫工作"摘帽不摘责任、摘帽不摘政策、摘帽不摘帮扶、摘帽不摘监管"原则为指导，教育引导广大机关干部和扶贫工作队员破除厌战和松劲情绪，牢固树立长期扶贫致富的思想，充分认识到巩固拓展脱贫攻坚成果，继续做好扶贫工作是社会主义制度及党的全心全意为人民服务宗旨的必然要求，要继续以高度的政治责任心，以对贫困地区群众的深厚感情，全身心地投入到扶贫致富、乡村振兴工作中去。同时，各级党委、政府及工作部门，也要从实际出发，对那些长期驻村工作队员中积劳成疾、体弱多病、家庭特别困难等情况，统筹考虑，在驻村工作队不变中采取轮岗等办法适当调整。

## 二、要重视解决脱贫攻坚战收官后部分脱贫群众存在的依赖倾向，自觉树立自力更生、艰苦奋斗致富的思想

国家宣布脱贫攻坚战收官后，脱贫群众开始有些误解，认为脱贫攻坚战收官了就是扶贫工作结束了。虽然经过解释，但是部分干部群众仍有顾虑，主要存在"四怕""三盼"。"四怕"，即脱贫摘帽后，一怕政府不再像过去那样支持关心扶贫了；二怕驻村工作队撤走了，不再像过去那样村里、家里遇到大小困难都有人管了；三怕各级领导不再来村里检查指导了，听不到贫困村干部群众的想法了；四怕政府支持扶贫的钱少了、没了，发展小种植、小养殖的资金没人管了。在座谈中，市、县、乡的干部都说，摘帽后贫困村干部群众存在的这"四怕"，说到底还是由于过去长期的贫困苦怕了，穷怕了。"三盼"是：一盼上级领导还要像没摘帽前那样经常来村里看看，心里好有依靠；二盼上级不要撤走工作队，扶贫致富心里踏实；三盼过去的扶贫政策、办法不要变，特别是上马致富的项目仍然能够有人继续管。

上述"四怕""三盼"，既反映了脱贫摘帽后贫困村干部群众对党和政府的感激之情，对巩固拓展脱贫攻坚成果的热切盼望，同时也反映了脱贫摘帽后部分贫困村干部群众依然存在等靠要的思想，这种等靠要的依赖思想，是巩固拓展脱贫攻坚成果，加快乡村振兴的最大思想障碍。脱贫攻坚战收官之后，各级党委、政府要抓住时机，利用本地脱贫致富的生动事例，对脱贫摘帽后贫困村干部群众，进行生动有效的自力更生、艰苦奋斗教育，最大限度地激发和调动脱贫后贫困村干部群众发展经济致富的内在动力，这既是巩固拓展脱

贫攻坚成果的需要，也是加快乡村振兴的希望所在。

## 三、各级党委、政府要认真总结脱贫攻坚战中探索出的成功经验

五年脱贫攻坚战中，各地探索形成的许多成功经验和做法，仍然是今后巩固拓展脱贫攻坚成果、加快乡村振兴需要坚持做好的重点工作。

**一是配强村两委班子保障扶贫**。实践证明，配好配强贫困村两委班子，是我们打赢脱贫攻坚战最基础的组织保障，而配好配强村两委班子仍然是我们巩固拓展脱贫攻坚成果的关键，也是实现乡村振兴的根本组织保障。建议省、市、县、乡四级党委继续重视和谋划配好配强摘帽后贫困村两委班子工作。省、市、县党委组织部门要把这项工作列入议事日程，重点研究、安排和部署。

**二是产业项目支撑扶贫**。贫困地区引进和发展农业产业项目，实现产业化扶贫，效果非常突出，在脱贫攻坚中发挥了极为重要的作用，这也是巩固拓展脱贫攻坚战成果、加快乡村振兴的重要支撑。各地要抓住"两个大循环"、特别是内需强劲的机遇，从本省的实际出发，充分利用农产品及畜产品丰富的优势，大力发展农业产业化，大力发展农产品加工业，以产业带项目，以项目带扶贫致富。各级党委、政府可安排农村农业、发改、工信、商务、文化旅游等部门，认真总结以产业项目带动脱贫的各种好做法、好模式，紧密结合当地粮食生产、畜牧养殖、水果蔬菜种植、药材花卉种植以及乡村旅游等实际和优势，在脱贫摘帽后继续坚持招商引资与发挥本地企业作用相结合，引进人才与发挥本地能人相结合，有计划地培育和新上一批短、平、快的特色产业项目，以带动当地的扶贫致富和经济发展。如武陟县乔庙镇支持外出务工返乡青年成立的汇力康食品有

限公司，总投资虽然只有 1.2 亿元，规模不大，但是该公司充分利用本地丰富农产品优势，生产中高档休闲食品广销国内外，吸纳周边贫困劳动力就业，带动贫困户 85 户 270 人脱贫致富，小公司在脱贫中发挥了大作用。再如省级贫困县濮阳县，县委、县政府于 2017 年支持成立的天耕农业科技有限公司，日产鲜菇 60 吨、年产值 1.2 亿元、年利润达到 1000 多万元，累计带动建档立卡贫困户 396 户 1391 人增收，其中已脱贫 333 户 1196 人。建议各级党委、政府把产业项目带动作为巩固拓展脱贫攻坚成果、加快乡村振兴的重点列入日程，各级发改、工信、商务、金融、农业农村工作、文化旅游等部门，要对加快发展农业产业化、加快招商引资力度、培育支持农产品加工业及规模种植、养殖项目，尽早研究具体措施。

**三是资金保障扶贫**。要继续强化政府主导，加大对摘帽后贫困地区的财政资金支持力度，做到财政投入只增不减；同时强化资金整合，支持和鼓励金融资本、社会资本继续参与扶贫和乡村振兴。建议各级财政、金融、保险以及农信社（农商行）等部门，研究出台实施精准扶贫致富、支持乡村振兴的指导意见、措施。

**四是发展农村电商助推扶贫**。我省在脱贫攻坚中探索出的发展农村电商产业，拓宽了农产品的销售渠道，很好地解决了过去农产品销售难的问题，广受农村干部群众欢迎，农村电商已成为助推脱贫致富、乡村振兴的现代化物流手段。如濮阳县委、县政府于 2018 年规划建设的东森电商产业园，2019 年开始运营，利用京东平台和直播带货，将更多的农产品引入仓库，集中储存、分拣、仓管，做到了本县网货农产品应收尽收，达到日均发货量 2 万单以上，有效地解决了农民的农产品存难、卖难问题，实现了丰产丰收。建议各级政府的发改、商务、财政、工信、供销等部门，研究、扶持农村电子商务发展举措，加快推进农村物流现代化。

**五是实施人才带动扶贫**。五年的脱贫攻坚成果充分证明，人才是脱贫攻坚的生力军，无论是产业项目带动，还是电子商务助推，均需一大批懂市场善经营会管理的人才。一个能人建一个厂，一个能人办一个项目，就能带动成百上千贫困人员脱贫。建议各级人社、科技、发改、民政等部门结合脱贫摘帽后的实际，以市场化为导向，研究制定引进、培育人才的措施办法和优惠政策，只要广大贫困地区有了大批人才，巩固拓展脱贫攻坚成果、加快乡村振兴就有了希望。

## 四、适时召开脱贫攻坚经验交流会

贫困地区广大干部群众对脱贫致富有着强烈的愿望，党中央作出奋战五年全部实现脱贫摘帽的重大战略部署后，充分调动了贫困地区广大干部群众脱贫致富的积极性和创造性，作为脱贫攻坚实践的主体，他们坚持从本地实际出发，探索并创新出许多好的做法、好的模式、好的经验，如濮阳市探索实施的在"全市贫困村建设扶贫车间"就业脱贫模式，安阳市探索实施的"三看一防"健康保障、"三二一"兜底保障模式，焦作市探索实施的"1+9"政策保障模式，范县探索实施的"企业＋基地＋合作社＋贫困户"脱贫模式等都取得了明显效果，受到了上级机关包括国务院扶贫办的充分肯定。

各级党委、政府对贫困地区干部群众在脱贫攻坚实践中探索创造的这些好做法、好经验，应倍加珍惜，并组织有关部门深入调研、实地考察、认真总结。因为这些探索和做法，不仅在脱贫攻坚中发挥了重要作用，而且仍将是今后我省扶贫致富、乡村振兴极其宝贵的经验。脱贫攻坚战收官后，省、市有关部门，还可以组织召开脱贫攻坚理论与实践研讨会，对五年脱贫攻坚的实践进行系统的研究，力争从理论与实践的结合上总结出带有指导性、规律性的意见。宣传、出版部门可将脱贫攻坚中的好做法、好经验汇编成书，下发到各地各部门及基层村干部学习借鉴。组织文艺工作者、新闻工作者深入基层，报道脱贫攻坚模范人物先进事迹，创作脱贫攻坚优秀题材作品，讴歌脱贫攻坚模范人物先进事迹。各地各部门在深入总结的基础上，经过充分准备，适时召开脱贫攻坚经验交流会，为进一步巩固拓展脱贫攻坚成果、加快乡村振兴提供借鉴。

# 要及时反馈重要工作收官后干部群众的呼声与建议

　　党的十八大以来，以习近平同志为核心的党中央把脱贫攻坚摆在治国理政的突出位置，把脱贫攻坚作为全面建成小康社会的底线任务，以精准扶贫、精准脱贫为基本方略，带领全国人民于 2015 年下半年组织实施了人类历史上规模空前、力量最大、惠及人口最多的脱贫攻坚战。经过五年艰苦卓绝的攻坚奋战，党中央郑重宣布：至 2020 年底，在我国现行标准下 9899 万农村贫困人口全部脱贫，贫困县全部摘帽，脱贫攻坚战取得全面胜利。

　　脱贫攻坚战收官后，如何巩固拓展脱贫攻坚成果、加快乡村振兴？在中央及省里宣布脱贫攻坚战收官的当月，我们便带着这些问题，先后到豫北的焦作、安阳、濮阳市及所属贫困县、乡、村实地调研，撰写了《关于巩固拓展脱贫攻坚成果的建议》，在中共河南省委咨询组《咨询与建议》2021 年 1 月第 4 期刊发后，河南省政府分管脱贫攻坚工作的副省长阅后作出批示："请秉锐及扶贫办各位副主任阅，所提建议值得认真研究。"河南省扶贫办公室按照副省长的批示精神，对调查报告中所提建议进行研究并制定了落实意见。《河南日报》于 2021 年 4 月 21 日在理论版刊发了这篇调查报告。

　　在加快推进中国式现代化建设的伟大事业中，从中央到地方各级党委、政府都会对每个时期、每个阶段作出重要决策和重大工作部署。这些重要决策、重大工作部署在执行及完成之后，具体落实情况及取得成果如何？在贯彻落实过程中探索出哪些具有重要推广价值的好做法好经验？对已取得的成果如何巩固和提高？还存在哪些须要引起高度重视和妥善解决的倾向性问题？等等，这些都须要各级党政办公厅（室）及时组织有关人员深入基层、深入群众进行跟踪调研，并及时向党委、政府及领导同志反馈，为党委、政府再决策及指导工作提供重要参考。《关于巩固拓展脱贫攻坚成果的建议》，就巩固拓展脱贫攻坚成果提出的四条建议，既及时又有普遍性、针对性，具有重要决策和指导工作参考价值，所以上报后受到了省政府领导同志和省直有关部门的高度重视。

范 例

# 关于安阳工学院开展习近平新时代中国特色社会主义思想教育情况的反映与建议 ①

　　安阳工学院是一所公办全日制普通本科院校，现有在校生23268人，教职员工1497人。近年来，美西方势力极力打压中国崛起，不但在经济上制裁、外交上孤立、军事上围堵，而且在政治上以"人权"、"民主"为借口，不择手段诬蔑、诋毁我们党，攻击我国的社会主义制度；特别是采取各种手段、各种方式向我国青年渗透、推销其所谓的西方普世价值观，对一些青年特别是一些大学生的社会主义核心价值观造成了冲击。安阳工学院党委清醒地认识到，在世界处于百年未有之大变局的新的历史时期，美西方势力在意识形态方面对中国大学生的争夺将会越来越激烈，学校各级党组织必须以高度的政治责任心和历史担当，为党、为国家、为人民把大学校园这块阵地牢牢守住，坚持不懈地开展习近平新时代中国特色社会主义思想教育，努力把高校建成"道路自信、理论自信、制度自信、文化自信"的坚强阵地，把一批又一批大学生培养成为中国特色社会主义事业的接班人，为实现中华民族伟大复兴的中国梦做出应有的贡献。近两年来，该校深入开展习近平新时代中国特色社会主义思想教育的主要做法是：

---

　　① 李立民、刘京州、武中宪，载中共河南省委咨询组《咨询与建议》2021年第10期、河南省委机关刊物《河南工作》2021年第12期。

## 一、齐抓共管，形成全方位学习习近平新时代中国特色社会主义思想新格局

该校坚持把学习习近平新时代中国特色社会主义思想教育作为学校思想政治工作的根本任务，做到年初有计划、年中有检查、年末有考核。校党委会议和中心组活动，都把学习习近平新时代中国特色社会主义思想、习近平总书记关于教育和高校工作的重要论述作为第一议题，校党政主要领导定期到马克思主义学院召开座谈会，通过多种途径和方式了解思想政治理论课情况；校党政领导和中层正职定期为学生讲授思政理论课，发挥领导干部在政治、阅历方面的优势，帮助学生了解国情、党情、社情、民情，深化学生对习近平新时代中国特色社会主义思想的认识和理解，校党委宣传部将习近平新时代中国特色社会主义思想的宣传教育纳入年度宣传思想工作要点，学生会及团委等部门组织全校学生积极参加团中央"青年大学习"活动；邀请校内外知名专家学者为学生作习近平新时代中国特色社会主义思想专题报告和讲座；学校各基层党组织在加强自身学习的基础上，积极实施党支部书记"双带头人"培育工程，制定实施教工党支部联系学生党支部、学生班级、学生社团等制度。该校还把理论学习和组织建设挂钩，对优秀团员骨干和入党积极分子进行党的基本知识和习近平新时代中国特色社会主义思想理论培训，形成了全方位多层次学习习近平新时代中国特色社会主义思想的新格局。

## 二、充分发挥思政课堂学习习近平新时代中国特色社会主义思想主渠道作用

**一是配强选好马克思主义学院的领导班子和教师队伍。**选配政治素质过硬、专业水平高、工作能力强的领导干部组成学院领导班

子，建立专职为主、专兼结合、数量充足、素质优良的思政课教师队伍，目前马克思主义学院教师全部为中共党员。制定了《思想政治理论课教师和辅导员认定及充实办法》，在学校党政干部与思政课内容相关的学科中遴选优秀教师，进行培训后加入思政课教师队伍，力争使思政课教师师生比达到1∶350的核定比例，并确保在学校经费紧张的情况下，优先保障思政课教师的教学科研经费，根据全日制在校生总数，按照每生每年不低于40元的标准安排专项经费，用于思政课教师的学术交流、实践研修等。在专业技术职务评聘上，实行单列计划、单设标准，单独评审，以充分调动思政课教师的积极性、创造性。

**二是加大对思政课教学内容及授课情况的指导监管**。建立健全思政课课堂听课监督制度。建立了校党政领导班子成员定期参加思政理论课必修课听课制度，对教师授课内容进行监督和指导，防止误导走偏。建立了集体备课和教案备案制度。每学年开学第一周，进行思政课教师宣誓仪式，旨在牢记习近平总书记的殷切希望，坚定理想信念，恪守职责承诺，增强使命感和责任感。定期组织全体思政课教师进行集中专题培训，深刻认识习近平新时代中国特色社会主义思想的内涵，为找准教学着力点提供方向和指导。

**三是紧密结合国家发展成就设置教学专题，推动学生对习近平新时代中国特色社会主义思想以具体化方式入脑入心**。在开展思政课教学中，教师结合党的十八大以来国家的发展成就，对习近平新时代中国特色社会主义思想各个板块内容展开科学性、时代性、人民性和实践性解读。如，在"当前中国经济高质量发展的潜力和动力"专题中，教师在引导学生科学认知当前中国经济发展阶段性特征的基础上，结合近年来中国经济发展取得举世瞩目的成就，全面完整准确理解创新、协调、绿色、开放、共享的新发展理念。通过"深化供给侧结构性改革、推动经济高质量发展"、"新型工业化、信息化、城镇化、农业现代化同步发展和区域协调发展"等专题宣讲，使大学生充分认识习近平经济思想，对当前中国经济持续、快速、健康发展的现实指导意义。在"脱贫攻坚：影响中国惠及世界"专题讲授中，通过典型事例和相关成就数据解读，提升了学生对中国共产党自觉践行全心全意为人民服务宗旨的认知、对中国特色社会主义道路的认同。通过"新冠肺炎疫情防控彰显中国特色社会主义制度优越性"专题讲授，使学生深刻认知中国共产党的人民情怀和中国特色社会主义制度的优越性，有力提升了对中国共产党的认同度和爱国意识。成立了思政课教师博士宣讲团，在学校各基层党组织、各部门中进行党史学习教育专题巡回宣讲，教师们结合研究方向，分别设置了"历史和国际视野中的中国共产党""习近平新时代中国特色社会主义思想主要内容及其历史地位""中国共产党百年历程与中华民族伟大复兴"等专题，通过系统梳理和全方位解读、剖析、阐释中国共产党的百年历史和取得的伟大成就，引导广大师生做到学史明理、学史增信、学史崇德、学史力行，进一步增强"四个意识"、坚定"四个自信"、自觉做到"两个维护"。

**四是围绕当前国际热点事件开展中西比较性解读，帮助学生深刻领会习近平新时代中国特色社会主义思想蕴含的科学思维和价值导向。**在教学过程中，马克思主义学院的领导和教师们，打破常规教学计划，抓住国际上发生的热点事件，适时设置课题，进行解读与对比，帮助学生在比较性认知中深刻领会习近平新时代中国特色社会主义思想蕴含的科学思维和价值导向。如设置的"评析美国侵占伊拉克、利比亚及轰炸南联盟、叙利亚等国的非正义性，分析中东难民危机带来的世界影响"的课题，解读习近平新时代中国特色社会主义思想中关于人类命运共同体及大国外交的基本理念和原则论述，让学生进一步认识习近平新时代中国特色社会主义思想的科学性及普遍指导性。在"西方的双重标准及其影响"专题讲授中,教师们结合美国等西方国家新冠肺炎疫情的防控情况以及美国黑人被警察锁喉致死事件,揭露批判西方国家人权、民主、自由等"西式"价值观念的双重标准及其虚伪性,同时结合中国政府疫情防控的理念、举措和成效与美西方国家的疫情防控情况进行了对比,学生在比较中实现自我价值澄清,提升了其对社会主义核心价值观的政治认同度,坚定了社会主义制度自信。

## 三、针对新时期青年学生特点,积极探索和创新学习习近平新时代中国特色社会主义思想的新形式、新方法

该校科学设置教学专题,针对学生关切,设置了"中国特色社会主义进入新时代""习近平新时代中国特色社会主义思想的主要内容和历史地位""坚持和发展中国特色社会主义的总任务"等10多个教学专题,全面系统地向学生阐释习近平新时代中国特色社会主义思想的科学体系和丰富内涵。综合利用探究式、情景式、讨论式等教学方法,借助"雨课堂"等现代教学软件弹幕、课堂在线答题等,激发引导学生参与课堂学习兴趣。打造OEB理念成果产出型创新课堂,让学生通过课前自主学习、课上成果反馈、课下总结反思的学习过程,实现"教学对象"向"教学主体"转化、"被动性学习"向"主动性学习"转化、"知识学习"向"内在修养"转化,从而达到思政课全域育人的效果。利用我国抗击新冠疫情"活教材",马克思主义学院创新思政课教学内容,设置了"马克思主义理论视角看疫情""疫情防控阻击战彰显强大中国力量""科学应对疫情,凸显制度优势"等20多个授课专题,通过教学让学生深刻认识到党的领导和社会主义制度的显著优势。注重设置情景课堂,利用本地优势,打

造"安阳历史文化赏析"课程，设置"灿烂辉煌的殷商文明"等专题，培养学生的爱祖国、爱人民、爱中华优秀文化的人文情怀。实施"青年马克思主义者培养工程"、成立"青年马克思主义社团"、"习近平新时代中国特色社会主义思想青年学习社"，为学生提供学习和研究马克思主义科学理论及习近平新时代中国特色社会主义思想的学习阵地，让习近平新时代中国特色社会主义思想融入学生的学习、生活中。精心设置新颖课堂，发展融媒体，在校园网、校报、官方微信、校园广播、LED 屏等设置理论学习专栏，建立思政公众平台，以学生喜闻乐见的形式及时宣传习近平新时代中国特色社会主义思想和党中央方针、政策，教育引导师生面对各种错误思想和思潮，理直气壮地发扬斗争精神，在重大理论和实践问题上敢于发声、表明立场，把旗帜举得更稳。

## 四、拓展教育资源，在社会实践活动中增强学习习近平新时代中国特色社会主义思想的实际效果

该校拓展创新"理论灌输和实践熏陶"相结合的教学方式，拓展教育资源，学校、家庭、社会协同育人合力，提升培育"四个自信"人才的实际效果。与林州市政府合作成立了安阳工学院红旗渠精神研究院，用红旗渠精神教育和激励青年学生艰苦奋斗锐意进取奋发图强的精神。实施了"安阳文化进校园"工程，投资 200 多万元在校内建设了安阳文化展馆，对全校学生进行优秀传统文化教育。组织学生到红旗渠、殷墟博物苑、中国文字博物馆等教育基地、爱国主义教育基地、传统文化教育基地参观学习，进行现场沉浸式教学。

2020 年是我国脱贫攻坚战的决胜之年和抗击新冠肺炎疫情的关键时期，该校抓住契机，引导学生积极投身家乡社会经济文化建设和抗疫斗争，组建了"理论宣讲""一带一路""美丽中国""助力发

展""教育关爱"等多支志愿服务队伍，引导学生在投身社会实践中自觉把习近平新时代中国特色社会主义思想与国情联系起来，把学习奋斗的具体目标同民族振兴的伟大目标结合起来，进一步坚定了马克思主义信仰和社会主义、共产主义信念，增强了对中国特色社会主义道路自信、理论自信、制度自信、文化自信。

## 五、开展习近平新时代中国特色社会主义思想教育取得了明显成效

通过学习教育，广大师生进一步坚定了"四个自信"，自觉把爱国情、强国志、报国行融入到坚持和发展中国特色社会主义、建设社会主义现代化强国、实现中华民族伟大复兴的奋斗之中。一是要求政治上进步的学生更多了。三年来每年都有近6000名学生向党组织递交入党申请书，全校共发展学生党员1200余人；面对"新疆棉花"事件，大批青年学生纷纷发声，在微信公众号用心制作长篇推文《超强国货！安工力挺新疆棉花》引起了强烈反响。二是勤奋向上的氛围更浓了。每天早上不到6点，校园里就飘荡起朗朗的读书声，图书馆门前排起了长队，自习室里早已坐满了学生，学校的考研率逐年提升。近两年来，学生各类专业比赛中获得国际一等奖4项、二等奖4项，国家级奖项301项，省部级奖项1076项。三是奉献社会的情怀更深了。学校每年有超过5000名青年志愿者投身到100多项志愿服务项目中，累计提供志愿服务时数超过3万个小时，学校两次获得了"全国无偿献血促进奖"。四是思想政治工作的成绩更显著了。近年来，该校获河南省高校辅导员精品项目立项2项，河南省高校网络文化精品项目4项，河南省普通高等学校校园文化建设优秀成果2项，河南省普通高校学生工作优秀成果1项，河南省高校思想政治工作优秀品牌2项。五是学校学术及发展的质量更高了。近年来，学校教师

主持国家级科研项目 24 项、省部级项目 68 项；以独著或第一主编出版学术著作 146 部；以第一完成人获得国家专利 450 项；以第一完成人获得各级各类科技成果奖励 606 项。学校先后荣获"中国产学研合作创新成果优秀奖""2020 年度国内高质量就业示范高校""全国公共机构能效领跑者""河南省第七批依法治校示范校""河南省文明校园"等荣誉。

## 六、两点建议

一是必须把学习习近平新时代中国特色社会主义思想作为高校思想政治工作的根本任务。高校学生一直是美西方在意识形态方面争夺的重点对象，在美西方打压我国崛起的过程中，争夺与反争夺的斗争将会更加激烈复杂，高校各级党组织必须把学习习近平新时代中国特色社会主义思想作为思想政治工作的根本任务，努力把高校建成"四个自信"的坚强阵地，为国家为人民培养中国特色社会主义事业可靠接班人。二是建议省委有关部门组成联合调查组，深入高校总结开展习近平新时代中国特色社会主义思想教育的典型经验，适时召开全省高校习近平新时代中国特色社会主义思想教育经验交流会，以此推动我省高校习近平新时代中国特色社会主义思想教育深入、扎实开展。

## 析 评

# 工作中探索出的经验更可贵

据有关部门统计，2021 年我国共有高等学校 3012 所，在校大学生 3237.6 万人。大学生一直是美西方势力进行意识形态渗透及争夺的重点对象。在当前世界百年未有之大变局的新形势下，高校如何切实加强思想政治工作，把高校建成"道路自信、理论自信、制度自信、文化自信"的坚强阵地，把一批又一批大学生培养成为中国特色社会主义事业的接班人，为实现中华民族的伟大复兴做出应有的贡献？这既是高校光荣的历史担当，也是现阶段高校面临的艰巨任务。

河南省安阳工学院党委以高度的政治责任心，努力探索新形势下切实加强思想政治工作的有效形式和方法，坚持不懈地对师生进行习近平新时代中国特色社会主义思想教育，取得了明显成效。我们分别于 2020 年 12 月及 2021 年 3 月前往该校调研，总结撰写了《关于安阳工学院开展习近平新时代中国特色社会主义思想教育情况的反映与建议》，省委咨询组《咨询与建议》2021 年 4 月 25 日第 10 期印发后，时任中共河南省委常委、省委宣传部部长、省委高校工委书记江凌同志于 4 月 29 日作出批示："请邦山、书博及玉华同志阅。可总结一批有价值的实践探索，指导推动高校改进思想政治工作，最根本的是加快书院制育人模式改革。"时任省教育厅厅长郑邦山批示："认真落实江部长批示要求。"省委教育工委、省教育厅认真贯彻落实领导批示精神，不断加强和改进高校思想政治工作。此报告还被河南省委机关刊物《河南工作》2021年第12期刊发。

党中央历来高度重视高校的思想政治工作，党的十八大以来，中共中央宣传部、教育部等多个部门先后就新形势下加强高校思想政治工作及大学生的思想教育下发多个重要文件，就加快构建高校思想政治工作体系，厚植爱国情怀，强化价值引导，理想信念教育常态化，习近平新时代中国特色社会主义思想进教材、进课堂、进头脑，增强"四个自信"等均作出了具体部署、提出了明确要求。安阳工学院党委紧密结合国际国内形势及新时期大学生的特点和思想实际，积极探索和创新学习习近平新时代中国特色社会主义思想的新格局、新形式、新方法，并取得了明显效果。所以这篇调查报告引起了省委领导同志和省委宣传部、省委高校工委、省教育厅等有关部门的高度重视，产生了较好的借鉴和指导、促进工作的作用。实践证明，基层党委、政府和广大人民群众，在中华民族伟大复兴的中国梦中，在中国式现代化建设的伟大事业中所积极主动探索出的好做法好经验尤为可贵，需要各级办公厅（室）及时深入实际、深入基层去发现去总结。

# 后　记

　　建设中国特色社会主义，实现中华民族伟大复兴的中国梦，是前无古人的伟大事业。目前世界处于百年未有之大变局，在推动全面建设社会主义现代化国家的新征程中，我们国家的改革发展稳定面临不少深层次的矛盾和问题，各种风险挑战、困难问题比以往更加严峻复杂，迫切需要通过调查研究把握事物的本质和规律，找到破除难题的办法和途径。要适应这种新的形势、新的任务、新的要求，各级领导干部必须努力提高执政能力和领导水平，切实做到科学决策。而科学决策必须坚持从群众中来，到群众中去。人民群众作为全面建设社会主义现代化国家的主体，对客观世界的认识最直接、最深刻，对改造客观世界最有发言权。改革发展稳定中的矛盾和问题产生在人民群众的实践之中，而解决矛盾和问题的办法也蕴藏在人民群众的实践之中。我国改革开放 40 多年的伟大实践已经证明，一切正确的决策，从根本上来说都是建立在群众智慧和经验的基础之上，而要把决策建立在群众智慧和经验的基础上，最关键的是要深入群众，调查研究，从群众中来，到群众中去，这对于各级领导同志实施正确决策至关重要。

　　《吕氏春秋·先识览第四》说："夫弩机差一米则不发，战大机也，飨士而忘其御也，将以此败而为虏，岂不宜哉！故凡战，必悉熟遍备，知彼知己，然后可也。"这里讲的是春秋时郑公子归生率领军队攻打宋国，宋国的将领华元率领军队在大棘阻击，羊斟替华元驾车。在第二天即将决战的时候，华元杀了很多羊慰劳士卒，但却忘记了让羊斟参加，羊斟很生气。第二天交战的时候，羊斟愤怒地把华元的车子赶到郑国的军队里去，宋国军队全线崩溃，华元当了郑国的俘虏。华元在决战前慰劳士卒，鼓舞士气是对的，也恰是在这件做得对的事情中出现了漏洞，竟忘记了让自己的驾车人参加，结果导致这次战争的失败，自己也做了敌人的俘虏。这一教训生动地说明，作为一名将领，在作战前必须"悉熟遍备"，什么都熟悉，什么都准备好，切实做到"知彼知己"，才能百战不殆；作为一名决策者，只有察其秋毫，考虑周全，才不会在重大的决策中发生失误。在社会主义现代化建设中，各级领导同志、领导机关的每项决策都事关重大，决策中稍有疏忽而出现漏洞，轻则影响工作的顺利进行，重则会给党的事业和人民群众的利益带来不良后果。在我们的实际工作中，有许多事情在一开始的时候不像高山和深谷、黑色和白色那样容易辨别。往往是若明若暗，好像看得见，又好像看不见；往往是若有若无，好像知道，又好像不知道。对那些若明若暗、若有若无的事情，如果不做深入的调查研究，不掌握其真实情况，就匆忙作出决策，势必造成工作上的失误。随着改革开放和社会主义现代化建设的深入发展，调查研究已成为各级领导同志实施正确决策最基本的工作方法。作为为领导服务的各级办公厅（室），也越来越重视把加强调查研究作为提高为党委、政府服务水平和层次，发挥参谋助手作用的重要手段。

我对多年来从事调查研究工作做了回顾和总结，力图用辩证唯物主义的观点，对办公厅（室）的调查研究从理论与实践的结合上作一探讨，并撰写出《怎样做好办公厅（室）的调查研究》，河南人民出版社于1995年、2001年、2005年出版和再版；2014年，在补充修改之后，中国言实出版社对此书进行了第 1 次出版。在此书中，笔者试就办公厅（室）调查研究的作用、形式、特点、原则及选题办法、调查报告的类型及撰写等方面作了论述和概括，并选取本人撰写及与有关同志合著的部分调查报告进行了析评，对调查报告产生的背景、选题的过程、有关领导同志的批示、产生的效果以及报刊登载时所加的评论、按语作了简要的说明和介绍，以期加深读者对办公厅（室）调查研究的认识，进一步做好调查研究工作。本书出版后，收到了秘书战线许多同行的热情来信，并就如何加强办公厅（室）的调查研究，更好地为领导决策服务进行了交流和探讨。

为深入学习贯彻习近平新时代中国特色社会主义思想，全面贯彻落实党的二十大精神，最近党中央决定，在全党大兴调查研究，作为在全党开展主题教育的重要内容，推动全面建设社会主义现代化国家开好局起好步。2023 年 3 月，中共中央办公厅印发了《关于在全党大兴调查研究的工作方案》。为配合帮助做好调查研究工作，中国言实出版社向广大党员干部推荐了该社以前出版发行的《怎样搞好调查研究》《关于调查研究和文稿起草问题》《怎样做好办公厅（室）的调查研究》等 3 种图书，并决定进行修订。笔者根据中国言实出版社的建议，对《怎样做好办公厅（室）的调查研究》书稿作了修改和补充。我深知，由于水平有限，书中有关论点、观点不一定全面准确，恳请广大读者特别是秘书工作战线的领导和同行们批评指正。

本书的再次出版得到了中国言实出版社的热情支持，在此，对中国言实出版社和参与工作的编辑同志表示衷心的感谢。

李立民

2023 年 4 月 1 月